유아 다문화교육의 이론과 실제

김영옥 · 서현 · 박형신 · 정상녀 · 윤경선 · 박미자 · 이나영 공저

학지사

한국어린이육영회(현 아이코리아) 학술대회에서 '반편견 교육을 위한 유아교육과정'이라는 주제발표를 한 것이 1998년이다. 용어도 그리 익숙하지 않았고, 자료도 흔하지 않은 시기였다. 편견이란 생각이 한쪽으로 치우침으로써 사고의 균형을 잃게 되는 것으로, 이러한 편견이나 고정관념은 의외로 아주 어린 시절에 생긴다. 그러므로 충분한 근거나 별다른 이유 없이 자신의 생각을 자신이 만든 울타리에 가두지 않도록 유아기부터 편견 없는 교육에 관심을 가져야 할 것이다.

이후에 '다문화를 통한 세계이해와 현장적용'(2000) 및 '유아의 사회적 능력'(2002)에 대한 주제발표를 의뢰받고 원고를 준비하는 과정에서 이러한 인식이 더욱 중요함을 깨달았으며, 유아들을 위해 교육과정화할 필요를 느끼게 되었다.

2002년에 출간한 『유아를 위한 다문화교육』은 그러한 시도의 출발이었다. 세상은 다양한 가치와 문화 그리고 생활양식이 공존하고 있으며 놀랍게 변하고 있다. 미래사회에서는 열린 생각과 창의성을 바탕으로 나와 다른 사람들과 의사소통할 수 있고 상호 협력할 줄 아는 인간상을 기대한다. 다른 사람과 교류하며 소통하기 위해서는 그들의 다양성을 인정하고 수용할 수 있는 정서와 열린 생각을 가져야 한다. 다문화교육은 다양한 사람들을 수용하고 의사소통할 수 있는 능력을 배양하는 교육이다. 『유아를 위한 다문화교육』과 후속연구를 기초로 한국유아교육학회 광주 · 전남지회와 부산사립유치원연합회 교사연수 등의 워크숍을 위하여 여러 선생님과 좀 더 탐구하는 기회를 가졌고, 함께 참여한 선생님들과 몇 해 동안 공부한 작은 결실로 2008년 『유아를 위한 다문화교육의 현장적용』을 출간하였다.

다문화라고 해서 외국 여러 나라의 문화만을 의미하지 않는다. 각 지방, 민족, 국가마다 인간의 생활문화는 많은 차이가 있고 또한 공통점도 있다. 별을 관측하는 자리가 고정되어 있어야 하듯이 전통문화는 우리 자신의 정체성이며 이를 기초로 천체의 다양한 별을 관측하듯 다양성을 섭렵하는 것이다. 자장가가 우리나라뿐 아니라 세계 여러 나라에 있으며 신데렐라 이야기도 전 세계에 1,000편 정도가 있다고 한다. 또 사방치기와 같은 유사한 놀이가 세계 여러 나라에 있다. 우리나라 제주도의 돌담집이나 강원도의 너와집, 울릉도의 투막집과 같은 다양한 지붕의 형태는 각기 다른 환경에 적응하는 방식이며 살아가는 생활의 지혜다.

당시 우리의 화두는 연암 박지원의 『달사와 속인』이었다. 달사(達士: 통달한 선비)는 괴이한 것이 없어 마음은 한가로워 여유가 있고 응수에는 궁함이 없는데 속인(俗人)은 괴이하게 여기는 것이 많다는 것이다. 본 것이 적은 자는 백로를 기준으로 까마귀가 검다 비웃고, 오리를 기준으로 학이 목이 길어 위태롭다 여긴다. 만물은 저마다 괴이할 것이 없는데 자기 혼자 성을 내고 한 가지만 달라도 온통 만물을 트집 잡는다는 것이다. 아이들이 보고 들은 것이 풍부하지 않으면 편견을 가지기 쉬우므로 넓은 세상을 접하고 동질성과 다양성을 이해함은 매우 중요하다.

또한 다양성은 '아무것이나' 또는 '극단적인 유별함'을 인정하는 것이 아니라 '다양한 사람과 만나고 협력하는 범위를 확대해 진정한 창의성을 발휘' 하는 일이다. 시야가 넓은 사람은 창의적인 지혜를 갖기 마련이며 유아가 성장하면서 그러한 삶의 모습을 수렴하는 만큼 더 넓은 지혜와 안목으로 보다 질적인 삶을 향유하게 될 것이다.

이 책은 이와 같은 우리들의 생각을 바탕으로 이론편과 실제편으로 구성되어 있다. 이론편은 다문화 사회의 개념과 특성을 기초로 다문화 사회를 이해하기 위한 기본적 내용을 다루었다. 이를 배경으로 다문화를 유아교육 과정에 접목하기 위하여 다문화교육의 목표, 내용, 방법 및 평가를 다루었다. 실제편은 언어, 국악과 전통놀이, 탐구, 표현, 요리의 활동을 통합적으로 적용할 수 있도록 하였다. 물론 다문화교육은 이 영역에만 국한되지 않을 것이며 앞으로 그 범위를 무한히 확장해 갈 수 있을 것이다. 실제 활동들은 모두 수차례 현장에 적용하고 수정, 보완하였으며 환경과 조건이 다른 유아의 생활 장면에 지속적으로 적용하며 다듬어 갈 것이다.

시실리아 속담에 "바다를 본 사람에게 호수는 물도 아니다."라는 말이 있다고 한다. 넓은 바다를 본 사람은 작은 호수에 안주하지 않는다는 뜻이리라. 우리말에는 "관해난수(觀海難水)"라는 말이 있다. 이는 바다를 본 사람은 물을 말하기 어려워한다는 뜻으로, 큰 것을 깨달은 사람은 아무리 사소한 것이라도 쉽게 여기거나 함부로 이야기하지 않는다는 것이다. 문화는 그 안에 인간의 소중한 삶이 녹아 있으며 세대를 넘으면서 흐르고 젖어들며 흡수되고 변화하여 각자의 삶에 투영되고 다듬어져 뿌리내린 고유한 형상이다. 또 인간 삶의 공통된 본질을 꿰고 있음에 숙연해질 수밖에 없다. 쉽게 또는 함부로 여기지 않아야 함이다.

부족한 결실에 여러분의 아낌없는 충고를 부탁드리며 현장적용을 도와준 여러 선생님들 그리고 책을 만드는 데 도움을 준 김명희 선생님, 서화니 선생님과 연구조원 이규림 선생님, 그리고 학지사 가족들께 깊이 감사드린다.

2011년 1월

저자대표 김영옥

차 례

Part 1 이론편

c·o·n·t·e·n·t·s

Part 2 실제편

차 례

Part 1 이론편

유아 다문화교육의 이론과 실제

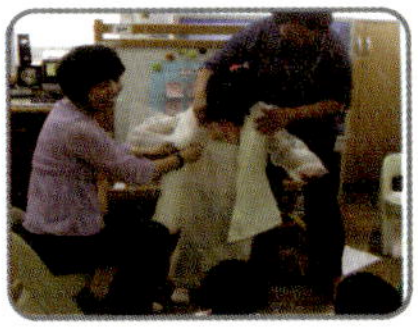

친구들과 잘 지내요

Part 1. 이론편

01 다문화 사회의 개념과 특성

21세기는 지식정보화, 국제화, 다문화 시대로 특징지어진다. 지식정보화 사회에서는 급속하게 팽창하는 정보기술의 발전으로 정치, 경제, 문화 등 사회 구조 전반에 걸쳐 정보와 지식의 가치가 높아지며 그 정보를 효율적으로 처리하고 전달할 수 있는 정보기술의 고도화가 불가피하다. 국제화 사회에서는 사회적 · 문화적 제도에 대한 지리학적 구속력이 약해지고 정치, 경제, 사회, 문화예술, 체육 등 모든 부분이 국경을 초월한 하나의 공통된 방향으로 통합된다. 또한 다문화 사회에서는 문화적 다원론과 문화적 상대주의에 기초하여 인류공동의 가치와 문화를 차츰 더 인식하며 생활양식, 행위양식이 광범위하게 수용되고 공유된다(강선보, 1992; 유혜윤, 2003; 이기철 역, 1998; 차갑부, 1997; 최혜란 역, 1998).

한편, 다원화되는 사회 변화와 함께 지식의 양은 폭발적으로 증가할 뿐만 아니라 지식의 소멸 주기도 급속도로 짧아지고 있다. 저명한 미래학자 앨빈 토플러(Alvin Toffler)는 그의 저서 『제3의 물결(*The Third Waves*)』에서 21세기는 지식과 정보로 대변되는 정보화 사회와 기존의 산업사회 간의 새로운 충돌을 경험하게 될 것이라고 예상하였으며, 이를 사회학적인 측면에서 문화충격(Culture Shock) 혹은 미래충격(Future Shock)이라고 표현하였다. 따라서 앞으로는 무용지식을 걸러내는 능력이 필요하다고 하였다(이준, 2006).

최근에 부각되고 있는 UCC(User Created Content), RC(Refined Content), 유비쿼터스(Ubiquitous), 학문의 통섭(Consilience) 등이 이러한 동향을 뒷받침해 주고 있다. 또한 프랑스 남동부 코트다쥐르 지방에서는 학생들에게 교과서 대용 메모리 스틱을 나누어 주었고(한현우, 2006), 갤러리에서 감상만 하던 미술작품을 직접 가지고 다닌다는 의미에서의 아트 마케팅이 소비자들로부터 반향을 일으키고 있는가 하면(한창만, 2006), 문화지능이 강조(정명진, 2004)되고 있는 흐름을 통해서도 알 수 있다.

이와 같이 다문화 사회는 생활양식과 가치관이 매우 다양한 시대로 정보를 통한 세계와의 접촉이 불가피할뿐만 아니라 개인의 개성도 함께 강조되는 시대다. 우리는 21세기와 미래 사회를 내다보며 문화, 정보화, 세계화, 반편견 교육, 다문화교육과 같은 용어들을 자주 접하게 되었으며 상호 이해와 협력을 바탕으로 창의적인 사고를 하는 인간상을 지향하고 있다. 인간은 인간이 만들어 놓은 조직으로부터 인간다운 사고와 행동, 관습 등을 모방하고 학습하는 사회화 과정을 거쳐 성장한다. 지식, 태도, 기술, 도덕, 법률, 습관 등의 생활과 행위양식을 총체적으로 포함하고 있는 문화의 궁극적인 역할도 결국 삶을 해석하고 유형화하는 것이며 삶을 담아내는 하나의 그릇이라고 할 수 있다.

이와 같이 문화는 그 어느 때보다도 '교육'과 '삶의 질'이라는 측면에서 '삶의 질' 개념을 문화와 연결시켜(이홍재, 1995; 한성덕, 1998) 중요하게 논의되고 있다. 다음의 몇 가지 인용에 이러한 관심과 맥락이 잘 반영되어 있다.

문명의 발달과 변화

- 농경사회(인구): 농경중심의 계급분류와 국가형태가 생성됨(노동)
- 산업사회(인력): 산업혁명과 대량생산으로 공업경제가 주축을 이룸(자원)
- 세계화 · 정보화 시대(인재): 지식이 유일한 부가가치 창출의 근원임(지식)

세계화

- 사회 · 문화적 제도에 대한 지리학적 구속이 약해지고, 그러한 사실을 사람들이 점점 많이 인식하게 되는 사회적 과정이다(이기철 역, 1998: 14).
- 세계화란 바로 지구촌의 개념이다. 장벽들이 무너지는 것, 사람들이 인류공동의 가치를 차츰 더 잘 인식해 가는 것, 과학의 진보가 가져온 혜택이 전 세계로 파급되는 현상, 인류 공동의 유산을 시정 · 보호하는 사업도 세계화다(최혜란 역, 1998: 14).

세계화 전략의 기본원칙

- 다양성 존중, 신속한 적응, 창조적 주도 이외에도 문화외교의 방향은 문화장벽의 극복, 인류의 보편적 가치 중시, 한국문화의 전파, 외국문화의 적극적 수용을 포함해야 한다(외교통상부 홈페이지 http://www.mofat.go.kr).

정보화

- 인류문명의 도구가 기계에서 에너지로 그리고 다시 정보기술로 이행하고 있다. 20세기 후반의 놀라운 정보기술 발달은 정보의 수집, 처리, 확산, 활용에 필요한 시간을 상상 이상으로 단축시킴으로써 정보와 지식을 힘의 지배적 원천으로 만들었다. 정보화의 진전과 사상적 변화에 의하여 지식체계가 혁명적으로 변하고 있으며, '지식에 기반을 두는 사회'로 들어섰다. 정보화와 맞물려서 그리고 정보화의 영향으로 지식이 새 시대의 새로운 힘의 원천으로 등장하였다(김신일, 2003: 19-27).

문화지능

지구촌은 개인과 단체, 더 나아가 국가 간 문화의 차이에 대한 이해가 강조되는 시대로 접어들었다. 감성지능은 '상대방에 대한 판단을 늦출 줄 알고 행동하기 전에 생각할 줄 아는 여유'다. 감성지능이 높은 사람은 상대방이 나와 다른 점을 잘 파악한다. 〈중략〉 문화지능은 감성지능보다 넓은 개념으로 어떤 개인이나 그룹의 행동에서 보편적으로 통하는 특징과 그 그룹에만 국한된 특징을 구별해 내는 능력이다. 상대방의 문화가 보편적인 것으로 판단되면 겉으로라도 그것을 따르려고 할 줄 알아야 문화지능이 높은 사람이다(정명진, 2004).

반편견 교육

- 반편견 교육이란 공정하지 못하고 한쪽으로 기울어지거나 치우친 생각 및 어떤 사물에 대한 편애, 싫어함, 두려움을 통해 나타나는 견해나 경향을 극소화하는 교육으로, 자신의 정체감에 대해 긍정적으로 생각하기, 다양성을 가진 사람과 편안하고 감정이입적인 상호작용을 하도록 촉진하기, 편견에 대한 비판적 사고 기르기, 편견에 대하여 행동하기 등이 포함된다(김영옥, 1998: 67-68).

다문화교육

- 다문화교육은 다민족교육보다 한층 더 포괄적인 개념이다. 다민족교육은 다민족 국가에서 그 주류세력이 지배하고 다른 소수 민족 문화의 공존을 관용하고 배려하는 측면이 강하나, 다문화교육은 문화적 다양성을 가치 있는 자원으로서 지원하고 확장하려는 교육이다.
- 다문화에서 핵심적인 논제는 민주적 구성틀 안에서의 통일성(보편성)과 다양성 사이의 관계다. 통일성은 문화의 다양성 속에서도 분명히 존재하는 공통성을 인식하고 그것을 파악함으로써 인간과 그 문명의 본성을 이해하는 것이다. 반면에 다양성은 문화를 그 자체 내의 맥락에 맞게 좀 더 정확히 이해하려는 것이며, 인류 문화의 다양성의 인식과 개별 문화와의 독특성을 이해하는 것이다(정두용 외 공저, 1998: 28-29).

이와 같이 다문화교육이란 각기 다른 인종과 성, 언어, 계층 등을 이해하고 존중하도록 유도하여 삶을 긍정적으로 변화시킴으로써 다양한 문화의 세계에서 공동의 목표를 지향하며 의사소통할 수 있는 지식, 태도, 기술을 준비하는 교육이다.

이러한 다문화 사회의 관점에서 볼 때 유아교육과정의 바람직한 방향은 무엇인가? 먼저 다문화교육의 목표, 내용, 방법 및 평가에 이르는 교육과정의 범주와 방향을 탐색하는 것이 무엇보다 선행되어야 할 것이다.

Part 1. 이론편

02 다문화 사회의 이해

1. 한국의 다문화 가정

한국사회에 거주하는 이민자 인구가 하나둘 늘어나면서, 2009년 초 국내 거주 이민자 수가 100만 명을 넘었다. 한국사회는 '태어날 때부터 한국인'과 '다양한 출신 배경을 가진 이민자'가 함께 거주하는 공간이 되었다.

〈중략〉 사회학자들은 한국이 이제 다문화 사회로 접어들었다고 진단한다. 다문화 사회가 하나의 도전인 것은 우리가 너무도 오랜 세월 유전형질 면에서나 언어, 문화 면에서 균질적인 사회를 유지해 왔기 때문이다. 이민자의 나라인 미국이나 외국인 노동자를 많이 받아들인 독일, 프랑스처럼 다양한 인종과 언어, 문화가 공존하면서 발생하는 여러 가지 문제에 대처해 온 경험이 거의 전무하기 때문에 우리로서는 큰 도전에 직면한 셈이다. 외국인 주민을 동등한 공동체의 일원으로 따뜻하게 품는 것은 국가와 사회의 과제다. 차별당하고 멸시받는 2등 시민이 존재하는 한 그 사회는 안정될 수 없으며 건강하게 유지될 수 없다. 외국인 노동자와 외국인 배우자가 늘면서 국가나 지방자치단체 차원에서의 행정적 배려와 지원도 차츰 늘고 있다. 그러나 여전히 모든 면에서 미흡한 실정이다. 특히 국제결혼을 한 가정의 자녀가 한국어 습득이 늦어져 학습능력이 떨어지고, 왕왕 놀림까지 당하는 경우를 보면 참으로 안타깝다. 이들이 당당한 한국인으로 성장할 수 있도록 지금부터 세심한 배려가 필요하다(한국일보 2007. 8. 2.).

〈중략〉 지역사회가 다(多)인종, 다문화 사회로 접어들었지만 지역의 의식은 이를 따라가지 못하고 있다는 것이 우리의 시각이다. 대법원에 따르면, 지난해 한국 남성과 외국 여성 2만 9,660쌍이 결혼했고, 반면에 3,924쌍이 이혼했다. 2003년에 비해 결혼은 43% 늘었는데 이혼은 4배 가까이 늘어난 것이다. 국제결혼가정의 파탄이 급증하는 것은 외국인에 대한 편견, 순혈주의에 대한 시대착오적인 집착 등이 다인종 · 다문화 사회를 제대로 좇지 못하고 있기 때문이다. 그리고 외국인 주민에 대한 정부나 지자체의 지원 부족도 한 원인이다(광주일보 2007. 8. 2.).

이제 다문화 가정 아이들은 주변에서 쉽게 볼 수 있는 우리의 자녀가 되었다. 부모가 모두 한국인인 아이들과 더불어 앞으로 한국의 미래를 이끌어 갈 일원이다. 그러나 생활이나 교육환경이 어려운 어린이들이 많고 아직은 사회의 시각이나 배려도 부족한 게 현실이다.
〈중략〉 통계청 자료에 따르면 1997년부터 2007년까지의 국제결혼 가운데 외국인 아내와 남편의 비중이 각각 71.5%와 28.5%를 차지한다. 특히 다문화 가정 자녀 가운데 6세 이하가 57.1%, 12세 이하가 32.2%로 전체의 89.3%를 차지하고 있다. 그러나 문화정체성의 혼란으로 한국어가 서투르거나 경제적 여건이 받쳐 주지 못해 적응에 어려움을 겪는 경우가 적지 않다(조선일보 2009. 1. 28.).

한국사회는 이제 다문화 · 세계화 시대로 접어들었고, 외국인을 사회의 구성원으로 받아들이는 것은 국가적 과제가 되었으며, 정책, 법과 제도, 사회 · 문화적 관심과 배려가 요구되어 우리에게 많은 노력을 필요로 하고 있다.

세상은 이처럼 다양한 가치와 문화, 그리고 생활양식이 공존하고 있으며 놀랍게 변화하고 있고, 유아들은 보고 들은 것이 풍부하지 않으면 편견을 갖기 쉬운 시기에 살고 있다.

따라서 우리의 아이들이 다문화 사회에서 편견을 갖지 않고 성장하도록 교육하는 것이 유아교육의 중요한 과제가 되고 있고, 다양한 문화의 차이점과 공통점을 두루 수용하고 의사소통할 수 있는 능력을 기르는 다문화교육이 중요해졌다.

일반적으로 세계의 많은 나라들은 다문화 사회로의 변화 탓에 이민자 통합정책의 세 가지 유형, 즉 동화(assimilation)와 문화간주의(interculturalism) 및 다문화주의(multiculturalism)를 시도하고 있음을 찾을 수 있다(설동훈, 2009).

'동화' 는 프랑스, 독일 등에서 발견되는 것으로 이민자에게 주류사회의 문화와 가치관을 받아들이도록 요구하는 것이다. '문화간주의' 는 아일랜드에서 채택하고 있는 방식인데, '주류사회와 이민자가 서로 상대방에게 적응해야 한다.' 는 쌍방적 적응을 핵심으로 한다. 이민자만 주류사회에 적응하는 것이 아니라, 주류사회도 이민자 유입으로 만들어진 새로운 환경에 맞게 변화해야 함을 뜻한다. '다문화주의' 는 캐나다와 미국 등의 정책으로, 이민자가 자국 사회에서 생활하면서 출신국의 문화를 유지하는 것을 권장 또는 방관하는 방식이다. 단기간에 이민자를 주류사회로 통합하겠다는 목표를 유예하고, 여러 세대에 걸쳐서 통합하려는 목적하에, 출신국의 문화를 유지하는 것을 용인하는 것이다.

베넷(Bennett, 2007)은 다양한 문화들이 만났을 때 생기는 현상을 설명하면서 문화다원주의를 [그림 2-1]과 〈표 2-1〉로 제시하고 있다.

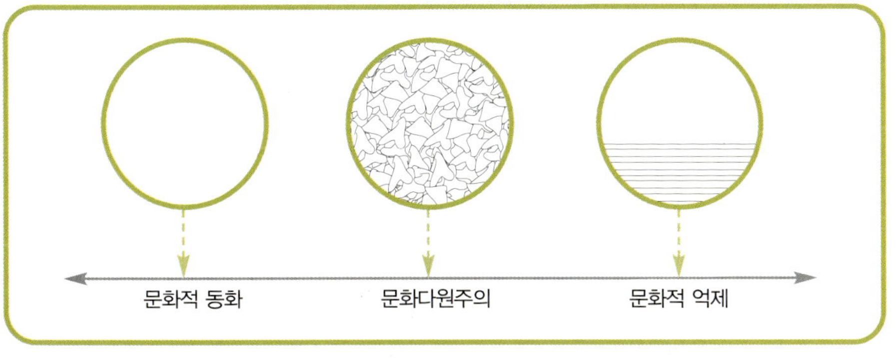

[그림 2-1] **문화들이 만났을 때 생기는 현상**

〈표 2-1〉 소수민족 집단 대 주류집단의 문화반응

	동화	다원주의	억제
소수민족 집단	• 자신의 원문화를 포기한다. • 세력을 가진 앵글로계 서유럽인 문화를 흡수하여 자신의 것으로 내면화한다. • 세력을 가진 앵글로계 서유럽인 문화와 자신의 문화가 뚜렷하게 구별되지 않는다.	• 언어, 종교, 예술적 표현, 사회적 관습 등과 같은 자신의 전통을 대부분 유지한다. • 언어, 일부일처제, 징집, 지방법, 주법, 연방법 등의 앵글로계 서유럽인 문화와 시민으로서 모든 권리를 받아들인다. • 민족적 관점을 발달시키고 국가를 전체적인 개념으로 규정한다. • 다른 민족의 전통을 알든 모르든 존경하고 좋아한다.	• 학교, 교회, 직업, 거주지, 식당, 클럽을 포함하여 사회 모든 분야에서 분리되고 고립되어 있다. • 자신의 원문화를 유지하거나 세력을 가진 문화와 혼합된 문화를 발달시킨다. • 생존하기 위해 '이중의식'을 개발한다.
주류집단	• 다른 민족이 자신의 고유문화를 포기하면 일원으로 받아들인다. • 다른 민족의 문화를 받아들이지 않으며, 열등하다고 믿거나 국가의 사회적 조화를 해치는 것으로 여긴다. • 다른 민족집단의 사회적 공헌과 그들의 문화를 억압한다.	• 민족의 다양성을 존중하고 좋아한다. • 소수민족 집단의 전통이 유지되도록 권장한다. • 다른 민족의 전통과 생활 방식의 일부를 받아들일 수도 있고 받아들이지 않을 수도 있다.	• 소수민족을 열등하다고 여긴다. • 경제와 정치, 학교, 교회, 뉴스와 다른 대중매체들을 통제한다. • 백인우월주의를 받아들이고 그에 기초한 정책을 수립한다. • 다른 민족집단의 사회적 공헌과 그들의 문화를 억제한다.

프랑스와 아일랜드 또는 캐나다 정부 모두 이민자에 대한 자국어 교육을 강조하고 있다. 동시에 그 나라에서는 공통적으로 내국인을 대상으로 한 타 문화 이해교육도 중시한다.

어떤 유형의 정책을 취하든, 다문화교육은 이민자 통합 정책의 핵심 수단이다. 다문화교육은 이민자와 내국인이 서로에 대해 제대로 알게 하고, 궁극적으로 상대방의 처지를 이해할 수 있도록 가르치는 것이다.

2. 다문화 가정 유아와 지원 현황

1) 다문화 유아 수 연령별 현황

(1) 유치원의 다문화 가정 유아 수 연령별 현황

유치원을 이용하고 있는 다문화 가정 유아의 수를 연령별로 살펴보면 다음 〈표 2-2〉와 같다.

〈표 2-2〉 유치원 이용 다문화 가정 유아 연령별 현황(2010년 4월 기준) (단위: 명)

지역 \ 연령		만 3세	만 4세	만 5세	소계	합계
전국		1,154	1,425	1,718		4,297
서울특별시	도시	130	182	222	534	534
	농어촌					
부산광역시	도시	64	81	103	248	248
	농어촌					
대구광역시	도시	20	48	48	116	131
	농어촌	4	3	8	15	
인천광역시	도시	50	95	111	256	266
	농어촌	1	4	5	10	
광주광역시	도시	22	28	29	79	79
	농어촌					
대전광역시	도시	33	63	72	168	168
	농어촌					
울산광역시	도시	7	22	21	50	134
	농어촌	21	38	25	84	
경기도	도시	128	168	219	515	541
	농어촌	5	11	10	26	
강원도	도시	22	13	38	73	222
	농어촌	51	40	58	149	
충청북도	도시	10	14	10	34	227
	농어촌	64	59	70	193	

충청남도	도시	4	5	15	24	244
	농어촌	60	75	85	220	
전라북도	도시	6	8	17	31	226
	농어촌	65	59	71	195	
전라남도	도시	31	21	30	82	421
	농어촌	90	123	126	339	
경상북도	도시	41	48	65	154	488
	농어촌	113	102	119	334	
경상남도	도시	42	52	58	152	350
	농어촌	67	58	73	198	
제주특별자치도	도시	1	3	3	7	18
	농어촌	2	2	7	11	

• 자료: 각 시도 교육청 내부 자료에 근거하여 조직함.

(2) 보육시설의 다문화 가정 유아 수 연령별 현황

보육시설을 이용하고 있는 다문화 가정 유아의 수를 연령별로 살펴보면 다음 〈표 2-3〉과 같다. 서울을 포함한 16개 시 · 도에서 2만 920명에 이르고 있다.

〈표 2-3〉 **보육시설 이용 다문화 가정 유아 수 연령별 현황**(2008년 12월 기준) (단위: 명)

지역 \ 연령		0세	1세	2세	3세	4세	5세	6세	7세 이상	소계	합계
전국		2,743	4,389	4,677	3,635	2,689	2,379	202	236	•	20,920
서울특별시	도시	342	569	570	493	376	276	51	52	2,729	2,729
	농어촌	•	•	•	•	•	•	•	•	•	
부산광역시	도시	120	191	204	136	108	99	6	21	885	934
	농어촌	5	8	12	6	6	7	3	2	49	
대구광역시	도시	120	173	191	132	76	73	4	2	771	845
	농어촌	10	16	11	13	10	12	•	2	74	
인천광역시	도시	94	171	187	145	105	87	6	8	803	837
	농어촌	2	8	7	6	5	2	•	4	34	
광주광역시	도시	111	145	147	142	94	116	5	9	769	770
	농어촌	•	1	•	•	•	•	•	•	1	

대전 광역시	도시	92	133	144	92	49	64	6	2	582	582
	농어촌	•	•	•	•	•	•	•	•	•	
울산 광역시	도시	29	66	85	55	20	16	1	•	272	371
	농어촌	10	24	23	23	14	5	•	•	99	
경기도	도시	481	608	615	418	334	249	17	12	2,734	3,854
	농어촌	134	201	257	204	161	141	11	11	1,120	
강원도	도시	30	57	71	57	34	46	2	•	297	861
	농어촌	20	86	130	134	88	98	5	3	564	
충청 북도	도시	26	59	71	52	52	41	1	2	304	880
	농어촌	31	107	135	125	77	84	7	10	576	
충청 남도	도시	64	93	84	86	49	42	1	•	419	1,726
	농어촌	138	255	343	252	193	117	5	4	1,307	
전라 북도	도시	138	138	113	75	76	62	7	7	616	1,486
	농어촌	56	165	197	160	124	131	13	24	870	
전라 남도	도시	42	71	85	51	52	62	3	•	366	1,721
	농어촌	129	265	292	224	212	209	11	13	1,355	
경상 북도	도시	79	111	95	82	64	36	8	10	485	1,360
	농어촌	71	171	221	173	119	89	15	16	875	
경상 남도	도시	180	192	143	109	60	66	7	10	767	1,677
	농어촌	150	235	182	132	100	92	7	12	910	
제주특별 자치도	도시	5	12	10	15	3	1	•	•	46	287
	농어촌	34	58	52	43	28	26	•	•	241	

• 자료: 보건복지부(표준보육행정시스템 http://childcare.mw.go.kr) 자료에 근거하여 조직함.

2) 지원

(1) 행정 네트워크 체계

다문화 가정을 지원하는 행정 네트워크(지원) 체계는 법무부, 문화체육관광부, 농림수산식품부 등 다양하다. 그중 보건복지부와 교육과학기술부의 예를 보면 다음 [그림 2-2]와 [그림 2-3]과 같다.

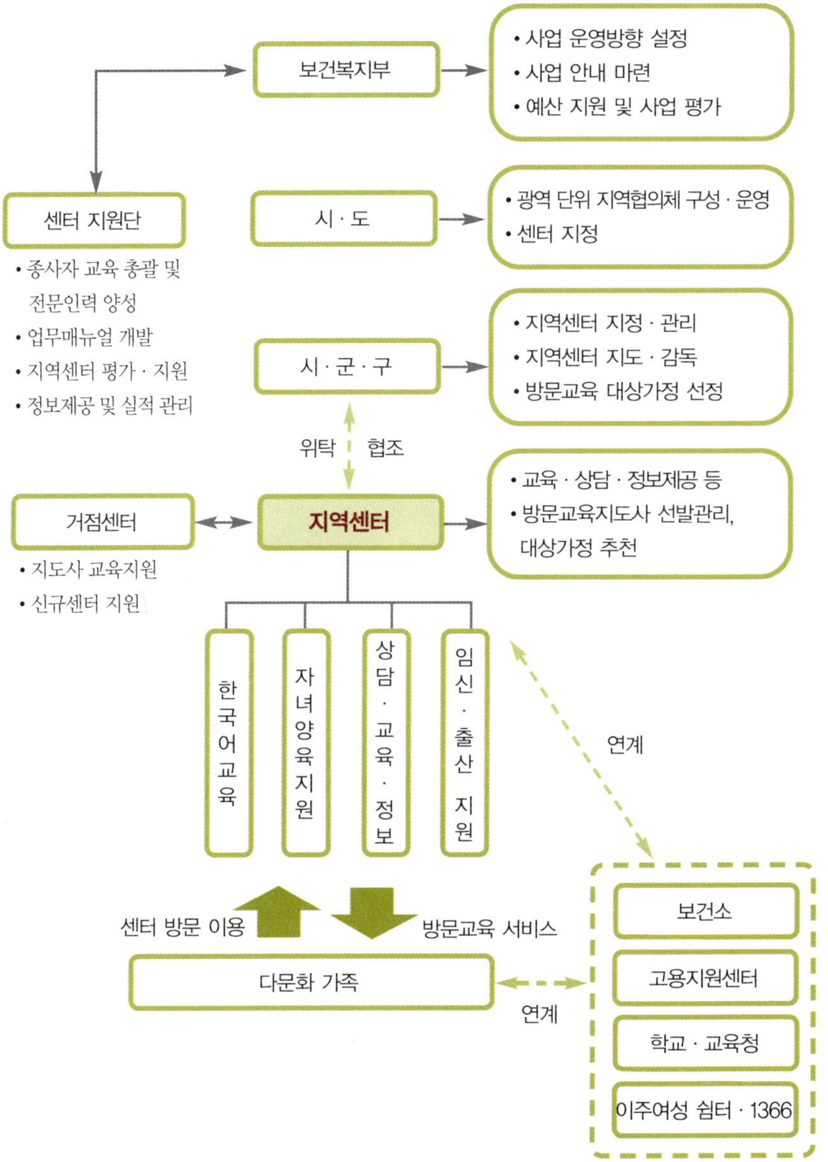

[그림 2-2] **보건복지부의 다문화 가정 지원 체계**

• 자료: 보건복지가족부(2008)

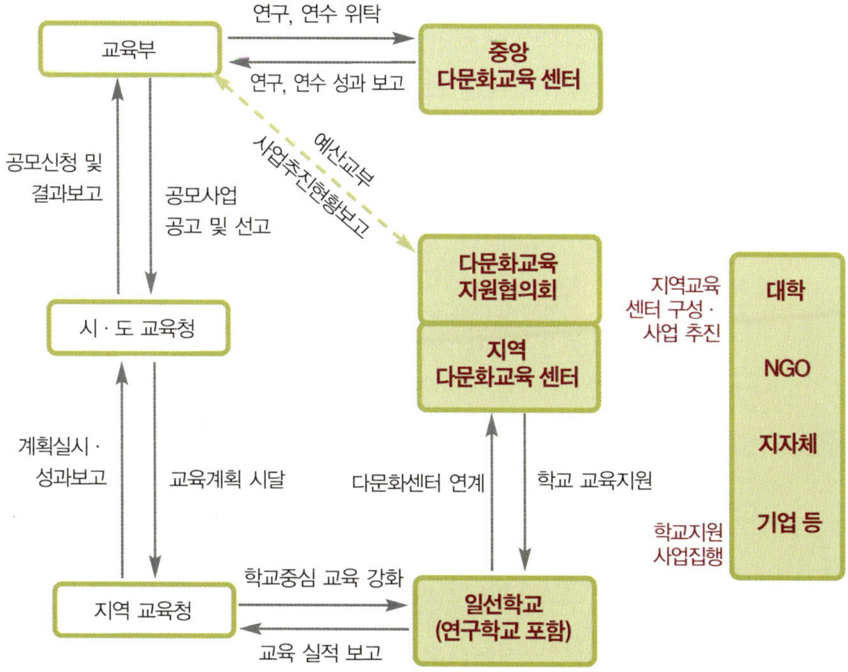

[그림 2-3] **교육부의 다문화교육 지원 체계**

• 자료: 교육인적자원부(2007, 현 교육부)

보건복지부 기본사업으로 설치한 다문화가족지원센터는 전국에 100개(〈표 2-4〉 참조)에 이르며 한국어교육, 다문화 사회 이해교육, 가족교육, 상담, 취·창업 지원사업을 필수사업으로 하고 있다. 이외에 기타사업으로 통·번역서비스 자조모임, 자원봉사단(멘토링 등), 다문화 인식 개선사업, 홍보사업 등 기본사업 외에 지역사회 특성 및 수요를 감안하여 실시하거나, 센터의 필요에 의해 실시하는 사업 등이 있다. 또한 사업 종료 후 사업 프로그램마다 만족도를 조사하여 추후 프로그램 운영에 반영하여 사업계획 수립 시 사업별 목표를 제시하고 이를 달성하도록 추진하고 있다.

교육과학기술부는 중앙다문화교육센터를 중심으로 지역 다문화교육센터를 운영하고 있다. 기초자치단체마다 다양한 사업을 하고 있으며, 기초자치단체에서 주관하는 다문화 관련 사업의 예를 보면 다음 〈표 2-4〉와 같다.

〈표 2-4〉 기초자치단체 주관 다문화 관련 사업

	사업명	주요 내용
1	다문화 가정 가족 한마음 축제	결혼이민자 가족의 건강한 가족 공동체 형성과 조기정착 유도
2	사랑의 합동결혼식	국제결혼 이주여성들에게 건전한 가정생활 유도 및 한국문화 및 뿌리 알리기 등
3	국제결혼 이주여성 국내 문화체험	결혼 이주여성의 국내문화 직접 체험 기회 제공
4	외국인 여성 영농 정착 지원 사업	○○거주 남성과 결혼한 여성으로 농·축산에 종사하는 농가 대상 지원
5	다문화가족지원센터 운영	한국어교육, 부부, 가족교육, 정보화 교육상담, 내방상담 및 방문상담, 자녀돌보미, 가족 캠프 등
6	다문화 가족 아동양육지원사업	집합교육이 어려운 가정을 대상으로 아동양육방문지도사가 가정을 직접 방문하여 1:1 맞춤형 서비스 제공
7	이민자가 찾아가는 서비스 (한글교육)	결혼이민자의 한국생활 조기정착지원을 위해 한글방문지도사가 가정에 직접 방문하여 서비스 제공
8	다문화 가정 인터넷 요금 지원	국제결혼 이주가정의 과다한 통신요금 부담으로 인한 경제적 부담 완화

또한 자치단체 공공도서관의 다문화 지원 프로그램의 예는 다음 〈표 2-5〉와 같고, 이외에도 공공기관, 사설기관 등에서도 다양한 사업이 진행되고 있다.

〈표 2-5〉 ○○자치단체 공공도서관 다문화 가정 지원 프로그램(대상: 다문화가족)

구분	프로그램명	주요 내용
1	도서관 이용 교육	도서관 이용 교육
2	아시아 전래동화 읽어 주기	아시아 각국 전래동와 동화구연 및 손유희 활동
3	다문화자료 전시회	전래동화 및 교과서 전시
4	외국인 한국문화교실	한글, 컴퓨터, 요리, 향토 역사 이해 등
5	둥기당기 가야금	가야금 연주법 지도

(2) 현재 지원 프로그램

다문화가족지원센터를 통하여 다양한 종류의 사업들이 진행되고 있으며, 이 외에도 많은 단체에서 광범위하게 관련 사업들이 진행되고 있다.

다문화 가족을 지원하기 위한 센터의 설치 현황은 다음 〈표 2-6〉과 같다.

〈표 2-6〉 **다문화가족지원센터 설치 현황**(100개소, 2009년)

시 · 도	설치 지역
서울(4)	성북구, 영등포구, 동대문구, 동작구
부산(4)	사상구, 남구, 사하구, 기장군
대구(4)	남구, 달서구, 서구, 달성군
인천(3)	남구, 계양구, 강화군
광주(2)	광산구, 북구
대전(2)	중구, 대덕구
울산(2)	남구, 울주군
경기(10)	수원, 부천, 안성, 남양주, 고양시, 의정부시, 안산시, 성남시, 용인시, 평택시
강원(8)	춘천시, 강릉시, 원주시, 속초시, 홍천군, 횡성군, 평창군, 인제군
충북(7)	청주시, 옥천군, 충주시, 제천시, 보은군, 괴산군, 진천군
충남(7)	아산시, 공주시, 금산군, 부여군, 예산군, 홍성군, 서산시
전북(9)	익산시, 장수군, 김제시, 정읍시, 남원시, 완주군, 전주시, 고창군, 순창군
전남(13)	영광군, 순천시, 나주시, 영암군, 여수시, 광양시, 고흥군, 장흥군, 해남군, 장성군, 함평군, 화순군, 곡성군
경북(13)	구미시, 예천군, 포항시, 문경시, 경주시, 안동시, 상주시, 경산시, 김천시, 영주시, 울진군, 의성군, 영천시
경남(11)	창원시, 진주시, 김해시, 마산시, 밀양시, 거제시, 함양군, 양산시, 거창군, 함안군, 남해군
제주(1)	제주시

김성화(2008)는 다문화 가정 지원제도의 문제와 개선방안을 제안하면서 중앙정부(법무부, 보건복지부, 여성가족부, 문화체육관광부, 교육과학기술부), 지방자치단체(경기도, 충청남도, 전라북도, 전라남도, 경상남도), 시 · 도교육청(서울특별시, 부산광역시, 인청광역시, 광주광역시, 제주특별자치도) 등의 지원제도를 조사한 바 있다. 다문화 가정을 일반화하기 위한 정부나 지자체의 기초자료가 부족한 실

정에서 이와 같은 시·도는 매우 바람직하다. 국가 전체의 공통적인 문제, 지자체의 역할과 문제가 분명하게 파악될 때 다문화 가정의 지원정책도 명료해질 수 있기 때문이다.

조사 결과 중앙정부 지원제도에 대한 개선으로는 사회적 편견에 대한 법제도 개선과 경제적 어려움 극복을 들었고, 지방단체 지원에서는 언어·문화적 차이의 극복, 미등록 가족에 대한 출산도우미 지원, 국제결혼 알선 업체 규제, 지자체를 중심으로 한 다문화 가정 지원 프로그램의 활성화를 제안하고 있다. 뿐만 아니라 시·도교육청 지원제도로는 다문화 가정 자녀를 위한 보육시설, 부모의 교육적 역할 상정, 다문화 자녀를 위한 방과후 학교 프로그램 개설, 학교 홈페이지를 활용한 교육자료 제공 및 대화채널 구축 등을 제안하였다(김성화, 2008).

중앙정부, 지방자치단체, 시·도교육청, NGO(민간기구)뿐만 아니라 개개 영유아교육기관장이나 시설장, 교사의 역할과 범위를 설정해 보고 구성원의 공감대를 형성하는 것이 필요하다. 정책의 흐름과 하위 기관과의 상호 의사전달체계가 바로 서고 그 역할과 범위가 분명할 때 다문화 가정의 지원정책도 성공할 수 있다.

3. 다문화 가정의 문제점과 과제

1) 다문화 가정의 문제점

다문화 가정의 문제를 유아, 학부모, 교사, 지역사회의 측면에서 생각해 보면 다음과 같이 정리할 수 있다.

(1) 유아

- 한국어가 서툰 모의 양육으로 자녀의 언어발달 지체, 문화부적응 등이 보인다.

- 대체로 결손 가정으로 이행되는 확률이 높다.
- 부의 무관심과 모의 의사소통 부재로 인해 방치되는 경우가 많다.

(2) 학부모

- 다문화 가정의 대다수는 사회 · 경제적으로 취약하며 농촌의 경우 편차가 심하다.
- 모와 부의 나이, 학력 격차가 심한 경우에 적응이 어렵다.
- 강한 종교적 신념으로 결혼한 경우 가정이 유지되지만 그렇지 않은 경우 문화적 차이로 인해 이혼하는 경우가 많다.
- 시댁 및 남편의 이해 부족으로 바깥활동에 제약을 받는 경우가 있다.
- 의사소통이 되지 않는 경우 원이나 시설과의 교류가 이루어지지 않는다(남편이나 시부모의 역할이 중요하나 무관심한 경우가 많음).
- 모의 국적(일본, 중국, 우즈베키스탄, 필리핀, 베트남 등) 및 배경이 다양하다(유아교육에 대한 중요성이나 인식이 부족하고 다양함).
- 농촌의 경우 이웃과 교류할 수 있는 문화적 공간이 부족하다.
- 분리된 다문화교육보다는 일반 학부모와 함께하는 통합교육을 원하고 있다.

(3) 교사(유치원/보육시설)

- 다양한 부모의 배경에 대한 접근 방법이 부족하다.
- 다문화교육에 대한 이해가 필요하며 관련 자료 및 전문 인력도 부족하다.
- 교사를 지원하는 체계적인 지원 프로그램이 미흡하다.
- 일반 학부모들의 다문화 가정 이해교육이 필요하나 잘 이루어지지 않고 있다(터부시 하거나 다문화 가정과의 교류가 거의 없음, 친구로 사귀는 것조차 꺼려하는 경향이 있음, 문화적으로 열등하다고 생각해 차이가 아닌 차별의식을 가짐).
- 체계적인 도움을 주는 프로그램이나 자료, 강사 등의 지원이 미흡하다('다문화우리말 교실〈교육과학기술부〉' '한국어 5단계 과정, 다문화 가정 e-배움 캠페인〈보건복지가족부〉' 등과 같은 프로그램이 있음).

(4) 지역사회

- 지자체, 다문화가족지원센터, 지방문화원 등 이주여성을 대상으로 프로그램을 운영하고 있으나 일회성 행사로 진행되고 있다.
- 이주여성의 정착 연수(1~10년 이상)를 감안한 다양한 프로그램 지원이 미흡하다.
- 남편 및 함께 지내야 하는 가족에게 이주여성 국가의 문화 및 간단한 의사소통을 위한 언어능력을 배양할 필요가 있다.
- 대부분 취업(임시직, 아르바이트, 과수농사 등)을 하고 있기 때문에 지자체에서 운영하는 프로그램 참여 및 학교에서 운영하는 프로그램 참여가 어렵다.

2) 미래의 과제

앞서 살펴본 다문화 가정의 문제를 해결하기 위한 미래의 과제를 살펴보면 다음과 같다.

첫째, 체계적 네트워크 구성 관련 부처 간의 협의 및 연계가 미흡하므로 통합적 지원시스템 구축이 요구된다.

둘째, 쌍방향의 프로그램 운영보다는 우리 글, 우리 문화에 대한 일방향적인 프로그램만이 운영되고 있으므로 다문화 가정의 언어 및 문화와 교류할 수 있는 프로그램이 필요하다.

셋째, 이주여성 국가에 대한 정체성 및 자긍심을 심어 줄 수 있는 프로그램 운영이 요구된다. 즉, 자아와 정체성을 기초로 교육과정에 다문화적 가치를 반영할 필요가 있다.

넷째, 상담 및 교육 프로그램을 강화하고 네트워크를 구축하는 데 도움이 되어야 한다. 따라서 개인을 넘어선 가족 및 공동체 단위인 프로그램 구안이 필요하다.

다섯째, 결혼한 이주여성의 가구 절반이 최저생계비 이하 소득 수준이므로 장기적으로 구조적 실업, 보육 및 교육 기회를 확대해야 한다.

여섯째, 한국어로 원활한 의사소통이 어려우므로 이들은 의료, 건강 등을 포함한 자녀의 보호와 교육을 위한 기초 상식에 있어서도 거의 사각지대에 있다. 그러므로 다문화 가정 학부모의 자녀지도 역량을 강화해야 한다.

일곱째, 다문화 가정 지원을 위한 인프라 구축이 요구된다.

언어장벽, 빈곤, 자녀양육 등 다문화 가족 자녀의 보호와 교육의 요구사항, 심리적 요인은 무엇이며(편견, 문화차이, 심리적 불안) 현실적 장애요인이 무엇인지에 대한 연구, 다문화 가정 아동의 적응 및 성취에 관련된 변인 연구, 다문화 가정 유아를 지도하는 학교의 역량 강화 연구, 교사의 심리적 적응 및 교수 · 학습 방법 연구, 일반 가정 유아의 다문화 가정 유아에 대한 편견 극복 또는 사회 통합 관련 연구 등이 필요하다.

Part 1. 이론편

03 유아 다문화교육의 목적과 목표

1. 다문화 사회가 기대하는 인간상

다문화 사회에서는 문화의 다양성 수용과 세계 공동체를 위한 각기 다른 역할 수행, 즉 다양한 문화적 가치와 태도를 형성하고 구성원의 공통점과 고유한 특성을 인식함과 동시에 공존과 협력을 강조하고 있다. 또한 다문화적 역량을 키워 가는 것이 중요한데, 다문화적으로 되어 가는 과정이란 다양한 방식으로 인식하고 평가하며 생각하고 행동할 수 있는 역량을 발달시켜 나가는 과정이라 할 수 있다. 이 과정에서 중요한 것은 국가 내 그리고 국가 간에 존재하는 문화적 다양성을 이해하고 그것을 조율하는 방법을 학습하는 것이다. 구디컨스트와 김(Gudykunst & Kim, 1984)은 그들의 저서 *Communicating with Strangers*에서 다문화적 인간(multicultural person)을 다음과 같이 묘사하고 있다.

> 다문화적 인간은 간(間)문화적으로 되어 가는 과정(process of becoming intercultural)에서 한 단계 더 높은 수준에 도달한 사람이며, 그의 인지적 · 정서적 · 행동적 특성은 특정 문화권에 제한되어 있기보다는 그것을 초월하여 성장하

고자 한다. 간문화적 인간은 지적 · 정서적으로 인류의 근본적인 화합에 심취되어 있으면서, 동시에 다른 문화권의 사람들 간에 존재하는 자아를 인정하는 사람이다.

구디컨스트와 김(Gudykunst & Kim, 1984)에 따르면 간문화적 인간(intercultural people)은 다음과 같은 특징을 갖고 있다.

- 신의 문화적 고정관념에 정면으로 도전해 보고(예: 문화충격 혹은 역동적 불균형) 자신의 세계관이 어떻게 자신의 문화로 형성되었는지를 생각해 보게 하는 일들을 경험한 적이 있다.
- 원활한 문화교류를 위해 촉진자(facilitator), 촉매자(catalyst)로 일할 수 있다.
- 자신의 자민족중심주의의 근원을 인정함과 동시에 타 문화에 대해서도 객관성을 유지한다.
- 문화 간 접촉을 보다 정확하게 해석 · 평가하고, 두 문화 사이에서 의사소통의 연결고리 역할을 할 수 있게 하는 '제3세계적 관점(third world perspective)'이 발달되어 있다.
- 문화적 공감(cultural empathy)과 '타자의 세계관에 대한 상상적 참여'의 특징을 보인다.

이와 같은 다문화적 역량을 발달시켜 나가는 과정이 다문화교육의 주된 목적이다. 다문화적 역량은 자신과 다른 문화적 환경 속에서 자신의 문화적 정체성을 잠시 보류하도록 한다. 그리고 주류문화와 비주류(소수)문화 사이에 존재하는 다양한 이분법적 경계 긋기의 문제를 극복하게 할 뿐만 아니라 다문화주의를 '정상적인 인간의 경험'으로 인식하게 한다.

박도순(2002)은 교육을 통해 '다원적 사고방식' '개방적 자세와 함께 주체적 자세' '창의력' '서로 다름에 대한 이해와 협력' '지구적 차원의 생태학적 통합적 사고와 생활 방식'을 더욱 중시해야 함을 제시하였다. 또한 나정(2001)은 세계화 시대에 대응하기 위해 전통문화에 대한 교육적 관심과 노력을 강화하여 우리다움을 잃지 않으면서도 여러 나라와 조화를 이루어 살도록 해야 하고, 열린 마음과 문화의식을 지녀 세계 시민의 관점으로 생각하고 행동할 수 있어야 하며, 국제적인 의사소통 능력을 갖추어야 한다고 하였다. 그리고 자율과 분화의 원리가 교육에 있어서도 실천되어야 하며, 세계 시민으로서의 자질과 지도력을 갖추어 여러 민족과 더불어 평화롭게 살아가야 함을 강조하고 있다.

이에 최재선(1998)은 지식정보화 및 다문화 사회에서는 단편적인 지식을 습득하는 데에만 몰두하는 경쟁적이고 편협한 인간이 아니라 덕성을 바탕으로 풍부한 교양과 능력을 갖춘 인간, 다른 사람과 더불어 살아가는 인간, 인류가 축적해 온 문화와 예술의 의미를 알고 이를 자신의 생활 속에서 향유하는 인간이 바람직하다고 보았다.

또한 박도순(2002)은 정보화 · 세계화 시대의 교육을 통해 다음과 같은 사람을 길러야 한다고 설명하고 있다.

① 기초 학습능력과 생활능력을 튼튼히 쌓아 가는 사람
② 자기의 소질과 잠재력을 찾아 자기 분야의 기본 교양, 주요 소양을 기르고 궁극적으로 창의적인 '핵심역량'을 지닌 사람
③ 무한한 정보의 바다를 황금어장 삼아 자기지식을 만들어 내는 사람
④ 기초 핵심지식을 바탕으로 생애 학습을 계속하는 사람
⑤ 다른 사람을 나만큼 이해하고 존중하는 온정적인 사람
⑥ 겉으로 보이는 피부색, 인종, 경제력을 넘어 사해동포를 삼을 줄 아는 사람
⑦ 욕망의 절제가 자기를 살리며, 이웃과 지구를 살리는 일임을 알고 절제할 줄 아는 자연친화적인 사람

이는 인종적 · 문화적 · 역사적으로 다른 환경에서 성장해 온 사람들과 더욱 긴밀히 협조하고 상호의존하며 성, 지역, 계층, 문화, 인종 등에 관련된 부당한 편견에서 벗어나 균형 잡힌 인성을 갖춘 사람을 제시한 것이다.

이와 같은 견해들을 종합해 보면 다음과 같은 인간상으로 정리된다.

① 올바른 인성과 도덕성을 갖춘 사람
② 자기주도적 학습능력과 창의적인 문제해결력을 발휘하는 사람
③ 다른 사람을 이해하고 존중할 줄 아는 사람
④ 정보를 효율적으로 분석하고 활용할 수 있는 능력을 갖춘 사람
⑤ 우수한 의사소통 능력을 갖추고 다른 사람과 협동할 줄 아는 사람
⑥ 인류 공동 문제에 관심을 가지고 이를 해결할 수 있는 능력을 갖춘 사람
⑦ 시민의식을 기초로 공동체의 발전을 지향하는 사람
⑧ 외국의 문화와 풍습을 수용하고 이해할 수 있는 사람
⑨ 민족의 정체성을 기초로 한국적 전통을 세계 보편적 가치로 발전시키고 창조하는 사람

종합적으로 다양한 문화와 사회가 기대하는 인간상을 살펴볼 때 다음의 우리나라 교육이념인 '홍익인간'에서 바로 그 근간을 찾을 수 있다.

> "교육은 홍익인간의 이념 아래 모든 국민으로 하여금 인격을 도야하고 자주적 생활 능력과 민주시민으로서의 필요한 자질을 갖추게 하여 인간다운 삶을 영위하게 하고 민주 국가의 발전과 인류 공영의 이상을 실현하는 데 이바지함을 목적으로 한다." (교육기본법 〈법률 제5437호〉 제2조)

2. 교육 목적과 목표

다문화교육에 접근하기 위해 먼저 문화의 개념을 이해할 필요가 있다. 조용환(2001)은 문화의 개념을 다음과 같이 설명하고 있다.

"문화란 타인의 행동을 해석하는 방법이며, 자신의 행동을 설계하고 실천하며 설명하는 준거다. 문화는 나의 것이 아닌 우리의 것이기에 내 마음대로 할 수 없는 규범적인 것이며, 마음먹고 따져보기 전에는 잘 알 수 없는 무의식적인 것이다. 문화는 마치 향기와 같아서 그 냄새를 코로 맡을 수는 있지만 잡거나 볼 수는 없다. 바꾸어 말하면, 문화는 훈습되어 사람들 사이에 존재하지만 막상 그것이 무엇인지 파악하려고 하면 여간 어렵지가 않다. 문화는 조금씩 변하지만, 애써 바꾸려고 해도 잘 바뀌지 않는 관성, 내성 혹은 타성을 가지고 있다. 문화의 이러한 보수성 혹은 일상성은 사회의 진보와 발전을 가로막는 부정적인 측면도 있지만, 진보와 발전을 서서히 그러나 공고히 진행시키는 긍정적인 측면도 있다."

'가랑비에 옷 젖는다.' 는 우리의 옛 속담처럼 문화는 자신도 모르는 사이에 생활 속으로 파고들어 우리의 일부가 되고 우리가 섭렵하며 결국 우리가 만든 테두리 안에 스스로를 규제하고 통제하는 삶의 일부가 된다. 또한 문화는 부정적, 긍정적 측면을 동시에 가지고 있으면서 다양성과 동질성도 가지고 있다. 이와 같은 특성을 다음 명언과 속담에서 찾아볼 수 있다.

문화의 동질성과 다양성

- 하늘은 스스로 돕는 자를 돕는다.

  盡人事待天命(진인사대천명) – 최선을 다하고 하늘의 뜻을 받아들인다.

  Do your best, God do the rest.

- '농사' 에 관한 속담

  〈우리나라〉 초봄 비가 많이 오면 풍년이 온다.

  〈프랑스〉 2월 비는 곡식 창고를 가득 채운다(Pluie de férier emplit les greniers): 풍년 예고의 의미.

- '비' 에 관한 속담

  〈우리나라〉 제비가 낮게 날면 비가 온다.

  〈프랑스〉 제비들이 땅을 스쳐 낮게 날면 비 올 징조다(Quand les hirondelles volent tré bas en rasant presque le sol, signe de pluie).

문화의 차이

가령 아프리카에 있는 어떤 종족은 무지개의 빛깔을 세 가지로 표현하고, 우리의 옛 기록에는 무지개를 백색이나 오색으로 표현하였으며, 최근에는 일곱 가지 빛깔로 표현한다. 무지개가 실제로 일곱 빛깔이겠는가? 과학적으로 자세히 살펴보면 훨씬 더 많은 빛깔이 그 안에 있다. 그러나 무지개를 언어로 추상할 때 문화권에 따라 이렇게 서로 다르게 나타내는 것이다. 이것은 무지개라는 외계 현상을 인식하는 문화의 차이에서 말미암은 것이다. 세 가지만으로 구분한다고 하여 반드시 미개하다고 말할 수는 없다. 아프리카에서 생활하는 그들에게는 무지개의 빛깔을 단순화해서 그렇게 보는 것이 삶에 편리하다고 한다면, 무지개를 일곱 가지 빛깔로 보는 것보다 세 가지로 보는 것이 나을 수도 있다.

우리의 경우에 한자의 '청록(青綠)'을 구분하는 말을 가지고 있지 않다. '푸르다'는 말뿐이다. '하늘도 푸르고 풀도 푸르다.'고 표현한다. 빛깔이 엄연히 다른 데도 이 두 가지 빛깔에 대한 우리말은 '푸르다'뿐이다. 그리고 그렇게 표현해도 우리의 일상생활에서 아무런 불편함이 없다. 이것이 바로 세계 인식의 차이이며 문화의 차이다.

이러한 세계 인식은 여러 면에서 나타난다. '사촌'이라고 할 때, 우리는 친, 외, 내종, 이종 등 네 가지로 구분한다. 영어에서는 'cousin'으로 통틀어 표현할 뿐 아니라 일가, 재종, 삼종까지도 뜻할 수 있다고 한다. 가족관계에 대한 표현에서는 우리말이 저들보다는 좀 더 섬세하게 구분되어 있다. 사촌은 물론 가족 관계까지를 'cousin'이라는 하나의 낱말로 나타내기보다는 좀 더 자세히 표현하여 차별 내지 분별한 것이 우리의 문화이고, 그것을 필요로 하지 않는 것이 저들의 생활이고 문화라 할 수 있다(수능 모의고사 예시: 2005. 4.).

최근 다문화 사회는 자신과 집단의 정체성을 형성하면서 평등성과 다양성을 기초로 편견에서 벗어나 다양한 문화를 인식하고 세계가 함께 협력하는 이상을 추구하고 있다. 그러므로 교육에 있어서도 세계적 경쟁력을 갖추기 위해서는 전통의 보편화, 민족의 정체성 그리고 세계 문제에 대한 문제해결 능력 등이 중시되어야 한다.

강무섭, 임연기, 김혜숙, 최돈민, 이명준, 조준래(1995)는 교육의 세계화 목표를 다음과 같이 제시하고 있다.

① 교육의 질적 수준 향상과 교육력 극대화를 통한 세계일류 수준의 교육을 한다.
② 교육은 사회적 통합력을 증진시키는 기능이 있으므로 이를 통해 참다운 인성교육과 교육 발전의 균형화를 도모한다.
③ 한국적인 전통의 보편화를 세계적 가치로 유지, 발달시키고 민족의 정체성을 내면화한다.
④ 세계 공동문제에 관심을 가지도록 하고, 이를 해결할 수 있는 능력을 신장시킨다. 또한 외국의 문화와 풍습을 충분히 이해할 수 있는 교육을 실시한다.

다문화교육은 다양한 문화적 차이를 이해하고 인식하는 데서 출발하며, 나와 다른 사람의 차이를 바탕으로 서로 소통하고 대화함으로써 서로의 삶을 긍정적이고 창의적으로 변화시키는 과정이다. 따라서 다문화교육은 '여러 나라 문화와 인종 또는 비주류 문화를 교육과정에 포함시키는 것만이 아니라 궁극적으로 다양한 집단이나 사람들과 상호작용하는 방법을 가르치는 교육'이어야 한다(김영옥, 2002b; 류방란, 2006).

교육과정이란 교육기관에서 유아들이 갖게 되는 공식적 혹은 비공식적 경험의 총체다. 따라서 다문화교육과정도 마찬가지로 유아교사의 가치관과 기대, 유아의 또래집단 형성, 스타일, 지식, 견해 등과 관련이 있다. 그리고 유아들이 갖고 있는 다양한 가치관, 문화적 스타일, 지식, 견해 등과도 밀접하게 연결되어 있다. 즉, 넓은 의미에서 볼 때 다문화교육과정은 유아교육기관의 환경 전체와 관련되어 있다.

다문화교육은 옳고 그름에 대한 결정의 확실한 기준이 없기 때문에 교육과정에서 다루어져야 할 내용이 무엇이며, 위험을 감수하면서까지 특정 내용을 계속 다룰 필요가 있는지에 대해서 다양한 의견이 존재할 수 있다. 따라서 다문화교육을 실시하고자 할 때 다문화교육과정에 철학적 기초를 제공해 줄 수 있는 핵심적 가치를 선정하는 것이 무엇보다 중요한데, 베넷(Bennett, 2007)은 크게 네 가지, 즉 문화적 다양성의 수용과 인정, 인간의 존엄성과 보편적 인권에 대한 존중, 세계 공동체에 대한 책임을 지구상에 존재하는 모든 사람들에 대한 존중으로 정리하였다. 이러한 다문화교육의 네 가지 핵심 가치는 이상적인 것으로 아직까지 현실화되지 않은 것도 있고, 광범위하게 수용되지 않은 것이 있을 수도 있다. 그러나 다문화교육의 핵심 가치들은 유아교사로 하여금 다문화교육의 교수 · 학습에 대한 목적을 명확하게 설정할 수 있도록 도와주기 때문에 매우 중요하다. 핵심적 가치를 기초로 다문화교육의 교수 · 학습 목적을 명확하게 설정하는 것은 다문화교육을 보호하고 실천하고 개선하는 데 필수적인 요소가 될 수 있다.

다문화교육의 목적과 관련하여 유아들의 이해, 행동, 가치관, 태도 등을 개발하기 위해 의도적으로 계획하여 유아교육기관의 경험에 초점을 맞춰야 하는데, 이에 대해 베넷(Bennett, 2007)이 제시한 핵심 가치를 기초로 다문화교육의 목적을 [그림 3-1]과 같이 도식화하였고, 다문화교육의 목적에 대해 설명하였다.

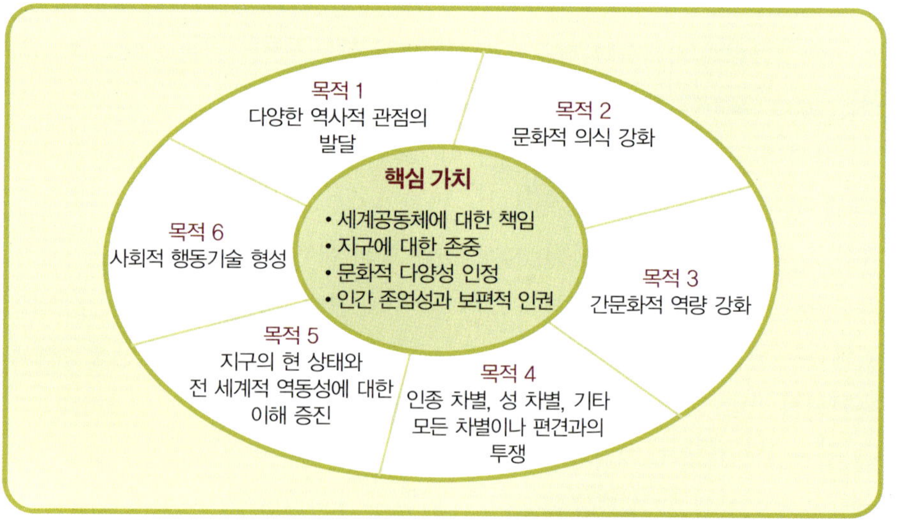

[그림 3-1] **다문화교육과정의 종합적 개념도**

• 다양한 역사적 관점의 이해

다문화교육의 가장 중요한 목적은 다양한 역사적 관점을 발달시킴으로써 다수집단 중심으로 편향되어 있는 성향들을 바로잡는 것이다. 과거와 현재의 세계적 사건들은 다양한 나라의 관점에서 이해되어야 한다. 지역적 사건이나 국가적 사건들을 이해할 때에도 다수집단과 소수집단의 관점이 동시에 고려되어야만 한다.

• 문화적 의식 함양

문화적 의식이란 자신의 세계관이 보편적이지 않으며, 다른 나라나 민족 집단의 구성원들이 갖고 있는 세계관과 심각하게 다르다는 점을 인정하는 것이다. 여기에는 인간사회에 다양한 사고와 행동 방식이 존재한다는 점을 이해하고, 자신의 생각과 행동이 다른 나라나 민족 집단에서 어떻게 이해될지에 대해서 인식하는 것이 포함된다.

• 간문화적 역량 개발

간문화적 역량이란 자신과 다른 표상적 의사소통(언어, 기호, 몸짓)과 무의식적인 신호들(신체언어), 문화적 관습들을 해석할 수 있는 능력이다. 여기에서 중요한 것은 공감과 의사소통이다.

• 인종차별이나 성차별 또는 모든 형태의 편견과 차별에 대해 투쟁하기

인종차별, 성차별, 기타 모든 형태의 편견과 차별에 대해 투쟁한다는 것은 성에 대한 편견이나 인종에 대한 오해, 그리고 자신의 문화와 다르다는 점 때문에 만들어지거나 형성된 부정적인 태도나 행동을 줄여 나가는 것을 의미한다. 여기에서는 성, 인종, 민족 집단과 관련된 사회적 통념과 고정관념을 제거하는 것이 강조된다.

• 지구의 현 상태와 전 세계적 역동성에 대한 이해 증진

지구의 현 상태와 전 세계적 역동성을 이해한다는 것은 지구의 현재 상태와 보편적인 변화 경향, 발전과정을 인식하는 것이다. 전 세계는 다양한 하위체계들이 상호 밀접하게 연계되어 있는 거대한 생태계로서, 신기술의 도입과 같이 매우 작은 사건들로 세분화될 수 있을 뿐만 아니라 작은 사건들에 의해서 심각한 영향을 받을 수도 있다는 점을 이해하는 것이다.

• 사회적 행동기술 개발

사회적 행동기술이란 지구의 미래와 인류의 행복을 위협하는 문제들을 해결하는 데 필요한 지식과 태도, 행동을 의미한다. 특히 전 지구적으로 생각하고 지역적으로 행동하는 것을 강조한다. 그리고 개인적 효능감과 세계 시민으로서의 책임의식을 발달시키고, 그에 기초하여 사회구성원으로서 적극적으로 참여하도록 하는 데 목적을 두고 있다.

이와 같이 다문화적 방식으로 가르친다는 것이 의미하는 것은 무엇인지 살펴보았을 때 유아들이 자신들의 충만한 잠재력을 계발하도록 고려되고 배려되며 조성된 교실환경을 만들어 내는 것을 의미한다. 또한 유아들이 간문화적 역량을 어느 정도 향상시키도록 돕고, 편견이 없는 비판적 사고와 동정심 그리고 사회적 제약을 개선하기 위한 사회적 행동을 육성하는 것을 의미한다.

04 유아 다문화교육의 내용

1. 교육내용

현대사회에서 유아가 바람직하게 살아가기 위해서는 한 나라 내에 인종 · 종교 등을 달리하는 집단의 문화적 · 사회적 다원성의 가치를 인식해야 하고, 이 문화적 다양성의 가치는 보호하고 확장해야 할 귀중한 자원이라는 것을 깨달아야 한다. 즉, 이 시대에서 유아는 어떤 집단도 고립상태에서 생존할 수 없고 상호관계를 이루면서 전체의 일부로서 존재한다는 것을 알아야 한다(차갑부, 1997).

멜렌데스, 벡과 플레처(Melendez, Beck, & Fletcher, 2000)는 다양성의 요소를 다음의 여덟 가지로 들고 있다.

- 국적(Nationality): 자신 또는 부모의 출생과 관련된 국가의 근원
- 종족/인종성(Race/Ethnicity): 개인의 정체성 형성에 영향을 주는 집단의 문화적 전통
- 종교(Religion): 개인이 지닌 신념체계

- 사회계층(Social Class): 개인이 속한 사회적 집단(수입, 교육, 직업, 생활방식, 집단이 공유하는 전형적 가치)
- 언어(Language): 자신의 근원과 관련된 언어
- 성(Gender): 여성과 남성에게 부여된 사회적으로 수용되는 역할과 기대
- 예외성(Exceptionality): 신체적, 정신적으로 여러 가지 장애를 가진 사람 또는 천재, 영재와 같이 특별한 능력을 가진 사람
- 연령(Age): 연령집단에 기초하여 부여된 사회적으로 수용되는 책임과 기대(개인이 속한 문화적 집단에 따라 다름)

니에토(Nieto, 1992)는 다문화교육을 다음의 일곱 가지로 정의함으로써 다문화교육의 방향을 제시하고 목표와 내용을 시사하고 있다.

- 반인종편견 교육(Anti-Racist Education): 차별적인 습관과 행동에 대한 인식 및 차별에 반대하는 행동을 하도록 하며, 공평과 평등에 대한 감각을 증진시킨다.
- 기초 교육(Basic Education): 다문화와 세계 사회에서 효율적으로 상호작용하는 필수적인 지식과 기술을 제공한다.
- 모든 아동에게 중요한 교육(Important for All Students): 자신의 문화적 특성에 관계없이 중요하고 필수적인 교육과정이다.
- 널리 미치는 영향력(Pervasive): 모든 교육과정 영역에 골고루 퍼져 있으며 다문화에 중점을 두어 통합할 때 교육과정은 적절하고 효과적이다.
- 사회정의적 교육(Education for Social Justice): 사회적 공평과 평등의 발달을 촉진시킨다. 다문화에 초점을 두어 설계된 수업 경험은 사회적 상황을 탐구하고 부당한 사건에 대해 판단할 수 있게 한다.
- 하나의 과정(A Process): 태도와 가치를 경험하고 명료화하는 과정이다. 다문화교육은 사회적 현실을 경험해 볼 수 있도록 격려하는 데 필수적이고, 역동적이며 지속적인 경험이므로 유아에게 긍정적이고 다문화적인 환경에서

의 상호작용에 대한 대응능력을 길러 준다.

• 비판적인 교육(Critical Pedagogy): 지식을 탐구하고 다양한 시각으로 아이디어와 사건을 고려한다. 유아에게 사건을 면밀히 탐구하게 하고 공정함과 평등을 추구하여 분석하도록 지원하고 격려한다. 사회적 공평과 평등함을 발달시키며 반편견 교육이 필요하다.

니에토(Nieto, 1992), 멜렌데스, 벡과 플레처(Melendez, Beck, & Fletcher, 2000 재인용)는 특히 다문화교육의 이론적인 근거를 반편견 교육과 관련지어 강조하고 있다. 반편견 교육은 국내의 학술대회 및 책자들(김영옥, 1998; 이경우, 이은화, 1999)에 소개되어 있다.

다문화 사회에 적합한 유아교육의 목적 또는 목표는 여러 문헌들(Banks, 1994; Bennett, 2007; Boutte, 1999; Derman-Sparks, 1993; Morrison, 2007; Nieto, 1992; Ramsey, 1987; Swiniarski, 2003)에 의하여 논의되어 왔다. 초기에는 주로 반편견 교육을 중심으로 소개되어 왔으나 편견을 극복하고 생각을 넓힘으로써 다양한 삶의 행태에 대한 이해의 폭을 넓히게 되므로 결국 문화의 다양성을 수용하고 세계 공동체를 위해 서로 다른 역할을 수행하는 것으로 집약된다. 이들은 모두 문화 간, 국가 간, 집단 간, 개인 간에 친밀한 관계와 이해의 증진을 획득하기 위한 지식 · 기술 · 태도의 발달을 도모하는 데 동의하고 있으며 문화, 협력, 편견, 정체성 형성, 평등성, 다양성 등을 공통적으로 지적하고 있다. 몇몇 대표적 예를 들면 다음과 같다.

램시(Ramsey, 1987): 문화 · 편견 · 정체성 · 다양성 · 관계증진

• 성 · 인종 · 문화 · 계층 · 계급 · 개인의 정체성을 발달시켜 나가며 다양한 집단 내에서 구성원을 인식하고 수용하도록 돕는다.

• 나와 다른 것에 대한 개방성 · 흥미 · 차이를 포함하여 가까이 하려는 의지, 협력에 대한 사회적 관계를 형성하도록 돕는다.

• 자율적이고 비판적인 분석가나 활동가가 될 수 있도록 한다.

- 학교와 가정 간의 능률적인 상호 관계를 증진시킨다.

더먼-스파크스(Derman-Sparks, 1993): 정체성 · 편견 · 협력

- 유아가 지식과 자아개념, 집단의 정체감을 형성할 수 있도록 한다.
- 다양한 배경을 지닌 사람들과 편안한 상호작용을 할 수 있도록 돕는다.
- 편견에 대한 비판적인 사고를 촉진시키며 자신과 타인을 방어할 수 있는 능력을 기르도록 지원한다.

뱅크스(Banks, 1994): 문화 · 평등성

- 다양한 구성원에게 교육적 평등을 확대한다.
- 미래 세계에서 생존하고 능률적으로 기능하는 데 필요한 지식, 기술 및 태도를 발달시키도록 돕는다.

베넷(Bennett, 2007): 문화 · 다양성 · 인권 · 책임 · 존중

- 문화적 다양성을 수용하고 인정한다.
- 인간의 존엄성과 보편적 인권을 존중한다.
- 세계 공동체에 대한 책임을 진다.
- 지구상에 존재하는 모든 사람들을 존중한다.

다문화교육을 통해 달성하고자 하는 핵심적 가치, 주요 교육대상, 주요 교육내용과 방법 등의 차이가 있을 수 있기 때문에 다문화교육의 유형을 구분하는 방식은 다양하겠지만 크게 세 가지로 나누어 볼 수 있다.

첫째, 소수자 적응교육은 기존 주류사회가 새로운 이주자를 받아들이는 첫 단계로 사회통합을 위해 가장 보편적으로 행해지는 교육으로서 동화주의자 관점에 기초하여 소수집단을 주류집단의 문화에 동화시키는 데 초점을 맞추고 있다. 이 교육 유형은 사회 통합에 중요한 기여를 할 수 있기 때문에 어느 나라에서든 예외 없이 가장 먼저 등장하고 오래 지속된다(Kivisto, 2001).

둘째, 소수자 정체성 교육은 다문화 사회를 구성하는 여러 소수집단이 주류문화와 구별되는 자신들의 고유한 문화적 정체성을 유지하는 데 관심을 기울인다. 이와 같은 소수자 정체성 교육은 적응교육만을 강조하는 가운데 나타날 수 있는 문제점, 즉 소수집단의 소외나 자긍심 상실과 같은 문제점을 극복하기 위한 노력이며, 다른 한편으로는 한 사회를 구성하는 다양한 문화를 유지 · 보존함으로써 그 사회 전체의 문화를 더욱 풍요롭게 발전시켜 간다는 점에서도 중요한 의미를 갖는다(Banks, 2002). 소수집단의 정체성 유지는 또한 다수집단으로 하여금 자신들의 문화에 대해 반성하고 성찰할 기회를 제공함으로써 다수집단 문화의 성숙에도 기여할 수 있다(양영자, 2008).

셋째, 상호이해 증진교육은 소수자와 다수자 모두를 대상으로 하는 교육으로서, 특히 다수자와 소수자 또는 소수자 사이에서 나타나는 차별의식과 편견의 극복을 그 핵심 과제로 삼는다. 이러한 교육은 소수자만이 아니라 다수자까지도 그 교육대상에 포함한다는 점이 강점이다. 상호이해 증진교육에서 가장 중요한 과제는 다수자의 소수자 문화에 대한 차별의식과 편견을 제거하고 소수자 문화를 개방적인 태도로 수용할 수 있는 자세를 갖도록 하며, 더 나아가 차별의식과 편견에 의해 발생한 사회불평등 현상을 개선하기 위한 실제적인 방안들을 적극적으로 모색하고 실천하도록 하는 태도를 길러주는 일이다. 이러한 교육은 문화적 차별과 불평등의 문제를 근본적인 수준에서 해소하는 데 필요한 중요한 과제라는 점에서 앞으로의 다문화교육에서 가장 큰 관심을 기울여야 하는 교육의 유형이라고 하겠다(황규호, 양영자, 2008).

교육내용에 대하여 국내에 소개된 문헌 중 조연순(1996)은 UNESCO 등의 문헌을 근거로 지식 · 기술 · 태도를, 양옥승(1997)은 정체성 · 다양성 · 문제해결력을 제시하고 있다. 또한 채정란(1999)은 교육의 내용을 다음 여섯 가지로 요약하고 있다. 각 내용의 개념을 추출해 보면, 문화(문화 간의 유사점과 차이점의 특징 알기/ 각 문화에 대한 이해 및 존중감 기르기/ 문화 간 긍정적 태도 발달시키기), 협력(다양한 사람들과의 상호작용 능력 증진시키기/ 다양한 사람들과의 협동 능력 증진시키기), 편견(선입견, 편견, 고정관념에 비판적 사고 형성하기/ 문제 상황에 대한 대처 능력 기르기), 정체성 형성(긍정적 자아개념 기르기/ 자아 정체감 및 집단

정체감 형성하기), 평등성(국가, 민족, 성, 능력, 계층에 대한 긍정적 태도 가지기/ 인간 평등의 가치 형성하기), 다양성(다양한 개인과 집단의 존재 인정하기/ 다양성 존중의 마음 갖기)으로 정리된다. 그리고 교육부(1999, 현 교육과학기술부)는 문화 · 다양성 · 평등성 · 협력의 개념을 중심으로 교육내용을 광범위하게 제시한 바 있다.

하지만 다문화교육 내용을 선정함에 있어 유의해야 할 점은 최근 다문화교육의 핵심적인 관심사로서 공통교육과 문화적 정체성의 다양성 존중 사이의 긴장을 어떻게 조화시킬 수 있을 것인가의 문제를 생각해야 한다는 것이다. 즉, 공통학교의 교육을 통해 한 사회의 구성원으로 갖추어야 할 공통적인 능력과 태도를 길러주되, 어떻게 하면 각 개인 또는 그 개인이 속해 있는 문화집단의 고유한 정체성을 유지시켜 줄 수 있을 것인가를 고민해야 한다.

할스테드(Halstead, 2007)는 다문화교육의 맥락에서 공통교육의 필요성에 대해서 네 가지의 근거를 제시하였다.

첫째, 공통교육은 각 개인의 다양한 문화적 배경은 물론 개인의 경제적 · 사회적 지위나 성, 학업능력, 장애 유무 등에 따른 차별과 불평등을 극복하는 데 필요한 교육적 처방이 된다. 사실상 다문화교육이 추구하는 핵심적인 이념의 하나가 '평등'의 이념이라고 볼 때, 공통교육은 그러한 평등의 이념을 구현하기 위한 적극적인 조치로 이해할 수 있다. 둘째, 국가 및 사회적 결속력을 유지하기 위해서 공통교육이 요구된다. 만일 공통교육을 통해 길러지는 국가 및 사회에 대한 공통적인 정체성이나 가치관이 결여된다면 하나의 국가나 사회가 응집성과 결속력을 잃게 될 것이고, 사회의 유지 자체가 어려울 것이다. 다문화교육이 국가 및 사회의 해체를 조장하는 교육의 모습을 갖추어서는 안 될 것이다. 셋째, 공통교육은 다양한 배경의 유아들에게 상호교류의 경험을 제공해 줌으로써 앞으로 살아가게 될 다문화 사회에서 요구되는 중요한 능력, 즉 상호이해를 바탕으로 더불어 살아갈 수 있는 능력을 길러 줄 수 있다. 넷째, 공통교육은 다문화교육이 요구하는 핵심적인 가치들, 예를 들어 편견 극복, 개방적 태도, 다양성에 대한 존중, 개인의 자율성 존중 등의 가치를 길러주기 위한 조건이 된다.

이와 같이 다양한 측면에서 공통교육의 필요성이 인정된다고 하더라도 구체적으로 이러한 공통교육에 포함되어야 할 가치나 교육내용의 범위를 어떻게 설정할 것인지에 대해서는 다양한 관점이 있을 것이다. 즉, 다문화교육을 위해 문화적 정체성의 다양성 존중도 중요한 과제다. 다시 말해 최소한의 범위에서 공통교육의 필요성을 인정하더라도 공통교육에서는 다양한 문화집단의 고유한 정체성을 유지할 수 있도록 최대한 노력을 기울여야 하는 것이다. 특히 한국의 현재 상황에서 다문화교육과정을 개발하는 데 있어서는 한국 사회가 지향하는 공통가치의 범위가 무엇인지를 확인하는 일이 중요하다는 점과 이 과정에서 공통가치를 수용하기 어려운 소수문화 집단이 어떤 집단일지를 점검하고 대응방안을 모색하는 일이 중요한 과제가 될 수 있다(황규호, 양영자, 2008).

2. 지침 및 접근방법

1) 다문화교육을 위한 지침

다문화교육을 위한 지침은 스위니아르스키와 브레이트보드(Swiniarski & Breitborde, 2003: 216-218)의 내용을 정리한 것이다. 그들은 세계화교육의 12가지 원리를 주장하고 있으며, 최근 첨가된 원리는 지속적인 환경을 지지하고, 교수 · 학습의 정신을 강화하는 내용을 강조하고 있다. 가정, 지역사회, 학교, 영유아교육기관에서 다문화적이고 세계화에 기초한 메시지를 적용할 때 지침이 될 수 있는 원리들로, 보다 다양한 준거들이 지속적으로 첨가되고 개발될 것이다.

(1) 기본교육이다

① 교육과정의 요소와 내용에 다른 나라 및 세계와 관련된 정보, 이슈, 관심사 등이 총체적으로 포함되어 있는가?

② 교육과정이 아이들에게 기본적인(세계 언어, 수학, 테크놀로지에 대한 교육을 포함한) 교양을 제공해 주는가?

③ 교육과정을 계획, 검토, 평가, 실행, 개정하고 관련된 교재 · 교구를 구입할 때 세계적인 관계들을 고려하는가?

(2) 평생교육이다

① 교육과정이 아이들로 하여금 다른 연령의 사람들과 함께 학습할 수 있는 경험의 기회를 제공하는가?

② 학교나 센터의 전문성 발달 프로그램이 성인교육을 위해 세계의 각기 다른 분야의 교육자와의 연구, 움직임이나 이동, 의사소통을 포함한 세계적 이슈를 제공하는가?

③ 부모와 지역사회의 구성원이 학교나 센터의 생활에 학습자, 교사, 의사결정자로 참여하는가?

(3) 협동 학습이다

① 교육의 실제에 아이들이 함께 활동하고 서로에게 배울 수 있는 의미 있는 기회가 포함되어 있는가?

② 효과적인 협동을 위해 필요한 사회적 기술을 직접 가르치는가?

③ 교사와 부모가 아이와 함께 배우는가?

(4) 모든 것을 함께 포함한다

① 학교나 센터의 정책이 가족 형태 간의 차이를 존중하는가?(예: 학부모회의 스케줄, 모국어로 적힌 문서 등)

② 유아교육 단체 및 기구는 다른 집단들과 정기적인 상호작용을 하는가?

③ 교육자료와 교육과정의 내용이 모든 학습자들에게 공평한가?

(5) 사회적 행동을 위한 교육이다

① 교육과정은 지역사회 서비스 기회를 아이들에게 제공하는가?

② 교사와 행정가는 지역적, 국가적, 세계적 관심사를 옹호하는가?

③ 아이들에게 지역적, 국가적, 세계적 상황을 개선하려는 성인의 노력에 대해 가르치는가?

(6) 경제교육이다

① 교육과정에 유아를 위한 경제교육이 포함되어 있는가?

② 학교나 센터의 아이템 구매자는 지역, 국가, 세계 사람들의 삶과 복지에 필요한 구매 성향을 고려하는가?

③ 교사와 아이들이 자원을 현명하게 사용하도록 격려하는가?

(7) 테크놀로지가 포함된다

① 아이들은 학습을 위한 새로운 테크놀로지에 공평한 접근이 가능한가?

② 세계 사람들과의 의사소통을 강화하기 위해 테크놀로지가 사용되는가?

③ 특별한 요구가 있는 아이들의 학습 문제를 개선하기 위해 테크놀로지가 사용되는가?

(8) 비판적이고 창의적인 사고를 요구한다

① 아이들에게 정보를 분석하고 종합하고 검토하도록 강화하는가?

② 교육과정은 아이들로 하여금 문제를 제기하고 가설을 세우고 해결책을 찾아내도록 강화하는가?

③ 유아들에게 창의적인 아이디어를 이끌어 내고 프로젝트가 수행될 수 있도록 하는 중요한 기회가 주어지는가?

(9) 다문화적이다

① 학생기구를 구성하는 데 있어 해당 지역 및 지방의 문화를 반영하는가?

② 교육과정이 아이들로 하여금 자신의 풍부한 문화유산에 대해 배우고 각자 문화적 배경에 자부심을 지닐 수 있도록 하는가?

③ 아이들이 자신과 문화적 배경이 다른 아이들과 주기적이고 실질적으로 어울릴 수 있도록 기회를 많이 제공하는가?

(10) 도덕교육이다

① 학교나 센터는 서로 존중하고, 보살피며, 지원하는 분위기를 지지하는가?

② 아이들은 자신의 행동이 타인에게 주는 영향에 대해 고려하고 책임감에 대해 배우는가?

③ 학교나 센터 내에서 윤리와 도덕에 관한 문제들이 성인들 간, 아이들 간에 정기적으로 논의되고 있는가?

(11) 자원의 고갈 없는 지속적인 환경을 지지한다

① 학교나 센터는 주변 환경을 존중하고 보호하기 위한 활동을 모든 시설의 내부 및 외부에서 전개하는가?

② 교육과정에 물리적 세계를 보호하고 보존하기 위한 노력과 환경적인 이슈들을 다루고 있는가?

③ 학교나 센터는 재활용, 식수(나무심기), 운동장 유지보수와 같은 지역사회의 프로젝트에 참여하는가?

(12) 교수와 학습의 정신을 강화한다

① 학교나 센터가 교직원과 아이들 각각의 독특한 공헌을 존중해 주는가?

② 아이들은 물론 교직원들도 교육 절차(Educative Process)에 반영되도록 격려되는가?

③ 학생뿐만 아니라 교직원들도 도전적인 질문을 하고 해결책을 추구하도록 격려되는가?

2) 접근방법

맥노턴과 윌리엄스(MacNaughton & Williams, 1998)는 더먼-스파크스(Derman-Sparks) 외 다른 연구자(1989)의 논의를 기초로 다문화교육의 접근방법을 자유방임적 접근(Laissez-Faire Approach), 특별한 준비에 의한 접근(Special Provisions Education Approach), 문화 이해적 접근(Cultural Understanding Approach: Tourist Approach), 인권적 접근(Human Rights Approach), 반차별적 접근(Anti-Discriminatry Approach)으로 분류하였다. 베넷(Bennett, 2007)은 다문화적 접근방법을 평소상태유지형(business-as-usual), 동화형(assimilation), 다원적 공존형(pluralistic coexistence), 통합적 다원주의형(integrated pluralism)으로 분류하였고 특징은 다음과 같다.

'평소상태유지형'은 기존과 동일한 교육과정, 학업 성취기준, 교수방법을 가능한 한 유지하려고 노력한다. 그리고 동일한 행동규범을 강요하고, 동일한 가치관을 갖게 하며, 규칙위반에 대해 동일하게 처벌하려고 노력한다. 이 유형의 유치원은 새로운 유형의 유아들을 다루기 위해서는 전통적인 방식들을 조정해야 할 필요가 있다는 점을 전혀 인식하지 못하며, 오히려 유아들이 학교에 적응하기를 요구한다. 이러한 반응유형은 전체 유아들의 특성이 변화되었을 때 기존 방식들이 바람직한지 그렇지 않은지에 대해 전혀 고려하지 않는다는 특징이 있다.

'동화형'은 동화되지 않은 유아는 다시 분리될 것이고 중도탈락을 당할 것이며, 평소상태유지형과 특징이 유사하다. 이처럼 동화형은 유아의 인종과 문화는 교사와 유아가 서로를 인식하는 과정에 영향을 미치며 교실에서 기대되는 행동에도 영향을 미친다는 사실은 전혀 고려하지 않는다. 동화주의자의 행동은 '인종을 의식하는 것=인종차별주의자가 되는 것'이라는 잘못된 가정에 근거를 두고 있는 경우가 많다.

평소상태유지형과 동화형은 인종분리 폐지에 대해 반응하는 방식이 매우 유사하다. 동화형 유치원이 새로운 유아에 대한 기대치를 신중하게 결정하는 반면, 평소상태유지형 유치원은 과거의 방식들을 그대로 유지하면서 새로운 유아들에게 무조건 기존의 방식에 맞춰 주기를 기대한다는 점이 미묘하게 다를 뿐이다.

'다원적공존형'은 재분리 혹은 분리 부활이라는 특성을 갖고 있으며, 이러한 맥락에서 평소상태유지형이나 동화형과 유사하다. 그러나 동화형이 부적응 유아들만을 재분리한다면, 다원적 공존형은 서로 다른 인종적 · 민족적 집단들을 분리하는 데 기초하고 있다. 유아들은 서로 다른 스타일이나 가치관을 유지할 수 있다. 이를 테면 하나의 유치원 안에 다양한 유치원이 존재한다고 할 수 있다. 다른 집단의 유아들이 서로 혼합되고 뒤섞이도록 하기 위한 노력은 전혀 나타나지 않는다.

이상의 세 가지 유형과는 달리, '통합적 다원주의형' 또는 '통합형'은 유아의 재분리를 예방하기 위한 대안을 적극적으로 찾는다. 통합적 다원주의는 유치원 내에서 다양한 민족들이 갖고 있는 가치를 동등하다고 인정하고, 그들의 참여를 권장하는데, 참여 권장은 다수 집단의 관점에 기초한 것이 아니라 모든 집단의 참여와 기여로 인해 유치원 체제가 진화한다는 관점에 기초한 것이다. 그러나 통합적 다원주의는 다양한 집단의 스타일과 가치관의 단순한 병렬적 공존을 지지하는 데서 그치지 않는다. 오히려 유치원 내에 존재하는 다양한 관점과 적대시되었던 유아들이 서로를 이해하고 집단 상호 간의 긍정적인 관계를 발전시킬 수 있도록 유도한다는 점에서 통합적이다.

통합적 다원주의는 바람직하기 때문에 혹은 피할 수 없기 때문에 재분리를 수용하기보다는 다양한 유아 집단들 사이에서의 활발한 상호작용을 유도하기 위해 노력하는 적극적인 입장을 취한다.

처음의 세 가지 유형은 분명히 수용할 수 없는 것이다. 마지막에 언급한 통합적 다원주의는 우리가 추구해야 할 목적이다. 기존의 소외된 민족을 같은 유치원에 다니게 하는 것만으로는 충분한 성과를 얻을 수 없다. 반면, 통합은 기존에 분리되어 있던 모든 집단을 인정하고 수용한다. 다시 말해, 통합은 문화다원주의적 상황을 창출해 낸다.

최근에 멜렌데스와 벡(Melendez & Beck, 2006)은 뱅크스 등(Banks et al., 1993)의

이론을 인용하여 교육과정 통합의 단계를 다음과 같이 제시하였다. 교육과정은 동일하나 활동을 다소 첨가하여 기여하는 소극적 단계(The Contributions Approach), 교육과정은 동일하나 선정된 문화적 주제를 포함하여 더해지는 단계(The Additive Approach), 교육과정이 문화적 집단의 주제와 개념을 중심으로 전환되는 단계(The Transformation Approach) 그리고 다양한 사회적 문제와 현상을 이해하도록 발전적인 형태를 갖는 단계(The Social Action Approach)로 제시하였다.

또한 [그림 4-1]에 제시된 개념도와 같이 베넷(Bennett, 2007)은 다문화 교수법을 네 가지 차원으로 제시하고 있다. 첫째는 평등교수법이다. 이것은 교사가 긍

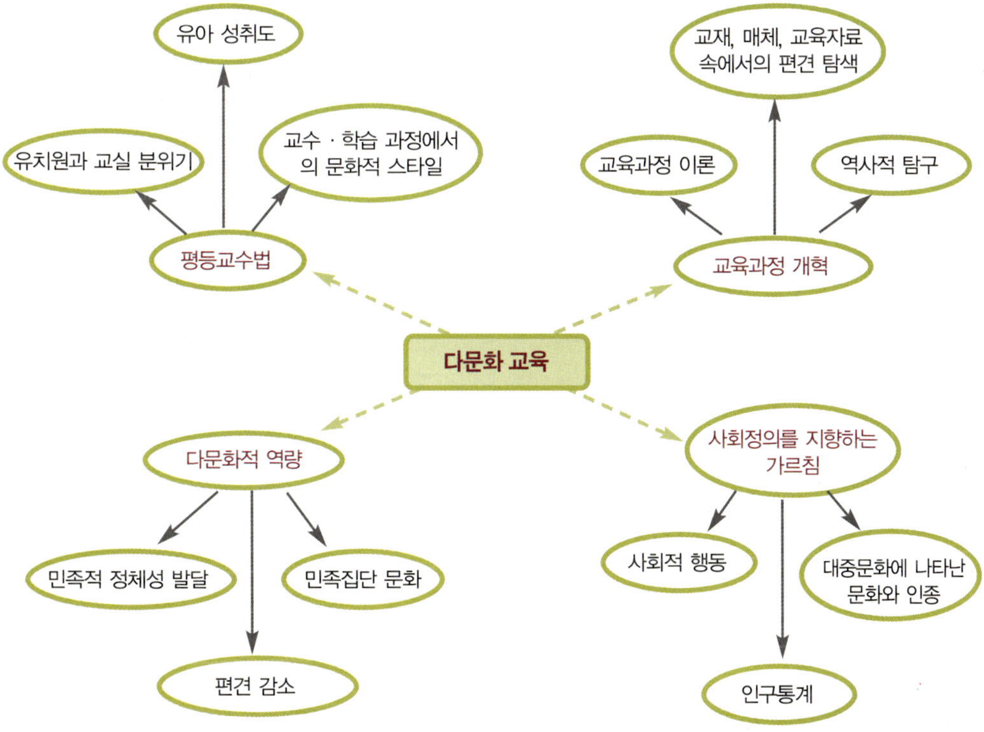

[그림 4-1] **다문화 교수법의 개념도**

• 출처: C. I. Bennett (2001). Genres of Research in Multicultural Education. *Review of Education Research*, *72*(2), 171-217.

정적인 교실 분위기를 만들고 유아들의 성취수준을 향상시키기 위해 문화적으로 민감한 교수기법을 사용하며, 교수 · 학습과정에서 유아들의 경제적 조건뿐만 아니라 문화적 스타일과 사회화 과정까지도 고려하는 행위들을 포함한다. 둘째는 교육과정 개혁이다. 이것은 기존의 전통적인 교육과정에서 나타나는 문제점을 조사하여 변화시키는 것이다. 셋째는 다문화적 역량이다. 이것은 교사가 인종적 · 문화적 측면에서 자신과 다른 유아들(혹은 가정이나 다른 교사들)을 편안하게 대할 수 있고, 그들과 어떻게 상호작용해야 할지를 배우는 것이다. 넷째는 사회정의를 지향하는 가르침이다. 이것은 교사가 불평등한 사회구조나 대중문화 속에 나타나는 인종, 문화, 계급, 성 등의 이미지들에 대해 신중하게 생각하고, 지역적 혹은 지구적 차원에서 보다 많은 사회적 평등을 만들어 내기 위한 사회적 행동들을 고려하며, 유아들에게도 이러한 문제들에 대해 탐구해 보도록 하는 것이다. 이와 같은 동향을 바탕으로 다문화교육의 개념체계를 구성해 보면 [그림 4-2]와 같다. 각 단계와 교수법들이 어떤 형태이든 인식과 행위가 통합되어 내면화되기까지는 많이 보고 경험하는 단계를 기초로 친밀감, 편안함, 연계성을 느끼며 공감하고 감정이입하는 단계로 발전하는 과정이 요구된다.

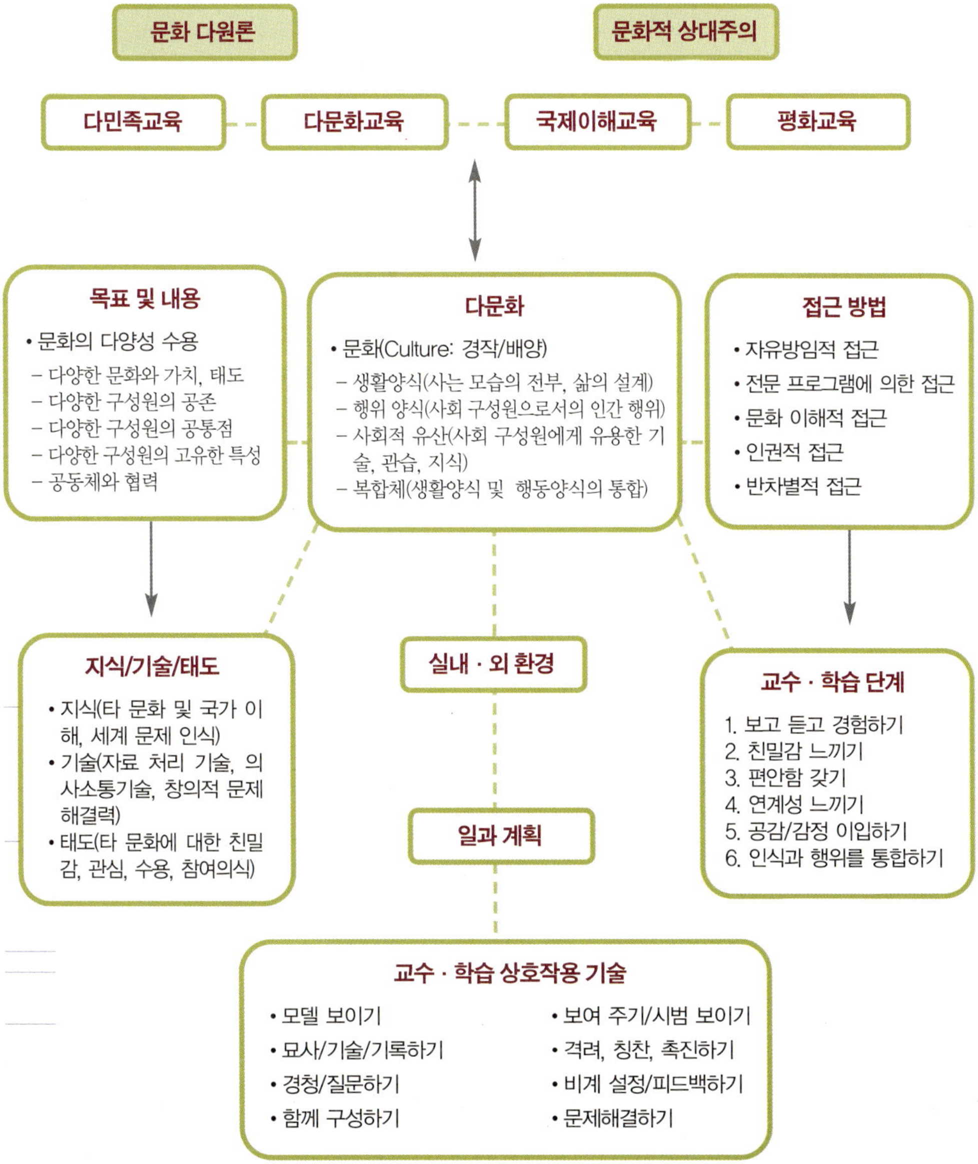

[그림 4-2] **다문화교육의 개념 체계**

• 출처: 김영옥(1998; 2001; 2002a, b, c), 김영옥 등(2002)을 재구성함.

Part 1. 이론편

05 유아 다문화교육의 방법

1. 교수 · 학습의 원리

다문화교육의 원리는 기본적인 교육과정과 크게 다르지 않다. 현장에 적용해 볼 수 있는 다문화교육의 원리를 설명하면 다음과 같다. 이들은 다문화교육의 소재, 교수 · 학습방법, 다문화교육의 확장 및 활동방법의 근거가 될 수 있다.

다문화교육은 다양한 특성(Character)들이 의사소통(Communication)함으로써 또 하나의 새로운 형태가 창작(Creation)되는 과정으로 전개될 수 있다.

1 다문화교육은 인간이 중심이 되어야 하며 생명존중이나 인권존중과 관련된 교육활동으로 제공할 수 있다

다문화교육은 문화의 전달과 교류를 통하여 인간과 환경 간의 관계와 이해에 관심을 가지고 있다. 세계 여러 나라의 집을 다룬다고 할 때 돌담집, 이글루, 초가집 등 집의 다른 모습은 결국 사는 곳에 따라 형태나 종류는 다르지만(다양성) 집이 필요하다(공통성)는 삶의 방식을 느끼게 된다.

❷ 다문화교육은 인성교육, 감성교육에서 다루고 있는 긍정적 자아개념, 감정이입, 타인정서 이해, 배려, 존중의 내용이 포함되며 반편견교육, 세계이해교육, 평화교육 등과 연계하여 접근하는 것이 바람직하다

주변에서 다양한 생활장면이나 삶의 지혜를 찾아내어 공감함으로써 감정이입하게 되고 편견을 줄이게 된다. 아프리카인의 가족 사랑, 의식주와 그들의 집 안팎에서의 진솔한 삶을 보면서 반편견교육 또는 세계이해교육과 연계할 수 있다.

❸ 다양성 속에서 동질성을 파악하기 위해 각기 다른 문화권의 소재에서 같은 주제를 찾거나 또는 같은 주제를 각기 다른 다양한 장면으로 연계할 수 있다

그림책 『순이와 어린동생』(한림, 1989), 『피터의 의자』(시공사, 1996), 『내 인형이야』(보림, 2003)는 각기 다른 문화권에서의 형제애를 그려내고 있다. 이들 그림책을 '우리가족'과 연계하여 다양한 교육활동을 생각해 볼 수 있다. 또한 동생에게 들려주는 '자장가'가 여러 문화권에 존재하며, 신데렐라 이야기가 전세계에 있는 것, 사방치기(Hopscotch)가 세계 여러 나라에서 유사하게 사용되고 있는 것도 같은 맥락에서 이해될 수 있다.

❹ 다문화교육은 인종, 성, 장애, 언어, 직업, 연령, 능력, 시간, 장소, 사상 등을 포함한 다양한 교육활동으로 제공할 수 있다

다문화교육의 내용은 '다문화적 사고와 인식을 제공할 수 있는 것'이므로 내용이 정해져 있는 것은 아니다. 즉, 언어에도 음성언어, 문자언어, 수화 등 다양하게 세분화하여 적용될 수 있고 직업에도 대분류에 속하는 것 이외에 미래에 가능한 직업, 이를테면 향기제조업자, 냄새맡는 전문가, 우주여행가이드, 로봇수리 전문가 등으로 그 대상을 얼마든지 확대할 수 있다.

❺ 다문화교육은 학교교육 과정의 여러 영역에 통합될 수 있다

유치원교육 과정은 현재 건강, 사회, 표현, 언어, 탐구생활의 5개 영역으로, 보육과정은 사회관계, 의사소통, 자연탐구, 예술경험, 신체운동, 기본생활의 6개영역으로 구분되어 있다. 다문화교육은 상당히 제한적으로 인식하는 경우가 많으나 생활주제와 연계하여 활동을 전개할 수 있는 방안이 탐색되고 있다. 공놀이를 증진시키는 외국동화나 다양한 언어를 소개하는 그림, 화산지역을 탐색하거나 민속작품의 꽃이나 나비에 대한 섬세한 이야기 등은 신체건강 또는 언어나 탐구활동으로 안내될 수 있다. 또한 다른 나라나 지방, 도서 벽지의 독특한 민요와 예술품, 소장품 등은 예술경험이나 표현활동으로 연계할 수 있다.

6 다문화교육은 교육에 적용되고 있는 자기표현, 토의하기, 문제해결, 추론하기, 모델링 등의 다양한 교수 · 학습방법을 사용할 수 있다

다른 문화를 소개한다는 소극적인 생각에 머물러, 그저 보여 주기나 설명하기를 대표적인 교수 · 학습방법으로 간주하기 쉬우나 다양한 문화를 체감하고 이를 음악, 문학, 미술과 같은 자기표현 또는 조형적 협동활동으로 연계하는 것이 바람직하다. 인도의 웅덩이에 빠진 코끼리를 건지는 방법이나 제주도 전통 대문의 상징을 이해하는 방법, 광산촌에서 해변가로 물건을 나르는 방법 등은 문제해결이나 추론하기의 소재로 다루어질 수 있다. 소개에 그치기보다 문제해결 과정에 사회문화적 특성이나 환경이 반영되고 사고의 확장에 다양한 삶의 모습이 투영된다면 교육의 질적 효과를 극대화할 수 있다.

7 다문화교육은 사진, 그림책, 놀잇감, 생활소품, 예술품 등의 다양한 자원과 자료를 활용할 수 있다

다문화교육은 나와 다른 문화를 전제로 하기 때문에 나의 경험과 공간적으로 떨어져 있을 수 있다. 그러므로 그와 같은 문화와 경험을 끌어들이기 위해 가장 쉽게 동원할 수 있는 것이 사진이나 그림자료, 인터넷 검색을 통한 정보자료다. 그러나 가까이 있는 실물로서 놀잇감, 신발, 열쇠고리, 머리핀, 화폐, 인형 등과 같은 생활소품이나 지역과 환경이 반영된 토속적 예술품 등이 활용될 수 있다. '동글이의 진짜 이름'(한국어린이육영회, 1995)은 다른 문화권에서 생활용도를 논의해 볼 수 있으며 '부메랑' 은 그들의 의식주를 가늠케 한다. 화로, 찻잔, 가죽띠, 바로크풍의 의자, 먹물그림, 작은 젓가락 받침 등도 다양한 생활양육문화와 건축문화를 인식하게 하는 잠재적 도구와 교재가 될 수 있다.

❽ 다문화교육은 생활경험으로부터 상상력을 동원한 포괄적 경험으로 확장될 수 있다

다문화교육은 유아교육 현장에서 실시하는 여러 활동으로부터 가능하므로 일상생활에 스며들도록 체감하고 느끼게 하는 것이 바람직하다. 또한 유아교육은 통합적 특성을 본질로 하고 있어 보다 다양한 학문분야의 지원을 받을 수 있다.

❾ 다문화교육은 공동의 목표를 추구하는 교육활동을 제공할 수 있다

아이들에게 공동의 목표를 추구하는 활동을 제공함으로써 상호 간에 가치 있는 협력자, 친구로서의 인식을 강화할 수 있으며, 질적인 협동학습이 일어나게 할 수 있다. 또한 세계의 공동 관심사, 즉 현재 세계적으로 이슈가 되고 있는 시사적인 문제에 대해 신문, TV매체 또는 인터넷을 활용하여 참여할 수 있도록 격려함으로써 토의하기, 의견 공유하기, 문화적인 이해와 문제해결, 다른 사람의 생각 수용하기 등 다양한 관점에서 바라볼 수 있는 시각을 길러 줄 수 있다. 예를 들면, 자연재해(인도네시아 지진해일)에 관한 사건, 주변의 기부 또는 자선 행위에 대하여 감정이입 또는 문제해결 방법을 동원할 수 있다. 행위의 형태나 양식은 다르지만 다른 사람과 소유물을 나누고 배려하는 목적이나 목표가 같음이 교육활동으로 다루어질 수 있다.

❿ 다문화교육을 담당하는 교사는 객관적 윤리와 가치를 지향하는 데 관심을 가져야 한다

다양성은 '아무것이나' 또는 '극단적인 유별함'을 인정하는 것이 아니라 차별을 승화시켜 차이를 인정하는 일이다. 따라서 교사는 우리 사회 구성원이 합의하는 바람직한 윤리와 도덕 및 가치에 바탕을 두고 공동의 규범과 상당히 거리가 있는 문화나 형태에 대하여 어떻게 수용하고 접근해야 하는지를 항상 고민해야 한다.

2. 교수 · 학습의 절차

다문화교육을 위한 적절한 교수절차의 개발 원리는 반드시 학습자, 사회, 학습주제의 세 가지 주요 영역의 이해에 역점을 두어야만 한다(Posner & Rudinsky, 1982). [그림 5-1]에서 보여 주는 것과 같이 유아를 위한 다문화교육을 할 때 학습자, 사회, 학습주제 등을 파악하는 것은 교육목적에 영향을 주거나 교육목적

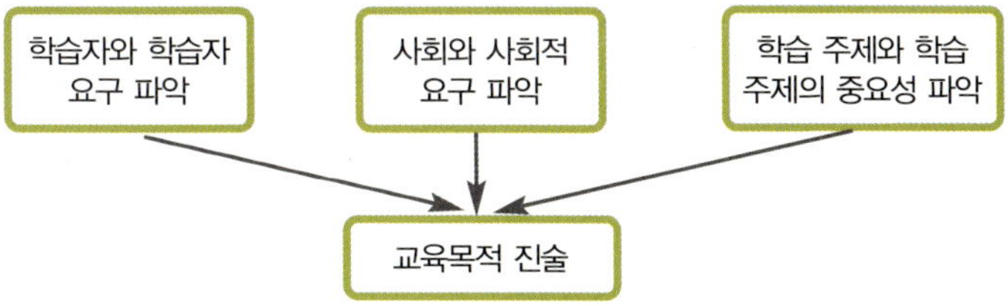

[그림 5-1] **타당한 교육과정의 구성요소**

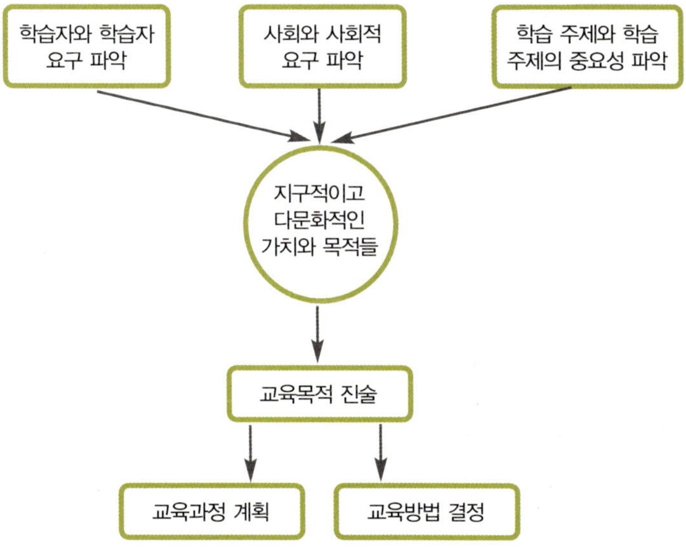

[그림 5-2] **교육적 의사결정**

을 결정하게 한다. 이 모형은 교육과정을 설계하려는 교수자에게 매우 유용한 지침을 제공해 준다. 또한 이 모형은 세 가지 필수 구성요소들 간의 관계를 명확하게 보여 주며, 단순히 사회 지향적, 학습자 지향적 또는 교과서 중심적인 교육과정보다 포괄적인 접근을 제시하고 있다는 것을 알 수 있다.

이처럼 다문화 교육과정을 설계할 때는 많은 요구들을 파악해야 함을 알 수 있는데, 다문화 교육은 [그림 5-2], [그림 5-3]에서 의미하는 것처럼 선형적인 일방향의 절차로 나타나지는 않을 것이다. 교육과정 설계와 개발에서 절차상의

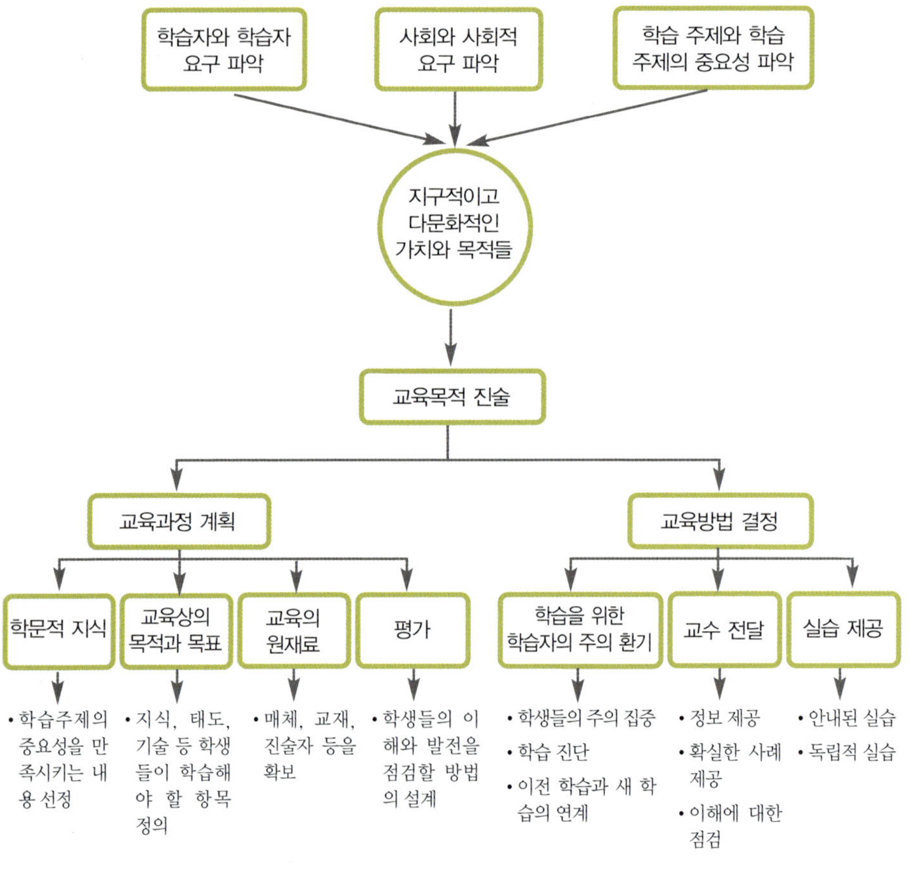

[그림 5-3] **교육적 의사결정**

어느 지점이든 또는 다양한 지점에서 동시에 진행하고, 되돌아가 다시 절차를 진행할 수 있는 순환적인 과정을 반복하는 것이 효과적일 것이다.

베넷(Bennett, 2007)은 효율적인 다문화 수업을 할 때 교사가 의사결정 작성표를 활용하는 것이 효과적이라고 하였는데, 의사결정 작성표를 통해 교수자가 다문화교육의 가치와 목적을 명확하게 할 수 있고, 하나 또는 그 이상의 목적을 선택하는 데 도움이 될 수 있다고 하였다(〈표 5-1〉 참조).

〈표 5-1〉 **의사결정 작업표**

1단계: 다문화교육과정의 목적 명료화

다음에는 교수행위에서 다문화적 접근이 취하는 여섯 가지의 목적이 나열되어 있다. 교사 자신이 계획한 교육과정을 숙고하고, 가장 높은 가치를 두는 목적에 1을 표시하고 가장 낮은 가치를 두는 목적에 6을 표시하여 1에서 6까지 제시된 목적들에 순위를 매겨라.

먼저 혼자 해 보라. 그다음에 자기 팀의 다른 교사들과 교사 자신의 결정에 대해 토론하고, 가장 중요하게 보이는 목적에 대한 의견 일치를 시도하라. 교사는 전체 집단에서 교사 자신의 결정과 이유를 공유하기 위해 자신의 유치원에서 해당 유아 한 명을 고르게 될 것이다.

1. 다양한 역사적 관점을 발전시키기
   다양한 역사적 관점은 지식과 더불어 자기 자신의 것을 포함한 다양한 국가, 민족집단의 유산과 공헌에 대한 이해를 말한다. 이 목적은 전 세계에 속해 있는 다양한 국가와 민족집단 간에서 나타나는 역사적이고 동시대적인 경험에 대한 인지를 발전시키는 것이다. 이러한 인지는 민족집단의 견해와 기대문화 또는 국가의 많은 구성원들에 의해서 유지된 관점을 모두 포함하는 것이며, 특히 인류의 사건들에 대한 서로 다른 해석을 포함하는 것이다.

2. 문화적 의식을 강화하기
   문화적 의식은 개인적인 차원에서의 인식 또는 인지를 말한다. 개인적인 차원에서 사람들은 포괄적으로 공유되지 않은 세계관을 가지고 있고, 서로 다른 국가와 민족집단의 많은 구성원들에 의해서 유지되는 것들이 크게 다르다. 이는 세계 여기저기에 존재하는 인간사회 속에서 발견되는 생각과 관례들의 다양성을 인식하는 것과 더불어, 자기 자신의 생각과 행동이 다른 나라와 다른 인종집단에게 어떻게 인식될 것인가에 대한 지각의 일부를 포함한다.

3. 간문화적 역량을 강화하기
   간문화적 역량은 언어, 표시, 몸짓과 같이 의도된 의사소통 방식, 신체언어와 같이 무의식적인 표시, 다른 문화에서 나타나는 관례 등을 해석할 수 있는 능력을 말한다. 강조점은 감정이입과 의사소통에 있다. 이 단계의 목적은 서로 다른 문화적 배경을 가진 사람들이 각기 다른 사람들의 행동과 인지에 대해 규정해 놓은, 즉 문화적으로 조건 지어진 가정들에 대한 자기 인식을 신장시키는 것이다.

4. 인종차별주의, 성차별주의 및 모든 형태의 편견과 차별에 맞서 싸우기

인종차별주의, 성차별주의 및 모든 형태의 편견과 차별을 감소시키는 것은 성별에 대한 편행된 의식에 기반한 부정적인 태도와 행동 그리고 인종적 열세 또는 자신과는 다른 문화에 대해 가지는 잘못된 생각을 줄이는 것이다. 강조점은 성, 다른 인종, 소수인종 집단과 연계된 사회적 통념과 고정관념을 없애는 것이다. 이 단계의 목적은 미국 사회와 세계 어디에선가 있을 개인적이고 제도적이고 문화적인 인종차별주의와 성차별주의에 대해 역사적이고 현시대적인 증거들에 대한 인식에 기반해서 반인종차별주의적인 행동을 증진시키는 것이다.

5. 지구의 상태와 전 세계적 역동성에 대한 인식 증가하기

지구의 상태와 전 세계적 역동성을 인식하는 것은 세계의 상태, 경향, 발전 모습 등을 알리는 것에 관한 지식을 말한다. 세계에 대한 지식은 높은 상호작용이 일어나는 생태계처럼 사건을 일으키고, 단순화 사건이 극적인 분화를 이루는 것과 같은 맥락에서 세상을 파악하는 것을 의미한다.

6. 사회적 행동기술을 형성하기

사회적 행동기술은 지구의 미래와 인류의 안락한 생활에 위협이 되는 주요 문제의 해결에 도움을 줄 만한 지식, 태도 그리고 행위를 포함하는 개념이다. 강조점 중에 하나는 지구적으로 생각하고 지역적으로 행동하는 것이다. 이 단계의 목적은 사회의 성인으로서 참여 지향을 통해서 개인적인 분별, 정치적인 효력 그리고 국제적인 책무를 개발하는 것이다. 또 다른 강조점을 소수집단과 비소수집단이 민주적 절차를 통해 변화 촉진자가 되도록 하는 데 있다.

우리가 믿고 있는 가장 중요한 다문화교육의 목적을 정의하면 다음과 같다.

위와 같이 생각하는 이유는 다음과 같다.

1.
2.
3.

우리의 목적은 적어도 다음과 같은 가치를 지닌다.

위와 같이 생각하는 이유는 다음과 같다.

1.
2.
3.

2단계: 학습자를 위한 활동목표의 정의

나의 교수영역은 ______________이다. 나는 학습자를 위해 다음과 같은 활동목표를 가지고 다문화교육과정의 목적을 달성할 수 있다.

1. ______________________________
2. ______________________________
3. ______________________________

3단계: 수업계획안의 작성

교사 혼자 또는 소규모 연구 모임에서 수업계획안을 작성하라. 이는 교사 자신의 수업목표를 깨닫기 시작하는 데 도움을 줄 것이다.

3. 교수 · 학습의 소재

다문화교육과정을 현장에 적용하기 위해서는 앞에서 설명한 원리를 근거로 하여 다문화적 소재를 선정하는 일 또한 중요하다. 선정된 소재는 유아교육 과정에 쉽게 적용될 수 있도록 보다 정교화해야 하는데, 그 소재의 몇 가지 예를 제시하면 다음과 같다.

① 문화에 대한 다양한 측면을 보여 주는 소재
② 특정 집단보다는 여러 집단에 관련된 소재
③ 특정 시기와 장소보다는 과거와 현재, 지역 및 공간의 이동과 관련된 소재
④ 타인과 다른 문화를 이해하고 존중하는 소재
⑤ 각기 다른 성격의 인물이 등장하는 소재
⑥ 유아의 환경이나 발달, 성장에 적절한 소재
⑦ 기타 다문화적 관점과 교육적 성장에 도움이 되는 소재

4. 교수 · 학습의 계획

1) 생활주제와의 연계

다문화 관련 내용은 유아교육 현장에서 '우리나라'와 '세계 여러 나라'를 중심으로 비교적 제한적으로 다루어지기 쉬우나 교사가 연간교육계획의 틀 안에서 생활주제별로 다문화 관련 내용을 적용한다면 장소와 시기에 제한을 받지 않고 연간계획 안에서 다양하게 이루어질 수 있다. 우리나라 영유아교육기관에서 다루어지는 생활주제를 근거로 현장 적용의 예를 구성해 보면 다음 [그림 5-4]와 같다. 뿐만 아니라 신체, 사회, 언어, 음률 등 유아를 위한 다양한 영역으로 전개될 수 있다. 이와 관련하여 여러 연구(김영옥, 박미자, 2006; 윤경선, 박미자, 2009; 이규림, 김영옥, 2010a; 최은영, 2007; 홍현이, 2009)들은 다문화적 접근에 의한 다양한 활동의 효과를 검증하고 있다.

주제를 선정할 때에는 교육과정 속에 다양성을 통합하는 내용을 고려해야 한다. 또한 유아가 관심 있어 하는 것으로 인간 본성에 대한 이해의 폭을 확장시킬 수 있는 것이어야 한다(Banks & Banks, 1993; McCracken, 1993; Melendez & Beck, 2006; Morrison, 2007).

교사는 우선 학습목표에 비추어 다루려는 내용이 적절한가를 고민해야 한다. 만일 '모든 유아교육기관에는 역사가 있다.'는 주제를 선정하였다면, 이것만으로 유아와 상호작용하기에는 충분하지 않으므로 다루어질 교육내용의 초점이 무엇인가를 구체화해야 한다. 즉, 유아교육기관의 전통과 역사를 다루기 위하여 전해 내려오는 이야기, 설립 당시 일화, 전에 계셨던 선생님들이나 선배들의 미담, 원가나 원기와 같이 기관 내의 역사를 보여 줄 수 있는 상징과 물건 및 사건 등을 생각할 수 있다.

유아교육기관에서 해마다 이루어지는 입학식과 졸업식도 나라마다 다를 수 있으며 지역, 유아교육기관에 따라서도 다를 수 있다. 이와 같은 일상의 사건도

유치원과 친구
- 여러 지역 유아교육기관의 일과
- 여러 문화권 유아교육기관의 행사
- 유아교육기관의 역사와 전통
  (전해 내려오는 이야기, 설립 당시 일화, 전에 계셨던 선생님들 이야기 등)

나와 가족/우리 동네
- 다양한 가족 구성
- 의사소통을 하기 위한 언어
- 가족 놀이나 게임 장면
- 주변 여러 문화권의 시장/집/벽화
- 주변 지역의 미화/홍보/안내
- 우리 가족 이야기
  (할머니 · 할아버지의 어린 시절 이야기 등)
- 소원을 비는 방법

봄, 여름, 가을, 겨울
- 날씨와 관련된 생활의 지혜
- 날씨와 하는 일(농사/농부)
- 의류, 생활 용품
  (모자의 쓰임새, 풀과 나무로 만든 생활용품 등)

건강과 안전
- 음식의 가공법
- 여러 문화권에서 먹는 주식
- 김치의 다양한 종류
- 불편한 사람 도와주기

동식물과 자연/환경과 생활
- 애완동물
- 여름과 크리스마스
- 재활용 방법과 재료들

교통기관
- 다른 장소로 가는 방법
- 물건 운반하는 방법
- 다양한 생활 형태와 사람들의 이동(교통수단 등)

생활도구
- 다양한 소리와 소리를 내는 방법
- 필요한 물건을 만들어 쓰는 지혜
- 다른 문화권의 다양한 악기, 소도구, 생활소품
- 입어 보고 싶은 옷

우리나라/세계 여러 나라
- 축하행사
- 축제
- 놀이/게임
- 바느질
- 물건 사용의 차이점과 공통점

[그림 5-4] **생활주제별 다문화 관련 내용의 적용**

• 출처: 김영옥(2002a). 『유아를 위한 다문화교육』에 소개된 생활주제별 내용을 재구성함.

공통점이 있거나 독특하며 또는 전통적인 의식으로 발전시킬 수 있는 소재이므로 그 전달과 공유의 구체적인 절차와 방법을 세분화하여 계획해 볼 수 있다. '우리 동네 사람들이 하는 일'에서 다루고자 하는 내용이 '다양한 직업'인가 아니면 '사람들은 많은 곳에서 서로 함께 일한다.'와 같은 메시지를 전하고자 하는가에 대하여 그 교육적 방향성과 내용 및 방법의 연계가 신중하게 다루어져야 한다.

2) 동질성에 기초한 다양성/다양성에 기초한 동질성

다문화교육에서는 동질성에 기초한 다양성을 염두에 두는 것도 바람직하다. 즉, 인간 삶의 형태와 모습은 다양하지만 그 본질적 동질성에 대한 공감과 시야를 제공해 주는 일이 필요하다.

다음의 활동은 생활주제 '생활도구' '세계 여러 나라'가 진행될 때 이루어질 수 있는 내용의 한 예를 구성해 본 것이다. 접근방법에 따라 방향이 다른 교수 · 학습으로 전개될 수 있음을 보여 준다. 이때 교수 · 학습자료를 적절히 선정하는 일에 유의해야 할 필요가 있다.

활동명: 여러 가지 방법으로 물건을 나르고 있어요

일반적인 활동목표 A ➡	다문화 활동목표 B
• 물건을 운반하는 다양한 방법을 안다. • 물건을 운반하는 여러 가지 도구에 관심을 갖는다. • 지역이나 나라마다 필요한 물건을 운반하는 수단이 있음을 안다.	• 지역이나 환경에 따라 물건을 운반하는 다양한 방법이 있음을 안다. • 물건을 운반하는 여러 가지 도구에 관심을 가진다. • 물건을 보다 적절하게 운반하는 방법을 생각할 수 있다. • 물건을 운반하는 사람과 대상에 대해 관심을 가진다(이유, 내용물, 대화 등).

활동명: 무슨 소원이 있을까?

일반적인 활동목표 A ➡	다문화 활동목표 B
• 다른 나라 사람들이 소원을 비는 모습을 안다. • 소원을 비는 방법에는 여러 가지가 있음을 안다. • 소원을 비는 다른 나라 사람들의 모습을 표현한다. • 소원을 비는 이유를 안다.	• 누구나 소원이 있음을 안다. • 소원을 비는 여러 가지 마음을 생각해 보고 느껴 본다. • 다른 사람의 소원을 비는 방법에 관심을 갖고 존중한다. • 다른 사람을 위해 소원을 빌어 보는 경험을 한다. • 문화권에 따라 기도나 소원의 표현방법이 다름을 안다.

이와 같은 활동은 개념체계에 제시된 보고 듣고 경험하기, 친밀감 느끼기, 편안함 갖기, 연계성 느끼기, 공감/감정 이입하기, 인식과 행위 통합하기와 같은 단계를 고려하여 설계할 수 있다.

3) 다양한 놀이장면의 연계 및 통합

우리는 다문화 사회에서 보다 열린 사고를 갖고 다양한 사람을 이해하고 존중하며 그들과의 상호작용을 통하여 협력의 인프라를 구축하는 창의적인 인간을 기대하고 있다. 다문화적 활동은 언어활동, 국악과 전통놀이, 탐구활동, 표현활동, 요리활동 등 현장에서 다양하게 전개될 수 있다.

각 활동들은 하나의 문제를 해결하기보다는 다양하게 연계되고 통합된 상황에서 종합적으로 문제를 해결할 수 있어야 한다. 삼성경제연구소(2006)가 내놓은 「한국 정책지식 생태계 활성화 전략」이라는 보고서에 따르면, 우리나라 지식인 사회의 수준과 성향을 평가한 결과 사회현상을 통합적으로 보는 유기적인 사고가 부족하고 각 사안에 대해 단편적이고 분절화된 접근을 하고 있다는 것이 지적되었다(한국일보, 2006. 9. 26. 2면). 예를 들면, 국가적 이슈로 떠오른 몇 가지 정책에 대해 전문가들의 저작물을 분석한 결과, 교육정책과 부동산정책이 연계되어 종합적으로 판단된 사례가 한 건도 없었다는 것이다. 교육과 부동산 정책이 연계되어 있다는 것에 모두가 공감하면서도 이를 융합하여 통찰력 있는 분석과 문제해결책을 제시하지 못하고 있음이 문제점으로 지적받고 있는 것이다. 또 식품, 제약, 화장품 회사들이 기존의 전문 영역을 초월하여 업종 간에 타 영역을 넘나들며 제품을 생산하고 있다는 보고(조선일보, 2006. 9. 6. B4)도 이와 같은 맥락에서 이해될 수 있다.

다음 〈표 5-2〉와 〈표 5-3〉은 하나의 놀이장면을 보다 다양하게 연계한 사례다.

〈표 5-2〉 일반적인 역할놀이 계획A

활동	계획A: 우체부 놀이, 미용실 놀이, 시장놀이를 각각 실시함
편지를 배달해요	• 우체부 역할을 정한다. • 주사위를 굴린 후 주사위의 눈만큼 게임판에 가서 편지를 배달한다. • 게임방법과 기본 규칙에 따라 게임을 실시한다. • 편지를 꺼내어 맞게 배달했는지 피드백한다.
미용실에 가 보아요	• 미용실 활동자료들을 활용하여 역할놀이에 참여한다. − 미용실 소도구: 헤어기구(롤, 모자, 드라이기, 빗, 고데기), 앞치마, 보자기, 스펀지, 물뿌리개, 화장대, 거울, 물건수납 이동대, 가위, 의자, 잡지책
즐거운 시장놀이	• 유아들에게 놀이시간에 만든 일정 금액의 화폐를 주고 과일가게, 야채가게, 신발가게, 생선가게, 빵가게에서 필요한 물건이나 심부름 카드를 받아 그 카드에 있는 물건들을 사온다.

〈표 5-3〉 다문화 역할놀이 계획B

활동	계획B : 우체부 놀이, 미용실 놀이, 시장놀이를 통합함 미용실에 가 보아요, 즐거운 시장놀이, 편지를 읽어보세요

〈동기유발을 위한 동화 예시〉
우리 삼촌이 결혼을 해요. 삼촌의 아내가 될 사람은 베트남에서 오셨어요. 우리는 삼촌이 결혼을 하셔서 너무 기뻐요. 우리들은 삼촌 결혼식에 축하해 주러 오라고 한국 사람, 베트남 사람들에게 멋지게 초대장을 만들어 보낼 거예요. 엄마는 삼촌 결혼식에 필요한 물건을 사기 위해 시장도 가시고 대형 할인점에도 가신다고 해서 우리도 엄마를 따라 가기로 했어요. 드디어 우리 삼촌이 결혼식을 하는 날이 되었어요. 삼촌과 숙모는 우리보다 먼저 미용실에 가셨어요. 우리도 서둘러서 결혼식에 갈 옷을 입은 후에 엄마 손을 잡고 미용실에 가기로 했어요. 삼촌의 결혼식에 참석하니까 우리도 멋지게 머리 모양을 만들고 싶었거든요. 기다리고 기다렸던 삼촌 결혼식에 드디어 참석했어요. 우리 삼촌은 한국 사람이라서 한국 전통 결혼식도 했고, 숙모가 베트남 사람이라서 베트남 전통 결혼식도 했어요. 그리고 현대식 결혼도 했어요. 우리 삼촌과 숙모는 결혼식 때 여러 가지 모습으로 축하를 받았어요. 우리들은 삼촌과 숙모를 많이 축하해 주었고, 삼촌과 숙모는 매우 행복해하셨어요.

미용실에 가 보아요: 미용실 무료 쿠폰
- ○○미용실에서 당신을 초대합니다.
- 당신은 여러 나라에서 유행하는 머리를 원하는 대로 선택할 수 있습니다.
- 결혼식에 어울리는 머리 모양을 만들어 드립니다.
- 세계 여러 나라의 전통 머리 모양을 만들어 드립니다.

즐거운 시장놀이
우리 삼촌이 결혼을 해요. 결혼 선물로 삼촌을 위해 멋진 신발을 한 켤레 사기로 했고, 숙모를 위해 예

편지를 읽어 보세요
아름다운 들판에서 우리 삼촌이 결혼식을 한답니다. 우리 삼촌의 결혼식에 많이 오셔서 축하해 주세

쁜 모자를 사서 선물해 주기로 했어요. 그리고 엄마는 한국 전통 결혼식을 위해 대추와 밤을 샀고, 베트남식 결혼을 위해 빈랑나무 잎과 열매를 준비했어요. 엄마가 준비한 것들이 삼촌 부부의 사랑과 행복을 위해 필요하다고 하셨어요.

요. 우리 삼촌은 한국 사람이고, 우리 숙모는 베트남 사람이에요. 삼촌과 숙모를 위해 축하해 주는 방법도 다양하대요. 여러분들이 다양한 축하 방법을 생각해서 우리 삼촌과 숙모의 행복을 빌어 주세요. 결혼식에 오시면 맛있는 한국 음식과 베트남 음식도 먹을 수 있어요. 어서 어서 오세요. 멋진 당신을 결혼식에 초대합니다.

참고사항	• 선택한 편지의 내용에 따라서 유아는 시장에 가서 물건을 사거나, 미용실에 가서 머리를 하는 등 여러 가지 방법으로 문제에 접근한다. • 상황에 따라서 다양한 문화적 내용을 다룰 수 있으며 각 개별적 활동보다는 종합적으로 연계한 문제해결 방법을 도입한다.

앞의 내용에서 볼 수 있듯이 유아들의 놀이는 각각의 놀이를 즐길 수 있는 수준(계획A)에서부터 다문화와 통합된 수준(계획B)으로 이어질 수 있다. 다양한 놀이장면들이 '계획B'와 같은 형태로 발전될수록 좀 더 상황적인 맥락에서 통찰하고 판단할 수 있는 기회와 경험이 요구되며, 이와 같은 교수 · 학습의 전개와 방향성을 통하여 유아의 삶과 문화가 교육현장에서 더욱 밀접하게 만나고 연계될 수 있을 것이다.

5. 교수 · 학습 적용의 현장사례

유아의 생활 주변에서 만나는 다양한 현상이나 사물로부터 교육적 소재를 찾는 시야가 필요하며, 이를 다양하게 재구성 또는 통합적으로 운영할 수 있는 능력이 요구된다. 유아 다문화교육을 실시하기 위해 앞에서 제시된 교수 · 학습원리 10가지와 교수 · 학습의 절차를 적용한 의사결정 작업표의 다문화교육 목적, 가치, 활동목표의 예시는 다음 〈표 5-4〉와 같다. 이를 기초로 작성된 다문화교육의 수업계획안의 예시는 다음 〈표 5-5〉와 같다.

〈표 5-4〉 다문화교육 목적, 가치, 활동목표가 적용된 의사결정 작업표

우리가 믿고 있는 가장 중요한 다문화교육의 목적을 정의하면 다음과 같다.

긍정적인 자아개념의 형성을 바탕으로 나와 다른 문화적 배경을 가진 사람을 이해하고 수용하는 것이다.

위와 같이 생각하는 이유는 다음과 같다.

나와 다른 사람의 문화에 대한 이해는 유아기부터 일어나며 이 시기에 습득된 문화에 대한 편견이나 고정관념은 변화되기 어렵다. 따라서 유아기에 다문화교육은 다양한 배경을 가진 사람들의 문화, 가치, 태도, 행위를 접하면서 이를 이해하고 수용할 수 있는 기반을 만들어 주는 것이다. 이런 경험을 통해 유아는 다른 사람의 문화를 이해하고 받아들이며, 인간을 존중하는 태도를 형성해 갈 수 있기 때문이다.

우리의 목적은 적어도 다음과 같은 가치를 지닌다.

1. 유아는 다른 사람의 문화에 대한 지식(생김새, 의식주, 언어 등)을 넓힌다.
2. 유아가 자신의 문화를 좀 더 쉽게 인식할 수 있으며, 긍정적인 자아개념을 기를 수 있다.
3. 유아가 각각의 개별성을 이해하고 존중하면서 다른 사람에 대한 신뢰감을 발달시키고, 다양성에 대한 긍정적인 태도를 갖는다.

위와 같이 생각하는 이유는 다음과 같다.

1. 유아는 다양한 문화와 관련된 경험을 통해 다양한 지식의 영역들을 습득해 갈 수 있다.
2. 다양한 문화를 수용하는 것에는 나의 문화도 인정되고 존중될 수 있음을 인식하면서 자기 자신을 존중하는 태도를 기를 수 있다.

   결과적으로 다른 사람에 대한 이해와 수용은 사람에 대한 존중과 신뢰감을 바탕으로 하기 때문에 이해와 수용을 통해 다른 사람을 존중하는 태도, 신뢰하는 태도, 협력(협동)하는 태도, 친밀감 · 유대감 형성 등과 같은 태도가 길러질 수 있을 것이다.

2단계: 학습자를 위한 활동목표의 정의

나의 교수영역은 다양한 모습(생김새, 생활모습)에 대해 수용하기이다. 나는 학습자를 위해 다음과 같은 활동목표를 가지고 다문화교육과정의 목적을 달성할 수 있다.

우리나라에는 다문화 가정이 있음을 안다.

우리나라에서 살고 있는 다문화 가정의 친구들의 어려움을 이해한다.

다른 나라에서 온 사람들에 대해 긍정적인 태도를 갖는다.

〈표 5-5〉 다문화교육을 위한 교수 · 학습계획의 실제

3단계: 교수 · 학습계획안의 작성

교사 혼자 또는 소규모 연구 모임에서 수업계획안을 작성하라. 이는 교사 자신의 수업목표를 깨닫기 시작하는 데 도움을 줄 것이다.

• 학습자 요구 파악

-우리 학급의 일반 유아의 경우를 살펴보면 외국 문화보다는 우리 문화가 우월하다고 생각하는 원아가 대부분이며, 다문화가정 자녀에 대한 거부감이나 선입견을 가지고 있는 유아들이 많아 나와 다른 문화적 배경을 가진 사람을 이해하고 존중할 수 있는 교육이 필요하다.

-다문화 가정의 유아 실태를 보면 말을 배우는 중요한 유아기에 한국말이 서툰 외국인 어머니 혹은 아버지의 교육하에 성장하기 때문에 언어 발달이나 학습 능력이 낮으며, 인지 능력 저하 및 외모의 차이로 인해 또래집단과 잘 어울리지 못하거나 심한 경우 따돌림을 당해 심한 정서적인 충격으로 부정적 자아개념을 형성시킬 수 있으므로 유색인종의 아이들이 긍정적인 자아개념을 형성하도록 도와주는 교육이 반드시 필요하다.

• 사회적 요구 파악

-국제결혼의 증가와 외국인 근로자의 유입으로 다문화가정의 자녀들을 학교나 유치원에서 많이 접할 수 있다. 국제결혼 가정의 자녀는 한국에서 교육을 포함하여 내국인과 동일한 권리를 지니게 되나 현실에서 다문화가정의 자녀들은 많은 어려움을 호소하고 있으며, 무엇보다 다문화가정의 자녀들이 겪는 가장 큰 어려움은 혼혈인을 향한 한국 사람들의 편견의 시선이라는 보고가 있다. 따라서 인종과 문화의 다양성을 인정하고, 편견이나 고정관념에 대처할 수 있는 능력을 키워 주는 다문화교육이 유아기부터 필요하며, 유아를 대상으로 하는 다문화교육의 지향점은 나와 다른 사람의 모습이나 문화를 인정하고 받아들이도록 하는 데 있다.

• 학습주제의 중요성 파악

다문화 가정에 대해 알아보는 학습은 유치원교육 과정 사회생활 영역의 '다른 사람을 이해하고 존중하기'와 '다양한 문화에 관심 가지기'와 연계되며, 유아들은 다문화 가정에 살고 있는 사람들과 함께 이야기 나누고, 그 가정의 문화를 살펴보면서 다문화 가정에 대해 좀 더 이해하게 되고, 존중하는 태도를 길러 줄 수 있다.

• 지구적이고 다문화적인 핵심내용들

-유아는 다른 사람의 문화에 대한 지식(생김새, 의식주, 언어 등)을 넓힌다.

-유아가 자신의 문화를 좀 더 쉽게 인식할 수 있으며, 긍정적인 자아개념을 기를 수 있다.

-유아가 각각의 개별성을 이해하고 존중하면서 다른 사람에 대한 신뢰감을 발달시키고, 다양성에 대한 긍정적인 태도를 갖는다.

-유아들은 다양성을 수용하면서 집단 안에서 협동과 협력을 배울 수 있다.

• 다문화 활동목표

-인종과 국적이 다른 구성원들로 이루어진 가족이 있음을 안다(지식).

-인종과 국적이 다른 구성원들로 이루어진 가족의 생활 모습에 관심을 가진다(태도).
-인종과 국적이 다른 구성원들로 이루어진 가족의 어려움을 이해하고 존중한다(태도).
-다른 나라 사람들과 함께 살아가는 방법을 실천한다(행동).

<table>
<tr><th colspan="2">대 상</th><td colspan="2">만 4, 5세(12명)</td><th>활동 유형</th><td colspan="2">이야기 나누기 및 토의 활동</td></tr>
<tr><th colspan="2">생활 주제</th><td>나와 가족</td><th>일일 주제</th><td>가족의 구조와 문화</td><th>활 동 명</th><td>다문화 가정이 있어요</td></tr>
<tr><th colspan="2">활동목표</th><td colspan="5">• 우리나라에도 다문화 가정이 있음을 안다.
• 우리나라에서 살고 있는 다문화 가정 친구들의 생활모습에 관심을 가진다.
• 다른 나라에서 온 사람들에 대해 긍정적인 태도를 가진다.</td></tr>
<tr><th colspan="2">누리과정 관련요소</th><td colspan="5">• 사회관계: 다른 사람과 더불어 생활하기– 공동체에서 화목하게 지내기
: 사회에 관심 갖기– 세계와 여러 문화에 관심 가지기</td></tr>
<tr><th colspan="2">다문화 관련요소</th><td colspan="5">문화의 다양성</td></tr>
<tr><th colspan="2">활동자료</th><td colspan="5">• 그림동화 – 내 사촌 동생 쿠야, 다문화 가정 사진, 국제 결혼해서 살고 있는 필리핀인(인적자원)
• 질문지 목록, 그리기 도구, 필리핀에 관한 사진이나 그림 및 실물 자료(의복)</td></tr>
<tr><th colspan="2">활동과정</th><th colspan="5" rowspan="2">교수 · 학습활동 내용</th></tr>
<tr><th>절차</th><th>단계</th></tr>
<tr><td>도 입</td><td>동기 유발 하기</td><td colspan="5">• '내 사촌 동생 쿠야' 동화를 들려 준다.
• 동화를 듣고 쿠야네 가족에 대해 이야기 나눈다.
– 쿠야네 엄마는 어느 나라 사람이니?
– 쿠야네 아빠는 어느 나라 사람이니?
– 쿠야네 엄마, 아빠처럼 서로 다른 나라 사람들이 결혼해서 살고 있는 가정을 본 적이 있니?
– (외국에서 이주해 온 가정의 사진을 보며) 이 가족은 ○○나라에서 우리나라로 와서 살고 있는 가족이란다. 이런 가족을 본 적 있니?
– 이런 가족들을 무엇이라 부르는지 알고 있니?
〈동화 듣기〉 〈다문화가정 사진 보며 이야기나누기〉
 </td></tr>
</table>

<table>
<tr>
<td rowspan="2">전 개</td>
<td>다문화 가정에 대한 느낌과 생각에 대해 이야기 나누기</td>
<td>• 다른 나라 사람들이 결혼하여 구성된 가족에 대해 어떻게 생각하는지 이야기 나눈다.
- 쿠야와 이 사진 속에 나오는 가족은 너희 가족과 어떤 점이 다르니?
- 너희 가족과 같은 점은 무엇이니?
- 서로 다른 나라 사람들끼리 결혼을 해서 가족이 되면 어떨까?
- 어떤 점이 좋을까/불편할까?
- 자기 나라를 떠나 다른 나라에 와서 사는 가족은 어떤 점이 불편할까?
- 왜 그렇게 생각하니?</td>
</tr>
<tr>
<td>다문화 가정에 살고 있는 사람을 초청하여 함께 이야기 나누기</td>
<td>• 서로 다른 나라 사람들이 결혼하여 구성된 가족을 교실에 초청하여 궁금한 것에 대해 함께 이야기 나눈다.
- 우리 반 ○○와 쿠야의 엄마는 어느 나라에서 오셨니?
- ○○엄마처럼 필리핀에서 오셔서 살고 계시는 '자넷'을 모시고 이야기를 나눠 보도록 하자.
• (유아들의 질문을 받으며) 필리핀의 생활 모습을 유아들에게 소개한다.
• (유아들의 질문을 받으며) 우리나라에 살면서 행복한 점과 어려운 점을 이야기 한다.

〈유아들이 작성한 질문 목록〉
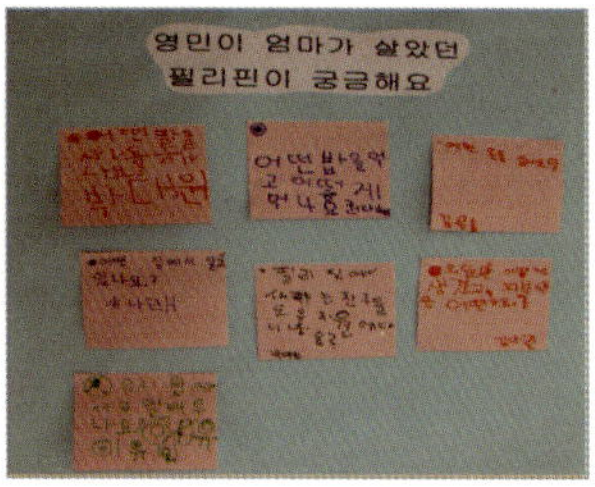

〈○○엄마가 살았던 필리핀이 궁금해요〉
1. 필리핀은 어떤 말을 사용하나요?
2. 밥은 무엇이고 어떻게 먹나요?
3. 어떤 옷을 입나요?
4. 어떤 집에서 사나요?
5. 사람들 모습은 어떻게 생겼고 피부색은?
6. 필리핀에 사는 친구들도 유치원에 다니고 있나요?
7. 유치원에서 무엇을 배우나요?

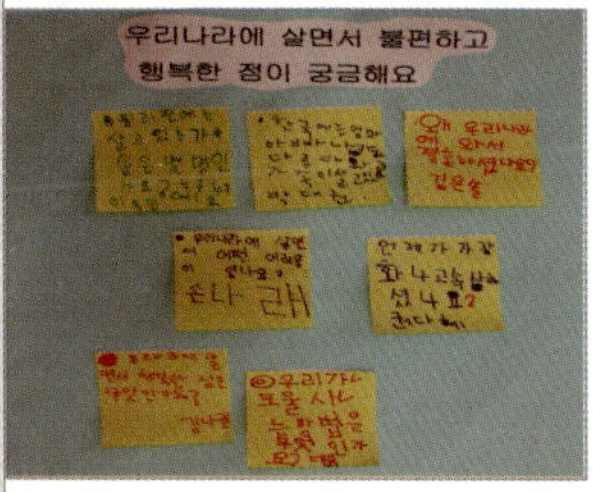

〈우리나라에 살면서 불편하고 행복한 점〉
1. 필리핀에 살고 있는 가족은 몇 명인가요?
2. 한국에는 엄마, 아빠 나라가 다른 다문화 가족 친구들이 많이 있나요?
3. 왜 우리나라에 와서 결혼하셨나요?
4. 우리나라에 살면서 어려운 점이 있나요?
5. 언제 가장 화가 나고 속상했나요?
6. 우리나라에 살면서 행복한 점은 무엇인가요?
7. 우리가 도울 수 있는 방법은 무엇인가요?</td>
</tr>
</table>

<table>
<tr>
<td rowspan="2">전 개</td>
<td>다문화 가정에 살고 있는 사람을 초청하여 함께 이야기 나누기</td>
<td>〈다문화 가정 중 필리핀에서 온 사람 초대하여 이야기 나누기〉

〈필리핀 옷을 소개하고 입어 보기〉

〈필리핀 집을 소개하기〉 〈필리핀 말로 인사하기〉
</td>
</tr>
<tr>
<td>다문화 가정 친구들과 서로 돕고 함께 살아가는 방법에 대해 토의하기</td>
<td>• 다문화 가정 친구들과 서로 돕고 나누며 살아갈 수 있는 방법에 대해 이야기를 나눈다.
– 다른 나라에서 이사 와서 사는 가정의 친구들을 만났을 때 어떻게 하면 좋을 까?
– 엄마(아빠)의 나라가 다른 다문화 가정의 친구들을 어떤 마음으로 대하면 좋을까?</td>
</tr>
</table>

마무리	정리하기	• 다문화 가정에 대해 알아보고, 그 가족을 모시고 이야기 나눈 후 느낀 점에 대해 이야기 나눈다. − 다문화 가정에 대해 어떤 점을 알게 되었니? − ○○와 ○○ 친구를 보면 어떻게 대해 주겠니?
	평가하기	• 다문화 가정이란 어떤 가족인지를 말할 수 있는지 언어적 상호 작용을 통해 평가한다. • 다문화 가정 친구들의 생활모습을 이해하고, 그들에 대해 긍정적인 태도를 갖는지 관찰하며 평가한다.

다문화적 소재를 활용할 수 있는 동화나 요리활동을 예로 들어보면 다음과 같다.

동화

『유치원에서 생긴 일』〈앤 로카드(Ann Rocard) 지음, 김영신 옮김(2005). 도서출판 거인〉

• 줄거리

유치원에서 아이들이 쉽게 겪을 수 있는 일 네 가지를 보여 주며 현명하게 대처하거나 해결할 수 있는 방법을 안내한다. 네 가지 이야기 중에서 '새로운 친구 사귀기'는 인도에서 온 '나니'라는 여자아이가 유치원에 새로 들어오면서 일어나는 일들을 그린다. 우리나라 말을 하지 못해 적응하지 못하고 힘들어하는 나니를 위해 선생님과 엄마는 깜짝파티를 준비한다. 파티에서 나니 엄마는 인도 춤 공연을 하고 나니도 함께 춤을 춘다. 공연이 끝나자 모든 친구들이 춤을 배우고 싶어 했다. 준비해 온 케이크를 나누어 먹으며 나니와 친해진 유치원 아동들은 더 이상 나니를 싫어하지 않게 되었다.

• 다문화적 관점 및 요소: 협력, 반편견, 평등성, 다양성

『할머니의 조각보』〈패트리샤 폴라코(Patrica Polacco) 지음, 이지유 옮김(2003). 미래아이〉

• 줄거리

'할머니의 조각보'는 한 유태인 가족이 4대에 걸쳐서 가장 소중하게 간직해 온 조각보와 그에 얽힌 가족사를 담고 있는 이야기다. 이 가족은 고향인 러시아를 잊지 않으려고 입던

셔츠와 잠옷, 앞치마 등으로 알록달록한 조각보를 만드는데, 이 조각보가 대대로 전해지면서 많은 이야기를 지니게 된다. 조각보는 새로운 가족들이 대를 이어가면서 자신들의 삶을 묻힌 채 식탁보로, 결혼식 천막으로, 아기의 이불로 그리고 아이들의 천막 놀잇감으로 오랫동안 살아남아서 가족을 단단하게 이어준다.

• 다문화적 관점 및 요소: 문화, 민족과 인종, 다양성, 정체감, 협력

요리활동

〈우리집 감자요리〉

• 다양한 나라의 감자요리 방법과 요리 이름 등을 통한 유사점과 차이점 찾기

• 세계 여러 나라의 감자요리 모양 비교하기

• 성역할에 대한 고정관념을 변화시키기(다양한 가족의 요리)

• 다양한 직업에 대해 이야기하기(의사, 건축설계사, 컴퓨터 기술자 등)

• 다양한 감자요리와 담는 그릇과의 관계 알기

• 세계 여러 나라의 감자요리를 먹는 시기와 먹는 모습 살피기

• 외모와 인종에 관심 가지기

• 다문화적 관점 및 요소: 문화, 다양성, 반편견, 민족과 인종, 협력

Part 1. 이론편

06 유아 다문화교육의 평가

현대사회가 열린 사회, 다문화 사회, 정보화 사회로 전환됨에 따라 우리에게는 다른 사람을 이해하고 다양성을 인정하며 공동의 목적을 향해 서로 협동하는 태도와 스스로 삶을 주도해 나가는 능력이 강조되고 있다. 따라서 미래사회에서는 단편적 · 사실적 지식의 암기나 이해 능력보다는 정보를 탐색, 수집, 분석, 비판, 종합, 창출하는 능력과 자기주도적 학습 능력, 효율적인 의사소통 능력, 협동 능력 등이 보다 요구된다.

이러한 흐름은 종래의 절대적 지능 및 지식관으로부터 실천적 지능 및 지식관으로의 변화를 초래한 것이며, 교육관도 학습자가 실제 생활과 직접 관련된 지식 및 경험의 구성과정에 능동적으로 참여하는 방향으로 변모한 것이다(이영석, 2002). 과제 역시 이와 같은 능력을 배양할 수 있는 주도성을 요구하는 과제, 창의력과 문제해결력을 요구하는 과제 그리고 개인의 능력과 함께 공동의 노력이 융합되는 삶의 질과 관련된 과제 등이 더욱 중요시되고 있다.

기존의 인지적 측면이나 한두 가지 영역에 중점을 둔 평가방법은 미래사회에서 필요로 하는 다양한 영역을 평가하는 데 한계가 있다. 그러므로 평가방법은 각 개인이 타고난 잠재력을 최대한 신장시킬 수 있고 발달적으로 적합한 교육

경험을 제공할 뿐만 아니라 문제와 상황을 종합적으로 통찰하고 해결할 수 있는 방향으로 전환되어야 한다. 이와 같은 바람직한 평가는 발달적 요소뿐만 아니라 사회문화적 요소가 포함된 유아교육의 총체적 과정 속에서 논의되고 검토되어야 하며, 유아교육이 이루어지는 상황과 맥락 속에서 인식되고 다루어져야 한다. 그러므로 다양한 평가방법을 통한 심층적인 평가가 이루어져야 하고 부모나 가족 요소를 포함시키는 포괄적인 평가가 이루어져야 한다(김영옥, 2001, 2006; 이영석, 2002).

최근에는 이러한 흐름을 반영하고 기존의 평가 방식의 문제점을 보완하기 위한 여러 가지 대안들도 제시되고 있다. 그러한 대안 중 하나가 '참평가' 와 '다면평가' 다. 참평가 또는 진정한 평가(Authentic Assessment)란 단순한 지식보다는 고급사고력이나 문제해결력을 실제의 사회적 맥락 속에서 형성하고 있는지를 평가하기 위하여 일상적인 교실 생활 혹은 교수 · 학습과정에 통합하는 방법이다(김경철, 1999; 안경숙, 김소향, 2001; 이간용, 2003; Seefeldt, 2005). 학습은 미리 정해진 기준에 의해서 평가되는 것이 아니라 질적인 의미에 중점을 두고 구체적인 맥락을 중심으로 평가되어야 한다. 참평가는 유아가 중심이 되어야 하며, 평가 장면은 교육과정과 평가 간의 구조화된 형식보다는 프로그램에 통합된 의미 있고 실제적인 활동 중에 나타나는 지식, 기술, 태도에 중점을 둔다. 그리고 이때의 유아 활동 평가는 학습의 결과나 표준화 검사보다는 관찰이나 면접, 유아의 기록물이나 작품 등 다양한 자료를 토대로 종합적으로 이루어져야 한다.

다면평가란 다각적인 측면에서 이루어지는 피드백이나 평가로서 한 평가 대상에 대하여 다양한 수준과 측면에서 여러 평가자가 참여하여 그 결과를 통합하는 방법이다. 다면평가는 유아를 평가하는 데 있어 자기평가, 동료평가, 교사평가 그리고 이들의 결합으로 이루어진 다양한 정보원으로부터 이루어지는 평가로서 비교적 객관성과 타당성이 높으며, 그 결과는 유아의 발달에 유용한 자료로 활용될 수 있다(서원석, 2003; 이상희, 2001). 즉, 유아가 평가의 주체가 되어 또래, 교사, 부모 등으로부터 피드백 자료를 수집할 수 있으며 조직 내 다양한 구성원 간의 의사소통 기회를 증대시키고 평가대상자의 발전과 자기반성의 기회를 제공할 수 있다. 유아가 조형활동을 하면서 자기 작품을 평가해 보고 또래의 작품을 통해서 느낀 점, 잘한다고 생각하는 점 등을 서로 이야기할 수 있으며, 교사는 이를 통합하여 새로운 평가의 방향을 제시할 수 있다. 그러므로 다면평가는 개인의 작품이나 작업을 다각적인 관점에서 평가하여 정확성과 객관성을 확보하고 풍부한 피드백을 통하여 유아의 성장발달과 향상에 기여할 수 있다는 점에서 그 중요성이 부각되고 있다.

이와 같은 논의들을 근거로 미래사회에 있어 평가의 바람직한 방향은 다음과 같이 제시될 수 있다.

① 학습이나 경험의 정해진 목표보다는 상황적 맥락에서 유아의 의미 있는 경험에 초점을 둔다.
② 또래, 교사, 부모, 기타 관련 인사들이 다양한 측면에서 상호교류의 문화를 형성한다.
③ 유아의 다양한 측면에 대한 종합적인 평가, 즉 전인으로서 평가한다.
④ 다양한 과제와 표현방법, 개별 활동 및 대소집단 활동 과정에서 유아의 생활을 밀도 있게 고찰하고 탐색한다.
⑤ 유아의 자아개념, 호기심이나 가능성의 발견 또는 잠재적 사고 등을 통하여 가치와 태도 및 기술을 개발하는 자료로 활용한다.
⑥ 교수 · 학습을 의미있게 만들기 위해 상호작용을 개선시키며 유아의 발달수준의 파악뿐만 아니라 유아와의 대화의 틀을 형성하는 자료가 된다.
⑦ 유아-유아, 유아-교사 및 부모 상호 간에 신뢰를 바탕으로, 교육적 피드백 및 활용도가 높은 자원의 역할을 한다.

유아의 수준이나 생각을 파악할 수 있는 '포트폴리오' 나 '개인작품 모음집' 등은 개인의 성취 정도를 알아보는데 적절히 활용될 수 있으나 보다 다양한 맥락에서 유아의 진보를 종합적으로 평가할 필요가 있다. 즉, 같은 활동을 통해서도 자기평가, 동료평가, 교사평가가 종합적으로 이루어질 수 있다. 또한 활동의 과정이나 결과물이 환경구성의 자원으로 활용되고, 유아의 활동을 첨가하고 지속할 수 있는 기회와 동기를 부여할 수 있으며, 흥미와 관심이 지속됨에 따라 개념의 형성과 사고기술을 증진시킴으로써 활동과 통합된 평가로서의 역할을 하게 된다. 평가를 기초로 자연스럽게 한 차원 높은 활동으로 연계될 수 있을 뿐만 아니라 질적 협동도 일어나게 된다. 그러므로 현장에서 참평가 방법으로 제시된 여러 평가 방법들의 장점을 살리면서도 이와 같은 종합적인 평가를 적절히 활용할 수 있어야 한다. 또한 이에 대한 실천적 지식을 근거로 통합적이고 활용도가 높은 평가방법에 대한 연구가 뒤따라야 한다.

Part 1. 이론편

07 유아 다문화교육의 과제

최근 우리나라는 다문화 가족의 증가로 이들의 언어장벽, 문화장벽 등을 포함한 가족 문제와 부모의 자녀교육 문제가 크게 부각되었지만 학교교육보다는 주로 시 · 도교육청, 민간 또는 각종 사회단체에 의해 추진되는 정책이 부각되고 있는 실정이다. 이로 인해 다문화교육을 다문화 가족을 지원하거나 그러한 교육에만 국한하여 생각하기 쉽다.

그러나 이러한 문제는 정책과 병행되어 공교육을 통하여 다루어지고 연구되어야 한다. 따라서 학교교육과 관련된 교육과정의 문제를 탐색 · 연구해야 한다. 특히 유아기에 다문화에 대해 편견을 갖지 않도록 하고 교육과정의 목표와 내용에서부터 방법 및 평가에 이르기까지 그 체계와 지침 및 프로그램 개발이 필요하다.

다문화 사회에서 교육의 문제가 다문화의 수용인가, 다른 민족에 대한 이해인가, 다문화가 외래문화만이 아닌 다양한 문화양식에 대한 의사소통인가 등과 관련된 논의와 탐색의 필요성이 제기되었고, 아직 많은 연구과제가 남아 있다. 그러나 다문화 사회에서의 핵심적인 과제는 동질성, 즉 보편성과 다양성 사이의 관계를 파악하는 일이며, 그 다양성의 인식과 개별 문화와의 독특성을 이해하는 일이다. 그러므로 다문화교육은 문화적 다양성을 가치 있는 자원으로 지원하고 확장하려는 교육이며 다양한 사람과 상호작용하는 방법을 가르치는 교육이라 할 것이다.

문화에 대한 가치, 태도 및 행동은 상호 복합적이다. 어떻게 이들을 교육과정에 적합한 형태로 포함할 것인가? 우리가 가지고 있는 이중가치(Double Standards)의 문제 그리고 대체로 합의하고 있는 것 같으면서도 세부적으로는 합의되지 않은 규범들에 대하여도 논의가 필요하다. 편견의 개념은 많은 부분이 깊게 뿌리 내린 삶의 양식에서 연유한 실재적 가치와 관련되어 있으며, 행동으로 표출되기까지의 그 과정에는 인간의 가치나 신념의 질, 태도와 같은 여러 요인들이 주요변인 또는 매개변인으로서 상호 혼합되어 영향을 미치고 있기 때문이다.

다문화교육에서 편견을 지양하고자 함이 결코 '우월함'이나 '극단적인 유별함'을 인정하거나 추구하려는 것은 아니다. 오히려 '차별'을 승화시켜 '차이'를 인정하는 일이기도 하다. 단순한 '차이'를 '차별'로 확대하기보다는 '차별'을 한 차원 끌어올려 '차이'의 다양성을 인정하는 인식의 발전과 철학이 필요하다. 또한 다문화교육이 여러 나라나 인종의 문제에 국한되어 세계의 문화를 알아보고 언어, 종교, 역사 등의 차이나 공통점을 이해하는 활동을 넘어서서 '다양한 사람과 협력하고 상호작용할 수 있는' 매체로 활용될 때 다문화 사회의 바람직한 교육이 정착될 수 있을 것이다. 선행연구들(서현, 이승은, 2009; 이규림, 김영옥, 2010b; 지성애, 김영옥, 홍혜경, 2007)에서도 언급된 바와 같이, 예비교사 및 현직교사 교육을 통하여 이질적 문화들의 무의식적이고 불가피한 공존에 따른 사회의 질적 변화를 이해하며 이를 교육의 장면으로 끌어들이는 인식과 태도가 필요하다.

앞서 언급한바, 삶의 조건이나 질서 방식에 따라서 각기 다른 문화가 형성되고 그것을 함께 소유하는 사람들의 세계에서 우리는 보이게 또는 보이지 않게 서로 교류하고 융합하는 과정에 점점 노출되고 있다. 문화적 가치를 교육의 장면에서 생각하고 교육의 장면에서 일어나는 다양한 문화들을 진지하게 바라보고 생각하는 노력이 필요하다.

다문화교육은 교육과정 전 영역에 걸쳐 확장될 수 있으므로 그 내용 선정이나 교수 · 학습방법 및 적용 가능성을 제한해서는 안 될 것이다. 문화적 차이와 동질성 및 다양성과 관련된 인식과 이해, 필요한 지식과 기술의 습득을 포함하여 통합적이면서도 현장의 번거로움을 덜고 손쉽게 운영될 수 있도록 효율적인 교육과정 운영에 대한 연구도 필요하다. 또한 현장에서 일어나는 생활 장면에 대한 질적이고도 종합적인 피드백이 이루어져야 할 것이다. 즉, 물 · 모래 놀이 영역에서는 문제해결이, 신체활동을 통해서는 의사결정이, 과학영역에서는 감정이입이 다양하게 일어날 수 있기 때문에 관찰과 피드백이 가능하다.

교육과정의 궁극적 물음이 '무엇을' '어떻게' 가르치며 이를 어떻게 적용하고 있는가? 라는 것임을 생각할 때 그 '무엇' 에 대한 합의가 필요하다. 우리의 편견에 대한 민감성을 기르고, 다양성에 대응하며 이를 수용할 뿐만 아니라 다양한 자원으로부터 그 가능성을 추출하고, 실천적 지식으로 연계하는 현장연구가 이루어져야 하며, 이를 평가할 수 있는 방법들이 고려되어야 한다.

Part 2 실제편

유아 다문화교육의 이론과 실제

* 누리과정이 고시됨에 따라 실제편 본문에서 '조형'은 '미술'로 변경되어야 함.

Part 2. 실제편

01 언어활동의 다문화적 접근

1. 언어활동

언어는 말하기 또는 쓰기의 형태로 나타나는 관습적 기호의 체계로서 유아기의 의사소통방법 중에 자신의 감정이나 생각을 표현하는 가장 상위의 수단이다. 즉, 언어는 의사소통의 수단으로, 이를 통해 사람들은 알지 못했던 상대방을 알게 되고 생각이나 의견 또는 감정을 교환함으로써(이상수, 2001) 서로를 이해하게 되어 상호주관성을 획득하게 된다(Harbermas, 2006). 후설 에드문트(Husserl Edmund)는 상호주관성이란 나와 같은 의식을 가진 다른 존재를 경험할 수 있는 능력이며 두 사람 이상이 공통의 경험을 가질 수 있는 가능성이라고 말했다(최정실, 1998). 그러므로 상호주관성을 형성하기 위해서는 부버(Buber, 1954)의 이야기처럼 서로 다른 의식을 가진 존재와 공통의 경험을 가질 수 있는 '만남'이 중요하다. '만남'은 나와 다른 존재를 경험하는 기회를 제공함으로써 언어를 통해 서로 다른 존재들이 공통의 이해에 도달하도록 돕는다. 따라서 유아교육기관에서는 유아가 언어를 사용하여 자신의 감정이나 생각을 표현함으로써 '공통의 이해'에 도달할 수 있는 풍부한 '만남'의 기회를 제공해야 한다.

2. 언어활동의 다문화적 접근

유아는 만 4세가 되면 민족집단에 대한 정체성을 가질 수 있고, 자신이 속한 문화와 타 문화 간의 공통점과 차이점을 찾는 데 많은 흥미를 보이며, 만 5, 6세가 되면 여러 나라의 문화와 그 하위문화의 다양성을 인식하고 내면화하기 시작한다(양옥승, 1997). 유아의 이러한 발달 특징을 반영하여 언어활동의 다문화적 접근은 유아가 다양한 문화를 보고 듣고 경험하여 친밀감을 형성하고 나아가 각 문화의 차이점과 공통점을 찾아봄으로써 다양한 문화가 내포하고 있는 '공통의 의미' 에 대해 이해하도록 도와야 한다.

'가족의 저녁 문화' 에 대한 이야기 나누기에서 교사는 저녁문화에 대한 유아 개별 작품을 모아 전지에 붙여 소개하며 "친구들은 저녁을 먹은 후에 무엇을 하니?" 라고 질문한다. 유아들은 자신의 경험을 이야기하면서 모든 사람들이 같은 행동을 하지 않음을 인식한다. 그 후 교사는 유아들이 다양한 저녁 문화 간의 차이점과 공통점을 찾아보도록 안내하여 옆자리의 친구와 나는 서로 다른 생각을 하고 행동을 하지만 모두 가족과 함께하는 일에 즐거움을 느끼고 있음을 알도록 돕는다. 마지막으로 교사는 다양한 가족들의 저녁 문화가 내포하고 있는 의미를 찾아보도록 격려한다. 이러한 과정을 통해 유아는 저녁 문화의 공통된 의미는 '휴식' 임을 이해하고 자신과 다른 저녁 문화에 대해서도 친밀감을 느끼고 수용하게 된다.

3. 교육환경 구성

언어활동의 다문화적 접근을 지원하기 위한 환경구성은 주로 언어영역, 역할영역, 조형영역에서 이루어진다. 언어영역에는 다양한 성역할에 대한 도서류, 다양한 속담, 인종, 관습, 생활 장면이 담긴 다양한 이야기 테이프(특히, 다른 문화의 사람들이 만나서 교류하는 내용 등), 문자 언어, 여러 나라의 그림책 등을 제공하는 것이 좋다. 역할영역에는 여러 나라/지방의 옷, 신발, 모자, 민속품, 그림 소품들, 여러 나라/지방의 집을 꾸며볼 수 있는 자료들을 제시함으로써 유아의 활동을 자극한다. 조형영역에는 다양한 색깔, 예술작품, 만들거나 꾸밀 수 있는 자료 등을 제시한다. 구체적인 환경 자원은 다음과 같다.

영 역	자 료
언어	• 다양한 인종의 피부색, 머리모양, 전통의상 자료 • 여러 나라의 건축물, 음식, 민속품, 의상, 일상생활에 관한 그림책 • 여러 나라의 문화 특징이 드러나는 그림퍼즐 • 여러 나라의 그림엽서, 잡지, 신문, 화폐 등 • 하나의 주제에 대한 다양성을 알 수 있는 자료
역할	• 여러 나라의 문화와 특징이 반영된 인형 • 여러 나라의 역할을 할 수 있는 의상, 민속품, 모자, 신발 등
조형	• 다양한 피부색, 머리모양 등을 표현해 볼 수 있는 자료 • 여러 나라의 문화적 특징을 볼 수 있는 예술작품 • 동일 주제를 다양하게 표현해 볼 수 있는 자료

4. 교수 · 학습 활동의 실제

활동 1 여러 종류의 집에서 살고 있어요

활동 2 행복한 결혼식에 갔어요

활동 3 우리 가족이 저녁 먹고 하는 일

활동 4 여러 가지 머리모양이 있어요

활동 5 미용실 간판은 재미있어요

활동 6 장갑을 끼면 손이 하는 일이 달라져요

활동 7 친구에게 보낸 편지

활동 8 의자에 앉아 볼까요

활동 9 명화에 담긴 이야기

활동 1 여러 종류의 집에서 살고 있어요

- 생활주제 세계 여러 나라
- 지도요소 문화/다양성
- 선정이유 우리가 살고 있는 지역의 다양한 집에 관심을 가지고, 그 지역의 기후나 재료의 특성에 따라 집이 다양하게 만들어졌음을 알도록 한다.
- 활동목표
  - 다양한 집에 대해 관심을 가진다.
  - 생활환경에 따른 집의 역할과 기능에 대해 안다.
- 활동자료 여러 가지 집에 관한 사진(초가집, 이글루, 아파트, 천막집 등)
- 환경구성 여러 종류의 집 사진 게시

아파트

이글루

초가집

천막집

활동방법

① 자신이 살고 있는 집을 소개한다(주택 형태, 색깔, 구조 등).

–아파트, 마당이 있는 집, 2층집, 뾰족한 지붕이 있는 집 등.

② 우리 동네에서 보았던 집이나 건물에 대하여 이야기 나눈다.

–네모난 빌딩, 우리 유치원, 둥근 지붕이 있는 찻집 등.

③ 다른 지방이나 다른 나라의 집을 본 경험에 대하여 이야기 나눈다.

–인디언의 천막집, 우리나라의 옛날 초가 형태의 집, 북극의 얼음집 등.

④ 여러 가지 형태의 집에 대하여 알아본다.

• (아파트 사진을 보며) 이런 집을 본 적이 있니?

–우리가 사는 아파트예요, 이층집이에요.

• (이글루 사진을 보며) 추운 나라의 사람들은 어떤 집에 살까?

–얼음집, 이글루예요.

• 왜 얼음으로 집을 지어 살까? 춥지 않을까?

–얼음밖에 없으니까요.

–밖이 추워서 얼음으로 지어도 춥지 않아요.

• (아프리카 흙집 사진을 보며) 이런 집은 어디에서 볼 수 있을까?

–아프리카, 시골집 벽이요.

• 왜 이런 집을 지었을까?

–흙이 좋으니까요.

–아프리카는 더우니까 햇빛이 집 안으로 못 들어오게 하기 위해 창문이 없어요.

• (초가집 사진을 보며) 이런 집은 어디에서 볼 수 있을까?

–옛날 우리나라 집이에요. 아프리카예요.

• 이런 집은 무엇으로 만들었을까?

–지푸라기나 나무 등으로 만들어요.

• 넓은 곳에서 가축을 키우며 좋은 풀이 있는 곳으로 옮겨 다니며 살아야 하는 사람들은 어떤 집이 필요할까?
 -텐트, 조그만 집, 바퀴 달린 집이요.
• (천막집 사진을 보며) 어떤 집이니?
 -작아요. 천으로 만들었어요. 텐트 같아요.
• 왜 이렇게 작은 집을 짓고 사는 걸까?
 -빨리 옮길 수 있게 하려고요.
 -동물을 데리고 옮겨야 하니까요. 자주 이사를 가야 하니까요.
• (수상집 사진을 보며) 이런 집을 본 적이 있니?
 -텔레비전에서 봤어요. 물이 많은 곳에서 물 위에 집을 짓고 살아요.
• 왜 물 위에 집을 짓고 살까?
 -물이 많아서 집을 지을 땅이 없어요.
 -더워서 물 위에 살면 시원하니까요. 그래서 벽도 뚫려 있어요.
 -바람이 들어와 시원하게 하려고요.
• (컨테이너 집을 보며) 이런 집을 본 적이 있니?
 -우리 동네에도 있어요. 그런데 일하는 아저씨들이 살아요.
 -우리 동네에는 이렇게 생긴 건물도 있어요.
• 이 집의 밑에 왜 바퀴가 달렸을까?
 -차에 달아서 끌고 갈 수 있게 하려고요.
• 이런 집에 살면 어떤 점이 좋을까?
 -이사 갈 때 끌고 갈 수 있어 편해요.
 -가고 싶은 곳에 갈 수 있어 재미있을 것 같아요.

⑤ 집의 역할에 대해 이야기 나눈 것을 정리한다.
• 이런 여러 가지 집에는 누가 살고 있니?
 -가족이요.
• 집의 모양은 달라도 모두 가족이 함께 모여 사는 곳이구나.

사전 · 사후활동

- 내가 살고 싶은 집 꾸며 보기(조형)
- 꾸며진 집으로 우리 동네 지도 꾸미기(협동)
- 같이 살고 싶은 친구들과 함께 동네 꾸미기(협동)
- 집에 대하여 생각하는 것(색깔, 모양, 위치 등)을 그래프로 나타내기(수학)

• 출처: 김영옥(2002). 유아를 위한 다문화 교육. 서울: 정민사, p. 81.

이글루

나무집

천막집

수상집

우리 동네 꾸미기

〈모래놀이장에서 우리 동네 꾸미고 역할놀이하기〉

활동 2 행복한 결혼식에 갔어요

- **생활주제** 나와 가족
- **지도요소** 문화/다양성
- **선정이유** 가족의 구성은 결혼으로 시작되며 각 나라마다 서로 다른 결혼 풍습을 가지고 있다. 이렇게 다양한 결혼 풍습에도 결혼식은 모든 사람들에게 행복한 모습임을 소개하고자 한다.
- **활동목표**
  - 여러 나라의 결혼 풍습의 특징에 관심을 가진다.
  - 결혼식은 사람들에게 행복한 축제임을 안다.
- **활동자료** 여러 나라의 결혼식 사진, 결혼 의상 등
- **관련활동**

결혼식

이야기 나누기
- 세계 여러 나라 사람들은 모두 결혼을 해요.
- 결혼을 하기 전에 준비하는 것이 있어요.
- 결혼식에는 다양한 물건들이 필요해요.
- 모든 나라 사람들은 결혼식을 마치면 함께 모여 음식을 나누어 먹어요.
- 결혼식 풍습은 달라도 모두 행복해요.
- 할아버지와 할머니, 엄마와 아빠의 결혼식 모습이 달라요.

언어활동
- 벤다이어그램: 전통 결혼식과 현대 결혼식의 공통점과 차이점
- 단어벽: 결혼
- 책 만들기: '만약 찍찍이와 바람이 결혼했다면' (동화 개작하기)
- 그림책: 『쥐의 결혼』

극화활동
- 역할놀이: 전통 결혼식과 현대 결혼식 하기
- 동극: 쥐의 결혼(전통과 현대의 결혼식)

조형활동
- 포스터 만들기: 여러 가지 결혼식 장면으로 꾸미기
- 청첩장 꾸미기: 여러 나라 사람들의 모습으로 꾸민 청첩장

환경구성: 여러 나라의 결혼식

〈그림 1〉 한국의 전통 결혼식

〈그림 2〉 일본의 전통 결혼식

〈그림 3〉 스카이다이빙 결혼식

〈그림 4〉 수중 결혼식

• 출처: www.daum.net

활동방법

① 결혼식에 대하여 이야기 나눈다.

- 결혼식을 본 적이 있니? 누구의 결혼식에 가 보았니?
- (가족 결혼식 사진을 보며) 우리 가족의 결혼식 사진을 본 적이 있니?
- 할아버지, 할머니의 결혼식과 엄마, 아빠의 결혼식은 어떻게 다르니?

② 여러 나라의 결혼식에 대하여 이야기 나눈다(한국, 중국, 아프리카, 미국 등).

- 다른 나라의 결혼식을 본 적이 있니?

• (각 나라의 결혼식 사진을 보여 주며) 나라마다 결혼식 때 필요한 물건들에는 어떤 것들이 있었니?

–결혼 예복, 부케, 족두리, 턱시도, 웨딩드레요.

• (〈그림 3, 4〉를 보며) 이런 결혼식을 본 적이 있니? 어디에서 하는 결혼식일까?

–하늘에서 하는 결혼식이에요. 바다 속에서 하는 결혼식이에요.

③ 결혼을 축하해 주는 방법에 대하여 이야기 나눈다.

• 주변 사람들은 결혼을 어떻게 축하해 줄까?

–쌀을 던진다, 동전을 던진다, 밤을 던진다, 소금과 빵을 준다 등.

• 결혼식이 끝나면 축하해 준 사람들은 무엇을 할까?

④ 결혼식의 의미를 확인해 본다.

• 나라마다 결혼을 축하해 주는 방법이 어떠했니?

–서로 달랐어요.

• (여러 나라의 행복한 신랑, 신부 사진을 보며) 나라마다 결혼하는 모습은 달라도 모두 어떤 표정을 짓고 있니?

–행복한 표정을 해요.

확장활동: 『쥐의 결혼』 동화와 관련된 활동

• 동화 개작하기: 찍찍이가 바람과 결혼해서 여러 나라를 돌아다니며 결혼식 장면과 풍습을 보는데, 모두 즐겁고 행복해한다는 내용(언어)

만약 찍찍이와 바람이 결혼했다면

- 부케 만들기: 다양한 재료를 가지고 부케 만들기, 청첩장 꾸미기(조형)
- 분장하기: 신랑과 신부로 분장하기(역할)
- 동극하기: '쥐의 결혼' 동극하기(극놀이)

현대식으로 하는 쥐의 결혼

전통식으로 하는 쥐의 결혼

활동 3 우리 가족이 저녁 먹고 하는 일

- 생활주제 나와 가족
- 지도요소 평등성/다양성
- 선정이유 서로 다른 가족들이 같은 시간대에 하는 일들을 살펴봄으로써 가족 구성원들이 하는 일의 다양성과 동질성을 알아보고자 한다.
- 활동목표
  - 서로 다른 가족들이 같은 시간대에 하는 일에 대하여 관심을 가진다.
  - 가족구성원들이 저녁을 먹고 하는 일의 다른 점과 같은 점에 관심을 가진다.
  - 가족이 저녁에 하는 일을 그림으로 표현한다.
- 활동자료 전지, A4용지, 도화지, 크레파스나 색연필, 접착제 등
- 활동방법

① 가족구성원에 대하여 이야기 나눈다.

- 우리 가족에는 누가 있니?

② 가족이 함께 모여 저녁식사하는 모습에 대하여 이야기 나눈다.

- 가족 중 누구와 함께 저녁을 먹니?
  - 할아버지, 엄마, 아빠, 나, 동생이 식탁에 앉아 먹어요.
  - 아빠가 늦게 오시니까 엄마랑 나랑 먹어요.

③ 가족구성원이 저녁을 먹고 난 후 어떤 일들을 하는지 이야기 나눈다.

- 우리 가족은 저녁을 먹고 나서 어떤 일들을 할까?
  - 텔레비전을 보아요.
  - 이를 닦아요.
  - 아빠랑 놀아요.

④ 가족이 저녁을 먹고 난 후 하는 일을 준비된 종이에 그림으로 그려 본다.

⑤ 유아의 그림을 붙일 수 있도록 전지에 아파트나 동네의 모습을 미리 배경으로 꾸며둔다.

⑥ 그림을 그린 후 미리 준비한 전지에 자신의 그림을 붙인다(전지는 아파트 모양으로 만들어 유아의 그림을 한눈에 볼 수 있도록 한다.).

⑦ 전지에 붙인 그림들을 보고 우리 가족이 저녁을 먹고 하는 일과 다른 가족이 저녁을 먹고 하는 일을 비교한다.

같은 시간/ '우리 가족이 저녁 먹고 하는 일'

사전 · 사후활동

- 같은 장소에서 서로 다른 일을 하는 모습(이야기 나누기)
  - –놀이터에서 노는 모습
  - –대형마트에서 각자 하는 일

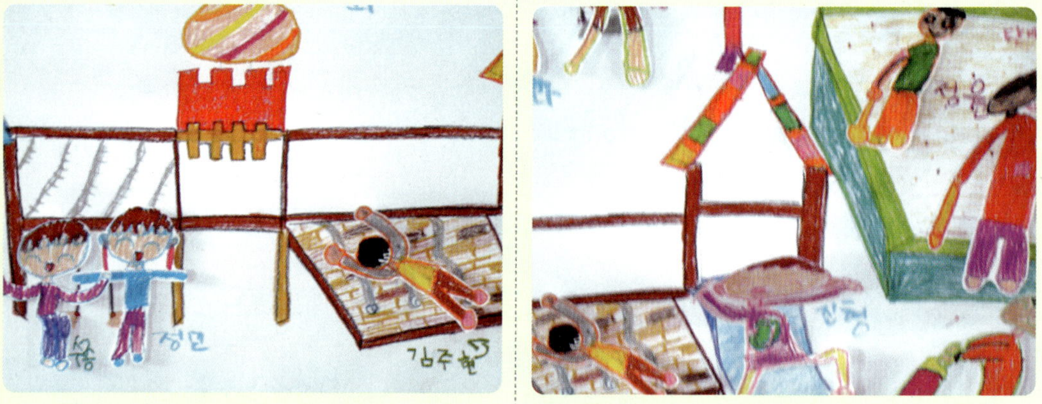

같은 장소/ '유치원 놀이터에서 놀고 있어요'

- 같은 상황에서 서로 다른 일을 하는 모습(이야기 나누기)
  - –엄마 생일을 축하해 주는 모습
- 지역은 다르지만 비슷하게 하는 일(이야기 나누기)
  - –월드컵을 응원하는 모습
- 도시와 농촌의 생활모습(이야기 나누기)

활동 4 여러 가지 머리모양이 있어요

- 생활주제 유치원과 친구
- 지도요소 문화/다양성
- 선정이유 여러 사람들의 머리카락색과 머리모양을 통해 다양성을 알고 자신의 신체에 대한 자긍심을 갖도록 한다.
- 활동목표
  - 사람들의 머리카락색과 머리모양에 관심을 가진다.
  - 때와 장소에 적절한 머리모양에 대하여 알아본다.
- 활동자료 다양한 사람들의 머리카락색과 머리모양 사진, 미용실 카탈로그

활동방법

① 자신의 머리모양을 소개하고 이야기 나눈다.

② (그림자료를 보며) 여러 가지 머리카락색에 대하여 이야기 나눈다.

- 이런 색의 머리카락을 본 적이 있니?

• 또 다른 머리카락색에는 어떤 것이 있니?
• 내 머리카락색과는 어떻게 다르니?

③ 여러 가지 머리모양에 대하여 이야기 나눈다.

• 이 머리는 어떤 모양이니?
• 내 머리모양과 어떤 점이 같으니?
• (그림자료를 보며) 이 머리는 누가 해 주었을까?
• (머리를 묶은 유아를 가리키며) 너의 머리는 누가 해 주었니?
  – 머리카락색이나 머리모양은 달라도 모두 엄마가 머리를 예쁘게 해 주었어요.

④ 자기가 해 보고 싶은 머리카락의 색과 머리모양에 대하여 이야기 나눈다.

• 어떤 머리카락색을 가졌으면 좋겠니?
• 어떤 머리모양을 해 보고 싶니?

⑤ 친구들이 좋아하는 머리카락색과 머리모양이 다른 이유를 확인해 본다.

• 친구들이 하고 싶은 머리카락색과 머리모양이 같았니?
  – 달랐어요.
  – 빨간색도 있고 하늘색도 있었어요.
  – 긴 머리도 있고 짧은 머리도 있었어요.
• 머리카락색(머리모양)이 왜 다를까?
  – 자신이 좋아하는 색(모양)이 다르기 때문이에요.

사후활동

• 숟가락 인형 만들기(조형)
• 숟가락 인형으로 역할놀이하기(조형/역할)
• 종이접기로 여러 가지 옷과 머리모양을 만들어 가족 액자 꾸미기(조형)

숟가락 인형 만들기

숟가락 인형으로 역할놀이하기

• 출처: 김영옥(2002). 유아를 위한 다문화 교육. 서울: 정민사, p. 251.

활동 5 미용실 간판은 재미있어요

- **생활주제** 우리 동네
- **지도요소** 평등성/다양성
- **선정이유** 주변에서 쉽게 찾아볼 수 있는 미용실에서 하는 일은 모두 같으나 미용실의 간판, 상호, 시설 등이 매우 다양하다. 이렇듯 같은 일을 하지만 나타내는 방법이 다양함을 안다.
- **활동목표**
  - 미용실에서 하는 일에 관심을 가진다.
  - 미용실 간판의 모양은 달라도 하는 일이 같음을 안다.
- **활동자료** 디지털카메라, 세계 여러 나라 미용실이나 이발소 사진, 우리 동네 미용실 사진

활동방법

① 미용실에 가 본 경험에 대하여 이야기 나눈다.

- 미용실에 가 본 적이 있니?
- 미용실은 왜 갔니?

② 미용실에서 하는 일에 대하여 이야기 나눈다.

- 우리 가족이 자주 가는 미용실의 이름은 무엇이니?

• 왜 항상 그곳에서 머리카락을 자르니?
• 일하는 분들은 주로 어떤 일들을 할까?
  – 머리카락 자르기, 파마하기, 머리 감기기, 염색하기요.
• 미용실에서 누구를 만났니?
• 머리카락을 자르는 동안 사람들은 어떤 일들을 할까?
  – 잡지를 봐요, 텔레비전을 봐요, 차를 마셔요, 이야기를 해요.

③ 우리 동네 미용실의 간판에 대하여 이야기 나눈다.
• (우리 동네 미용실 사진을 보며) 동네에 있는 미용실의 이름은 무엇이니?
• 미용실의 이름을 어떻게 알 수 있니?
  – 간판을 보고요.
• 미용실 간판에는 어떤 모양들이 있을까?
  – 옆으로 된 것, 길게 세워진 것, 불이 들어오는 것, 벽에 붙은 것, 길거리에 세워진 것이요.
• 간판에 있는 글씨는 어떤 모양(색깔)이니?

④ 미용실 간판의 다양한 모양에 대하여 이야기 나눈다.
• 사람들은 왜 이렇게 모양도 다르고 글씨도 다른 간판을 달까?
  – 미용실을 눈에 띄게 해서 사람들이 많이 오도록 하기 위해서요.
• 미용실 간판이 서로 다른 여러 가지 모양이면서도 같은 점은 무엇이니?
  – 미용실 표시요.
• 미용실 표시는 왜 이렇게 만들었을까?
  – 어떤 사람들이 봐도 미용실이라고 알 수 있게 해 줘요.

⑤ 다른 나라의 미용실에도 간판이 있음에 대하여 이야기 나눈다.
• (여러 나라의 미용실 사진을 보여 주며) 다른 나라나 다른 곳에도 미용실 간판이 있을까?
• 미용실 간판은 어떻게 생겼을까?

• 간판의 모양과 이름이 우리나라와 다르지만 미용실에서는 어떤 일을 할까?
  – 머리카락을 자르거나 파마를 하거나 염색을 해요.

사전 · 사후활동

• '우리 동네 돌아보기' 에서 미용실을 찾아 카메라로 찍어 오기(현장학습)
• 미용실 놀이(역할)
• 미용실 간판 만들기(조형)

미용실 놀이

유아작품: 미용실 간판

활동 6 장갑을 끼면 손이 하는 일이 달라져요

- **생활주제** 생활 도구
- **지도요소** 문화/다양성
- **선정이유** 사람들은 생활 속에서 다양한 모습의 장갑을 용도에 따라 서로 다르게 사용하고 있다. 모습과 용도가 다르지만 장갑은 손을 보호하는 역할을 하고 있음을 안다.
- **활동목표**
  - 날씨나 상황에 따른 장갑의 다양한 모습과 용도를 안다.
  - 장갑은 손을 보호하는 역할을 함을 안다.
- **활동자료** 여러 가지 장갑 사진

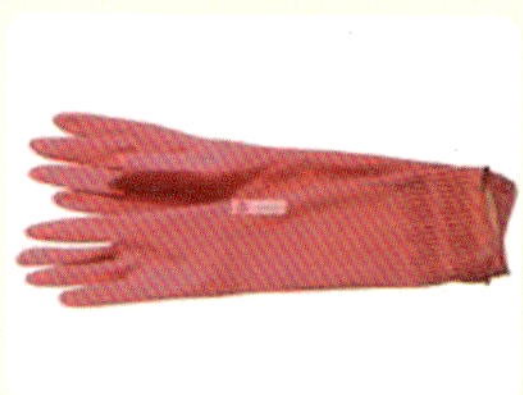
〈그림 1〉 고무장갑

〈그림 2〉 주방 장갑

〈그림 3〉 면장갑

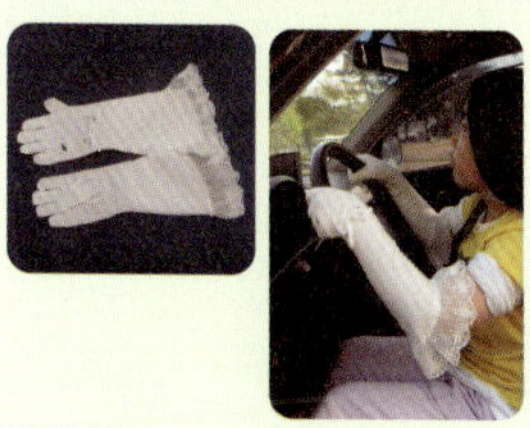
〈그림 4〉 운전용 장갑

〈그림 5〉 야구 장갑

〈그림 6〉 화재진압용 소방 장갑

- **활동방법**

① 장갑에 대해 이야기나눈다.

• 오늘 날씨가 어떠니?

–추워요. 눈이 와요.

• 날씨가 추워서 손이 시리면 무엇이 필요하니?

–장갑이 필요해요.

• 장갑이 왜 필요하니?

–장갑을 끼면 손이 따뜻해져요.

② 장갑의 다양한 모양과 용도에 대하여 이야기 나눈다.

• (〈그림 1〉을 보며) 이 장갑은 무엇이니?

–고무장갑이에요.

• 언제 사용할까?

–요리할 때, 설거지 할 때 사용해요.

• (〈그림 2〉를 보며) 이 장갑을 본 적이 있니?

–엄마가 뜨거운 국 냄비를 들 때 사용해요.

–아빠가 라면 냄비를 가져 올 때 사용해요.

–전자레인지에서 뜨거운 그릇을 꺼낼 때 사용해요.

• 왜 주방 장갑이 필요할까?

–뜨거운 그릇을 손으로 잡으면 손이 아파요.

• (〈그림 3〉을 보며) 이 장갑은 무슨 장갑이니?

–면장갑이에요.

• 이 장갑은 언제 사용할까?

–아빠가 집에서 일하실 때 사용해요

–손을 다치지 않게 보호해 주어요.

• (〈그림 4〉를 보며) 이 장갑을 본 적이 있니?

–엄마가 여름에 운전할 때 손에 끼고 사용해요.

• 왜 손에 이 장갑을 쓸까?

–햇빛이 따가워서요.

• 다른 장갑과 다른 점은 무엇이니?

–손바닥에 동그라미가 있어요.

–손바닥 동그라미가 고무로 되어 있어요.

• 왜 고무로 된 동그라미가 붙어 있을까?

–운전할 때 핸들이 미끄럽지 않게 하려고요.

• (〈그림 5〉를 보며) 이 장갑은 누가 사용하는 장갑이니?

–야구선수가 사용하는 장갑이에요.

• 이 장갑은 어떤 점이 좋을까?

–공을 잘 받을 수 있어요.

–손이 아프지 않아요.

• 야구선수처럼 장갑을 사용하는 운동에는 또 무엇이 있을까?

–골프, 축구선수(골키퍼), 권투 등이 있어요.

• (〈그림 6〉을 보며) 이 장갑은 무슨 일을 하시는 분이 사용하는 장갑이니?

–소방관 아저씨가 사용하는 거예요.

• 소방관 아저씨는 왜 이 장갑을 사용할까?

–손이 불에 타지 않아요.

–손을 보호하려고요.

③ 장갑의 특징과 용도에 대하여 확인한다.

• 오늘 무엇에 대해 이야기했니?

–장갑에 대해 이야기했어요.

• 어떤 장갑이 있었니?

–일할 때는 면장갑을 사용해요.

–소방관 아저씨는 불에 손이 데지 않도록 두껍고 팔까지 끼울 수 있는 긴 장갑을 사용해요.

–야구선수는 공을 잡아도 안 아프게 두꺼운 장갑을 사용해요.

–뜨거운 그릇을 잡을 땐 주방 장갑을 사용해요.

• 사람들이 장갑을 사용하는 이유는 무엇이니?

–손을 보호하려고요.

–손을 아프지 않게 하려고요.

④ 추후활동을 소개한다.

• 재미있는 장갑을 상상하여 만들어 보자.

사전 · 사후활동

• 겨울에 필요한 물건 알아보기(조사)
• 여러 가지 준거(재질, 모양, 크기, 무게, 등)에 따라 비교 · 분류해 보기(수학)
• 장갑가게 놀이(역할)
• 장갑 짝 맞추기(게임)
• 장갑 꾸미기(조형)

활동장면

행복한 가족 장갑

빨강 불 외계인 장갑

활동 7

친구에게 보낸 편지

- **생활주제** 세계 여러 나라
- **지도요소** 평등성/다양성
- **선정이유** 동화 '바다로 간 편지' 를 듣고 동화 속의 주인공이 되어 자연스럽게 세계의 친구들에게 관심을 가지는 기회를 가질 수 있다. 세계에는 많은 나라에는 나와 비슷한 연령의 다양한 인종이 살고 있음을 안다.
- **활동목표**
  - 동화를 듣고 세계 여러 나라의 의상에 관심을 가진다.
  - 나라마다 다른 옷을 입는 이유를 안다.
  - 각 나라에는 나와 비슷한 친구들이 있음을 안다.
- **활동자료** 그림동화 〈바다로 간 편지〉, 다양한 전통의상을 입은 인형친구들 그림

활동방법

✣ 사전활동: 동화 〈바다로 간 편지〉 듣기

① 동화 속 등장인물들이 입은 옷에 대하여 이야기 나눈다.

- 꿈이는 어떤 옷을 입었니? 또 어디에서 살고 있니?(한국)
- 재피는 어떤 옷을 입었니? 또 어디에서 살고 있니?(아프리카)
- 마호메트는 어떤 옷을 입었니? 또 어디에서 살고 있니?(인도)
- 페페는 어떤 옷을 입었니? 또 어디에서 살고 있니?(멕시코 인디언)
- 나브삭은 어떤 옷을 입었니? 또 어디에서 살고 있니?(에스키모)

② 그림동화에 나온 전통의상의 특징에 대하여 이야기 나눈다.

- 꿈이는 왜 이런 옷을 입고 있을까?
- 나브삭은 왜 이런 옷을 입고 있을까?
- 페페는 왜 이런 옷을 입고 있을까?

③ 다른 나라의 전통의상을 봤거나 입어 본 경험에 대하여 이야기 나눈다.

- 이런 옷을 본 적이 있니?
- 언제 입어 보았니?
- 입었을 때 느낌은 어떠했니?

④ 전통의상 그림을 보면서 유사점과 차이점을 알아본다.

- 어떤 점이 다르고 어떤 점이 같니?

⑤ 나라마다 다른 옷을 입게 된 이유에 대하여 알아본다.

• 추운 곳에 사는 사람들은 따뜻한 털옷을 입는다.

• 더운 곳에서는 얇은 옷을 입거나 벗은 채로 생활하기도 한다.

사전 · 사후활동

• 여러 나라의 전통의상 꾸미기, 책 만들기(조형/언어)

• 세계의 친구들과 손에 손을 잡아요(조형/접기)

• 다른 나라 친구들에게 편지쓰기(언어)

• 유리병(타임캡슐) 꾸미고 편지 보내기(조형)

• 가면무도회, 인디언 놀이, 카우보이 놀이(역할)

• 세계의 친구 패턴 놀이(조작)

교수 · 학습자료 도우미

바다로 간 편지

1. 꿈이네 가족은 아무도 살지 않는 조그만 외딴 섬에서 살았어요. 꿈이 아빠가 그 섬의 등대지기였기 때문이지요. 꿈이는 늘 외로웠어요. "친구가 한 명이라도 있으면 얼마나 좋을까?" 꿈이는 종이와 연필을 준비하여 편지를 썼어요. "나와 친구할 사람 누구 없니?" 그 옆에는 자기 모습도 그렸어요.

꿈이는 그림이 그려진 편지를 돌돌 말았어요. 그리고 어디에 넣었을까요? 봉투? 꿈이의 호주머니? 아니랍니다. 꿈이는 그 편지를 조그맣고 예쁜 빈 병에 넣었어요. 그리고 정성스레 마개를 꼭꼭 막아 바다에 둥둥 띄웠지요.

2. 편지가 든 그 병은 헤엄치고 헤엄쳐서 멀리 멀리 흘러갔어요. 꿈이의 병은 아프리카의 한 섬에 도착했어요. 해변가에서 놀고 있던 아프리카 소년 재피가 병 속에 있는 편지를 보고는 "편지다. 편지!" 하며 기뻐했어요. 재피는 글씨를 몰랐지만 꿈이의 그림이 맘에 들었어요.

재피는 꿈이의 그림 옆에 자기의 모습을 그려 넣었어요. "내가 너의 친구가 되어 줄게. 난 두 번째가 되는 거야." 그리고는 다시 정성스레 편지를 병에 넣고 마개를 꼭 막았어요.

3. 편지가 든 병은 아프리카 해변을 둥둥 헤엄쳐 멀리 갔어요. 헤엄치고 헤엄치고, 또 헤엄쳐 갔지요. 얼마 후 꿈이와 재피의 편지가 든 그 병은 인도의 한 섬에 도착했어요. 그때 모래 위에 있던 잿빛 코끼리가 그 병을 코로 집어 올렸어요. 코끼리 등에 타고 있던 소년 마호메트는 "어, 이게 뭐지? 야, 멋지다. 예쁜 그림이 그려져 있네. 두 친구가 있구나! 그럼 난 세 번째야!" 마호메트는 자기의 모습을 재피 옆에 그렸어요. 마호메트는 다시 매우 조심스럽게 병마개를 막고 나서 힘껏 바다에 던졌어요.

4. 편지가 든 그 병은 헤엄치고, 또 헤엄쳐 갔어요. 꿈이와 재피와 마호메트의 편지가 든 그 병은 멕시코까지 헤엄쳐 갔어요. 그 병은 해변 위로 또그르르 굴러 멕시코 인디언 소녀 페페에게 발견되었어요. "어머! 참 예쁜 편지다." 인디언 소녀 페페는 글을 읽고 쓸 줄은 몰랐지만 그림은 그릴 수 있었어요. "난 네 번째 아이가 되는 거야." 페페는 자기의 모습을 마호메트 옆에 그렸어요. 그리고 페페는 다시 병마개를 막고 힘껏 바다로 던졌어요.

5. 편지가 든 그 병은 파도를 타고 둥실둥실 헤엄쳐 갔어요. 그런데 어느날 늙은 고래 한 마리가 "아." 하고 하품을 하면서 꿈이와 재피와 마호매트와 페페의 편지가 든 그 병을 그만 꿀꺽 삼켜버리고 말았어요. 늙은 고래는 북극의 에스키모인들에게 잡혔어요. 에스키모인들이 어영차 어영차 힘을 모아 고래를 해변으로 끌어냈을 때 고래는 크게 재채기를 했어요. "에에에-에취!"

그러자 파란 유리병이 '퐁' 튀어나오는 것이었어요. "야, 저 병 좀 봐! 저 속에 편지가 들었잖아!" 에스키모 소년 나브삭이 소리쳤어요. 나브삭은 날아갈 듯이 기뻤어요. 나브삭도 인디언 소녀 옆에 자기의 모습을 그렸어요. "내가 다섯 번째가 되었네." 이제 편지에는 다섯 아이가 사이좋게 그려졌어요. 나브삭은 병마개를 다시 꼭꼭 막아서 힘껏 바다에 던져 넣고, 떠가는 그 병을 지켜보았어요.

6. 편지가 든 병은 헤엄치고, 헤엄치고, 또 헤엄쳐 갔어요. 그 병은 어디로 갔을까요? 꿈이와 재피와 마호메트와 페페와 나브삭의 편지가 든 그 병은 꿈이의 작은 섬으로 다시 돌아왔어요. "와, 내 편지가 돌아왔어. 야! 여기에 많은 친구들이 그려져 있구나. 이제 난 외롭지 않아. 세계 여러 나라의 친구들을 사귀었거든. 큰 친구, 작은 친구, 노란 친구, 검은 친구, 하얀 친구, 난 친구들이 많이 생겼어. 나는 커서 배를 타는 선원이 될 거야. 그래서 친구들을 만나 봐야지." 꿈이는 이제 행복한 어린이가 되었답니다.

활동 8 의자에 앉아 볼까요

- **생활주제** 환경과 생활
- **지도요소** 문화/다양성
- **선정이유** 의자들은 다양한 모습과 용도가 있다. 그러나 모습과 용도가 다르지라도 사람들에게 편리함을 제공해 줌을 안다.
- **활동목표**
  - 의자는 생활 모습에 따라 쓰임이 다름을 안다.
  - 의자는 사람들에게 편리함을 제공해 주는 역할을 함을 안다.
- **활동자료** 다양한 의자 사진, 컬러 지점토

〈그림 1〉 엉덩이 의자

〈그림 2〉 낚시용 의자

〈그림 3〉 공원 의자

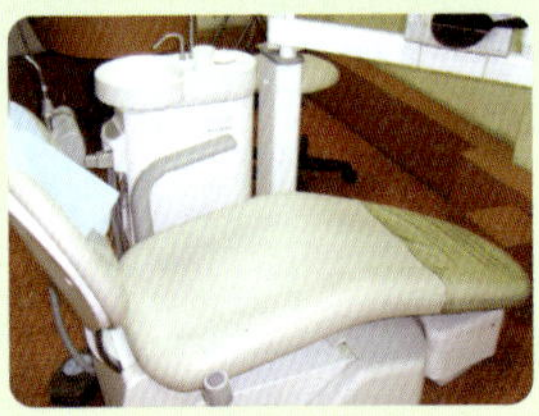

〈그림 4〉 치과용 의자

〈그림 5〉 유치원 의자

〈그림 6〉 유아용 안전의자

〈그림 7〉 디자인 의자

〈그림 8〉 손 모양 의자

활동방법

① 의자를 본 경험에 대해 이야기 나눈다.

- 선생님이 버스를 타고 가는데 서 있기가 힘들었단다. 어떻게 해야 할까?
  - –의자에 앉아요.
- 어디에서 의자를 보았니?
  - –우리 집에도 소파가 있어요.
  - –유치원 버스에도 의자가 있어요. 유치원에도 의자가 있어요.

② 의자의 다양한 용도에 대하여 이야기 나눈다.

- (〈그림 1〉을 보며) 이 의자는 누가 사용하고 있을까?
  - –밭에서 일하시는 할머니께서 사용하고 있어요.
- 이런 의자를 본 적이 있니? 다른 의자와 다른 점은 무엇이니?
  - –의자가 할머니 엉덩이에 달려 있어요. 손에 들고 다니기 힘들어서 엉덩이에 매달았어요.
- 의자가 없다면 어떨까?
  - –할머니가 일할 때 힘들어요.
- 의자는 할머니에게 어떤 도움을 주고 있니?
  - –힘들지 않고 편하게 일할 수 있게 해 줘요.
- (〈그림 2〉를 보며) 이 의자를 본 적이 있니? 어디에서 보았니?
  - –아빠가 낚시 갔을 때 가지고 갔어요.
- 사람들은 이 의자를 왜 가지고 다닐까?
  - –바다나 낚시하는 곳에는 의자가 없어요. 편하게 앉아서 낚시를 하려고 가져가요.
- 만약 이런 의자가 없다면 어떨까?
  - –아무거나 깔고 앉아야 해요. 불편해요.
- (〈그림 3〉을 보며) 이 의자를 본 적이 있니? 어디에서 보았니?
  - –산에서 보았어요.

−공원에서 보았어요.

• 왜 공원에 의자가 있을까?

−놀러 갔을 때 힘들면 쉬려고요.

• 의자가 없다면 어떨까?

−힘들 때 못 쉬어요.

• (〈그림 4〉를 보며) 이 의자를 본 적이 있니? 어디에서 보았니?

−치과에서 보았어요.

−이가 아플 때 병원에 갔을 때 보았어요.

• 왜 치과에 의자가 있을까?

−치료받을 때 의자가 없으면 서서 치료를 받아야 되니까요. 힘들어요.

• (〈그림 5〉를 보며) 우리 유치원에도 의자가 있어요. 의자가 없다면 어떨까?

−교실 바닥에 앉아서 공부해야 해요. 의자 뺏기 게임을 못해요. 뒤에 앉는 친구는 칠판이 안 보여요.

−우유도 못 먹어요. 책상에 앉아서 먹어야 해요.

• 의자가 있어서 좋은 점은 무엇일까?

−앉아서 간식을 먹을 수 있어요. 뒤에 앉아도 동화를 잘 볼 수 있어요.

• (〈그림 6〉을 보며) 이 의자는 어떤 의자일까?

−아기가 앉는 의자예요.

• 아기용 의자가 다른 의자와 다른 점은 무엇일까?

−아기가 떨어지지 않게 앞을 막았어요. 높아서 엄마가 아기에게 밥을 먹일 때 편하게 먹일 수 있어요.

• 아기 의자가 없다면 어떻게 될까?

−아기가 떨어질 수도 있어요. 아기가 아파요. 엄마가 힘들어요.

−엄마가 계속 안아야 해요. 엄마가 아기를 업고 밥을 먹여야 해요.

• 아기용 의자는 아기에게 어떤 일을 해 주나요?

−아기가 편하게 밥을 먹을 수 있게 해 줘요.

−엄마도 편하게 밥을 먹을 수 있어요.

③ 사람들의 필요에 따라 의자의 모양이 달라짐을 확인해 본다.

• 아기에게 필요한 의자는 어떤 모양이니?

–아기용 의자는 아기가 안 떨어지게 칸막이가 있어요.

• 낚시하는 사람이 필요한 의자는 어떤 모양이니?

–낚시용 의자는 들고 다니기 편하게 접을 수 있어요.

• 밭에서 일하시는 할머니에게 필요한 의자는 어떤 모양이니?

–할머니가 일하실 때 사용하는 의자는 엉덩이에 매달 수 있게 줄이 있어요.

• 공원에는 어떤 의자가 필요하니?

–공원 의자는 여러 사람이 앉을 수 있게 길어요.

④ 의자의 공통적 역할을 확인해 본다.

• 의자가 없다면 어떨까?

–불편해요.

–식탁이 있어도 바닥에 앉아야 해요.

–더러운 땅바닥에 앉아야 해요.

–책을 높이 쌓아서 앉아요.

–책상에 앉아요.

• 의자가 있어서 편리한 점은 무엇이니?

–사람들이 편하게 쉴 수 있게 해 줘요. 편하게 일할 수 있게 해 줘요.

⑤ 추후활동을 소개한다.

• 자기가 가지고 싶은 의자를 만들어 보자.

사전 · 사후활동

- 다양한 의자 알아보기(조사)
- 의자가게 견학하기(견학)
- 내 의자 디자인하기(조형)

활동 결과물

돌리면서 앉는 의자

화장할 때 쓰는 의자

엄마랑 애기랑 앉는 의자

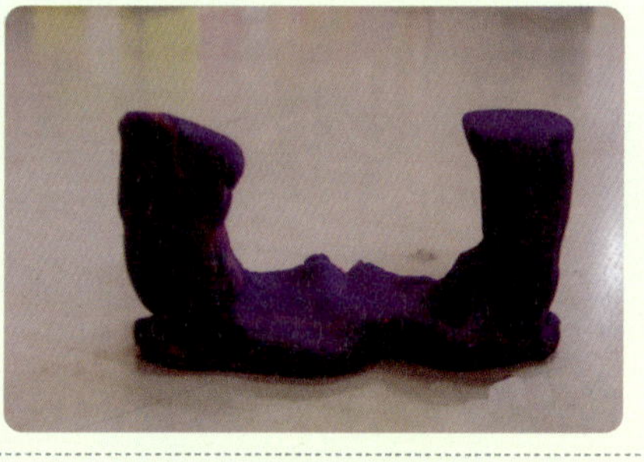

두 명이 사이좋게 앉는 의자

활동 9

명화에 담긴 이야기

- **생활주제** 세계 여러나라
- **지도요소** 문화/다양성
- **선정이유** 세계 여러 나라의 명화 속에는 다양한 사람들의 생활 모습이 담겨 있다. 따라서 명화 속 장면을 이야기로 만들어 보는 활동은 새로운 문화를 이해하는 기회를 제공할 수 있다.
- **활동목표**
  - 명화 장면을 보고 창의적으로 꾸며 말한다.
  - 그림에는 사람들의 생활과 이야기가 담겨 있음을 안다.
- **활동자료** 빈센트 반 고흐의 그림

〈그림 1〉 해바라기

〈그림 2〉 붓꽃

〈그림 3〉 올리브를 수확하는 사람들

〈그림 4〉 씨 뿌리는 사람

〈그림 5〉 낮잠(밀레작품 모사)

〈그림 6〉 별이 빛나는 밤에

활동방법

① 명화를 본 경험에 대해 이야기 나눈다.

- 화가의 그림을 본 경험이 있니?
  - –미술관에 가서 보았어요.
- 어떤 그림이 마음에 들었니?
  - –고흐 아저씨가 그린 '별이 빛나는 밤에' 라는 그림이 좋았어요.
- '별이 빛나는 밤에' 에서 좋았던 점은 무엇이니?
  - –별들이 진짜 반짝이며 춤을 추는 것 같았어요.

② 명화 속 장면에 대한 이야기를 꾸며본다.

- 〈그림 1〉은 고흐 아저씨의 '해바라기' 란다. 이 그림에서 고흐 아저씨가 하고 싶은 이야기는 무엇이었을까?
  - –해바라기 열두 송이가 햇빛을 향해 기대어 있어요.
  - –다섯 송이는 활짝 피어 있고, 일곱 송이는 단단히 오므리고 있어요.
- 〈그림 2〉는 고흐 아저씨의 '붓꽃' 이란다. 이 그림에서 고흐 아저씨가 하고 싶은 이야기는 무엇이었을까?
  - –꽃밭에는 흰색, 보라색, 빨간색 꽃잎이 활짝 피어 있어요.
- 〈그림 3〉은 고흐 아저씨의 '올리브를 수확하는 사람들' 이란다. 이 그림에서 고흐 아저씨가 하고 싶은 이야기는 무엇이었을까?
  - –나무에는 과즙이 많은 과일들로 가득해요. 우리는 바구니에 그것들을 가득 담아요.
- 〈그림 4〉는 고흐 아저씨의 '씨 뿌리는 사람' 이란다. 이 그림에서 고흐 아저씨가 하고 싶은 이야기는 무엇이었을까?
  - –우리가 이러한 꽃, 과일, 식물들을 갖기 전에 씨 뿌리는 사람이 아주 많은 씨앗들을 뿌렸어요.
- 〈그림 5〉는 고흐 아저씨의 '낮잠' 이란다. 이 그림에서 고흐 아저씨가 하고 싶은 이야기는 무엇이었을까?

–건초더미는 잠꾸러기나 피곤한 몸을 위해 편안한 침대가 될 수 있어요.

• 〈그림 6〉은 고흐 아저씨의 '별이 빛나는 밤에' 란다. 이 그림에서 고흐 아저씨가 하고 싶은 이야기는 무엇이었을까?

–별이 빛나는 조용한 밤이 되고, 식물과 씨 그리고 수확된 모든 것들은 잠자는 시간이 있어야 자란대요.

③ 자신의 이야기를 그림으로 이야기해 본다.

• (〈그림 7〉을 보며) 수민이가 그린 해바라기 그림 이야기를 들어보자.

–해바라기 씨를 심었어요. 해바라기가 쑥쑥 자랐어요. 해바라기꽃이 예쁘게 피었습니다. 주인이 놀러갔을 때 한 여자아이가 창문에 해바라기가 궁금해서 보았습니다.

• (〈그림 8〉을 보며) 민서가 그린 그림 이야기를 들어보자.

–그림 제목은 정원입니다. 꽃밭에 사람이 매일 물을 주었습니다. 그래서 꽃은 예쁘게 자랐습니다. 사람들이 매일 꽃을 보려고 모였습니다.

④ 그림에는 사람들의 생활과 이야기가 담겨 있음을 확인해 본다.

• 고흐 아저씨는 무엇을 보고 그림을 그렸을까?

–꽃이 예뻐서 보고 그렸어요.

–하늘에 빛나는 별이랑 달을 보고 그렸어요.

–농부 아저씨가 씨를 뿌리는 모습을 보고 그림을 그렸어요.

• 친구들은 무엇을 생각하며 그림을 그렸을까?

–고흐 아저씨처럼 꽃을 생각하며 그렸어요.

–우리 집에 가지고 싶은 정원을 생각하며 그렸어요.

⑤ 추후활동을 소개한다.

• 고흐의 작품을 보고 이야기를 꾸며 보자.

사전 · 사후활동

- 김홍도 작품에 담긴 이야기(이야기 나누기, 조형)
- 명화 관련 주제에 대한 이야기 만들기(이야기 나누기, 조형)
- 명화 장면을 연결하여 이야기책 만들기(이야기 나누기, 조형)
- 명화 이야기 개인 작품을 모아 이야기책 만들기(이야기 나누기, 조형)
- 명화를 활용하여 개인 이야기책 만들기(이야기 나누기, 조형)

활동장면

✣ 고흐 작품에 담긴 이야기

- 고흐 작품을 보고 이야기 꾸미기(이야기 나누기)

해바라기 열두 송이가 햇빛을 향해 기대어 있어요. 다섯 송이는 활짝 피어 있고, 일곱 송이는 단단히 오므리고 있어요.

꽃밭에는 흰색, 보라색, 빨간색 꽃잎이 활짝 피어 있어요.

나무에는 과즙이 많은 과일들로 가득해요. 그리고 우리는 바구니에 그것들을 가득 담아요.

그러나 우리가 이러한 꽃, 과일, 식물들을 갖기 전에 씨 뿌리는 사람이 아주 많은 씨앗들을 뿌렸어요.

건초더미는 잠꾸러기나 피곤한 몸을 위해 편안한 침대가 될 수 있어요.

별이 빛나는 조용한 밤이 되고, 식물과 씨앗 그리고 수확된 모든 것들은 잠자는 시간이 있어야 자란대요.

• 고흐의 작품 주제를 반영하여 이야기 꾸미기

❖ 김홍도 작품에 담긴 이야기

• 김홍도 작품을 보고 이야기 꾸미기(이야기 나누기)

• 그림에 대한 유아의 반응

장면 1

제목: 씨름

· 씨름은 신발을 벗고 합니다.
· 모래장에서 합니다.
· 모자도 벗고 합니다.
· 사람들이 많이 모여서 응원을 합니다.
· 샅바를 허리춤에 감고 합니다.
· 엿장수가 엿을 팔고 있습니다.
· 씨름은 두 명이 하고 심판은 한 명이 봅니다.
· 손이 땅을 짚거나 넘어가면 지게 됩니다.
· 넘긴 사람이 우승을 합니다.

장면 2

제목: 빨래터

· 시냇가에서 빨래를 합니다.
· 빨래가 보따리처럼 많이 있습니다.
· 돌이 넓적해야 빨래하기가 쉬워요.
· 빨래를 돌에 펴서 방망이로 두들깁니다.
· 옷이 젖을까 봐 팔까지 걷어 올립니다.
· 둥글둥글 돌리면서 빨래의 물을 빼고 있습니다.
· 바위에 빨래를 널어서 말리기도 합니다.

장면 3

제목: 활쏘기

· 사람들이 활쏘기를 합니다.
· 다른 사람은 돌에 앉아서 피리를 붑니다.
· 활과 화살이 필요합니다.
· 선생님이 활 쏘는 것을 도와줍니다.
· 선생님에게 활 쏘는 법을 배우고 있습니다.
· 화살은 뾰족합니다.
· 활을 쏠 때는 두 손을 사용합니다.
· 활은 갈매기 모양을 하고 있습니다.

장면 4

제목: 서당

· 옷이 다른 아이가 있습니다.
· 모두 열심히 공부를 합니다.
· 어떤 아이는 울고 있습니다.
· 공부를 틀려서 선생님에게 혼이 났습니다.
· 선생님이 공부를 가르칩니다.
· 선생님은 책상이 있습니다.
· 친구가 울어서 선생님이 슬픈 표정을 합니다.
· 책을 펴서 공부를 합니다.
· 책상 옆에는 회초리가 있습니다.
· 모자를 쓴 아이도 있습니다.

장면 5

제목: 밭 갈기

· 사람이 소를 끌고 있습니다.
· 소를 끌어 땅을 파고 있습니다.
· 더워서 웃옷을 벗은 농부아저씨도 있습니다.
· 농부아저씨들이 일을 하고 있습니다.
· 어떤 사람은 삽으로 땅을 파기도 합니다.
· 소가 힘들어 도망갈 수도 있습니다.
· 소의 목에 줄을 묶어서 잡고 있습니다.

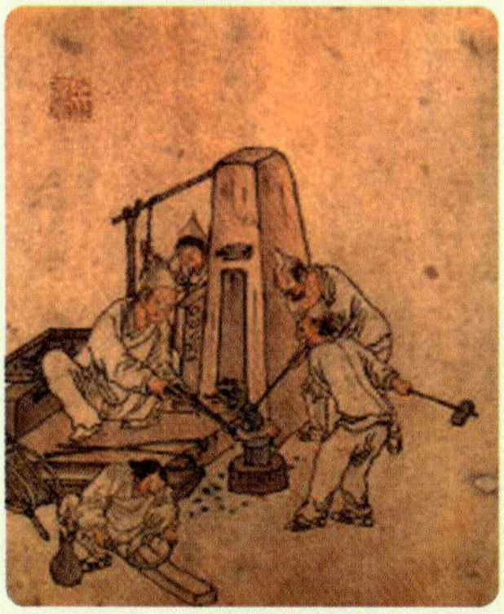

장면 6

제목: 대장간

· 아저씨들이 일을 열심히 해서 땀이 흐릅니다.
· 불을 태워서 쇠를 만들고 있습니다.
· 앉아서 모양을 만드는 사람도 있습니다.
· 쇠를 망치로 두들겨서 모양을 납작하게 합니다.
· 앉아서 쇠가 날카롭지 않게 갈고 있습니다.
· 망치도 필요합니다.
· 힘을 줘서 망치를 때리고 있습니다.
· 망치는 뒤에서 앞으로 내리면서 때립니다.

• 김홍도의 작품 주제를 반영하여 이야기 꾸미기(언어)

제목: 씨름판

제목: 빨래

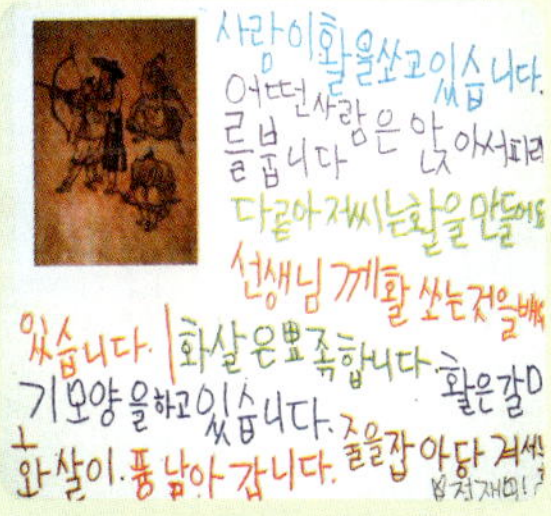

제목: 활쏘기

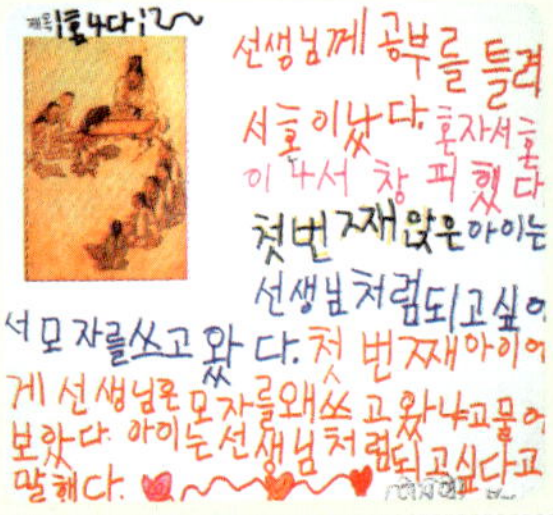

제목: 혼나다

제목: 농부

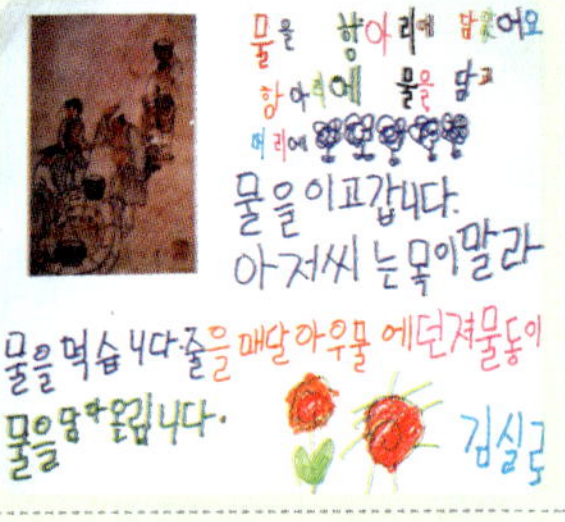

제목: 우물

- 명화의 주제로 이야기 만들기(언어)
- 고흐의 '낮잠'을 보고 휴식에 대한 이야기 꾸미기(이야기 나누기)

1. 할머니께서는 밭에서 땅을 파고 씨를 심고 있습니다. 쉬실 때는 집에 돌아와서 TV도 보시고 누워서 주무시기도 합니다.

2. 우리 아빠랑 엄마는 밭에서 익은 고추를 따는 일을 하십니다. 쉬실 때는 엄마는 TV를 보면서 쉬고 있고, 아빠는 침대에서 주무십니다.

3. 우리 아빠는 논에서 일을 하시고 배밭에서 배를 따십니다. 엄마와 아빠는 매일 힘들게 일을 하십니다. 일을 하시다 너무 힘이 들면 집에 돌아오셔서 소파에 앉아 쉬기도 하십니다.

4. 아빠는 배밭에서 일을 열심히 하십니다. 그리고 우리 아빠는 사다리에 올라가서 배를 따기도 합니다. 배밭에 도시락을 싸가기도 합니다. 쉬실 때는 하우스 안에 있는 의자에 앉아서 쉽니다.

• 명화 장면을 연결하여 이야기책 만들기(언어)

1. 이야기의 순서를 정하는 모습

2. 그림을 채택하는 모습

3. 장면에 어울리게 자신의 생각을 글로 표현하는 모습

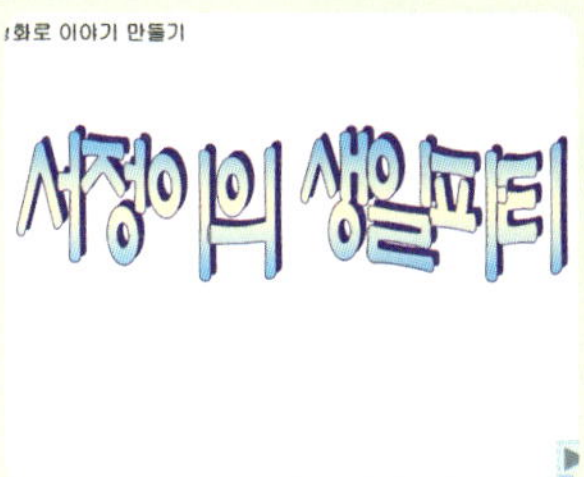

• 명화를 활용하여 개인 이야기책 만들기(언어)

1. 이야기의 순서 정하기

2. 이야기 꾸미기

3. 제목 붙이기

4. 친구들과 결과물 공유하기

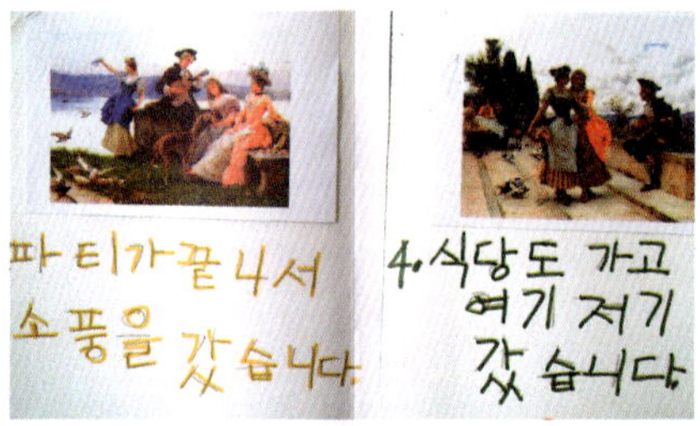

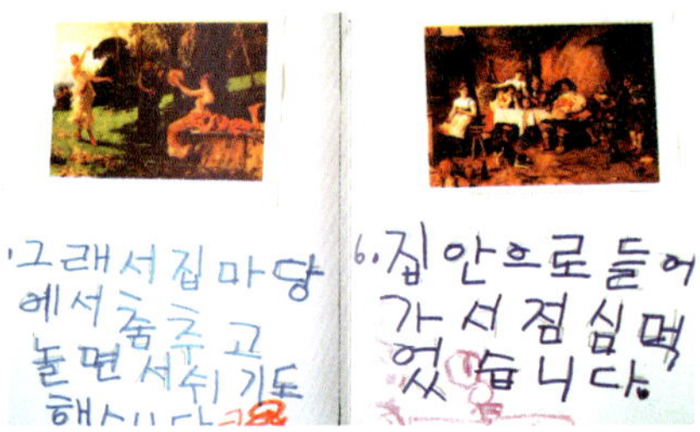

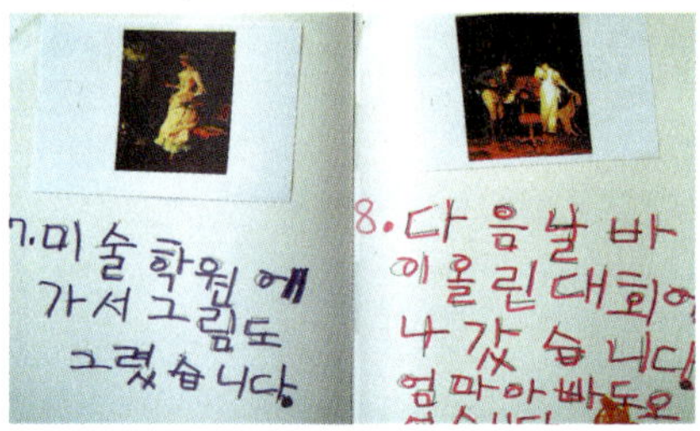

Part 2. 실제편

02 국악과 전통놀이의 다문화적 접근

1. 국악과 전통놀이

음악은 인간의 감정을 표현하는 수단으로 생성되었으며 그 민족만의 가치체계와 행동양식, 사회적 구조 속에서 발전되어 왔다. 때문에 세계 각국의 음악은 그 음악을 향유하는 민족적 정서가 깊이 배어 있으며, 특히 우리 민족의 음악, 즉 국악(國樂)은 우리 민족의 정체성을 확인할 수 있는 중요한 문화적 자원임과 동시에 과거와 현재를 잇는 문화적 도구라 할 수 있다.

전통놀이 역시 특정 사회의 문화적 특수성이 반영되어 전래된 놀이를 이르는 것으로, 오랜 세월 맥을 이어오는 동안 자연적, 역사적, 사회적 환경에 대처하고 적응하면서 특정 민족의 놀이로 대표된 것이다.

클링거(Klinger, 1996)는 학생들이 종족음악을 통하여 그 민족의 가치, 의식, 관습, 신화, 사회 규준 등을 이해하게 되고 나아가 그 민족의 삶을 보다 생생하게 경험할 수 있다고 주장한 바 있는데, 특별히 유아기는 그 어느 시기보다도 음악과 친밀한 시기이며 유아에게 놀이는 가장 보편적인 행동양식이므로 가능한 한 다양한 문화권의 음악과 놀이를 경험하도록 함으로써 유아들이 우리 문화뿐만 아니라 타 문화까지도 폭넓게 이해할 수 있도록 안내할 필요가 있다.

2. 국악과 전통놀이의 다문화적 접근

국악과 전통놀이가 다문화교육과정 내에서 다양성과 동질성을 인식하도록 돕는 교육적 자원으로 활용되기 위해서는 무엇보다도 국악과 전통놀이에 대한 이해가 선행되어야 한다. 그러나 우리나라의 유아음악교육은 서양음악에 지나치게 의존적이며, 유아가 경험하는 대부분의 음악요소 또한 전통적인 국악과는 거리가 멀다. 뿐만 아니라 노래와 함께 진행되는 전통놀이는 일본식 창가에 덧입혀져 전해지고 있는 실정이다.

그러므로 국악과 전통놀이의 다문화적 접근은 문화적 양식의 다양성 속에서 동질성을 파악하도록 전개함과 동시에, 우리 문화의 일부이지만 친숙하지 못한 국악과 전통놀이를 생활 속에서 친근하게 경험할 수 있도록 해야 한다. 즉, 특정 생활양식 또는 행동양식의 다양한 형태를 수집하여 경험을 나누고 이를 바탕으로 공통점과 차이점을 파악하여 본 후, 우리 문화에 대한 인식을 새롭게 하도록 전개함으로써 궁극적으로는 다양성과 동질성을 이해하도록 하는 것이다. 국악과 전통놀이의 다문화적 접근의 예를 제시하면 다음과 같다.

구분	다양한 문화 형태 수집 및 경험 나누기	공통점과 차이점 파악	우리 문화에 대한 인식 및 다양성과 동질성의 이해
활동의 예: 잘자라 우리 아가	엄마가 들려주는 자장가 조사하기	서로 다른 자장가 감상 후 이야기 나누기	각 지방과 세계 여러 나라에서 자장가가 생긴 이유에 대해 이야기 나누기

3. 교육환경 구성

국악과 전통놀이의 다문화적 접근을 위한 환경은 다양한 문화권의 음악과 전통놀이의 정보가 담겨 있는 그림과 사진 자료를 포함하며, 다양한 악기와 음악을 수록한 음향자료, 음악 그림책 등이 구비되어 있어야 한다. 이 책에서 제시한 활동을 위한 환경구성 내용을 간략히 서술하면 다음과 같다.

활동 '잘자라 우리 아가' 에서는 자장가를 부르며 아이를 재우는 그림자료와 다양한 자장가를 담은 음향자료, 인형, 포대기 등이 제시될 수 있다.

'엄마 등은 따뜻해요' 에서는 세계 여러 나라의 아기 돌보는 방법을 소개한 에머리 버나드(글)와 더가 버나드(그림)의 그림책을 준비하고 각국의 아기 업는 모습이 담긴 사진자료를 제시해 준다. 또한 다양한 방법으로 인형을 업거나 안아 볼 수 있도록 인형, 포대기, 바구니 등을 준비해 주어야 하며, 앞서 소개한 '잘자라 우리 아가' 활동과 연계활동이 이루어질 수 있도록 자장가 음향자료를 함께 제공해 줄 수도 있다.

'아리랑 아리랑 아라리요' 에서는 각 지방의 아리랑이 녹음된 음향자료와 여러 가지 악기를 준비해 줌으로써 연주활동을 유도할 수 있다. 또한 음악문화의 지역적 특징을 비교해 보고 이를 시각적으로 구분해 볼 수 있도록 지도를 보조자료로 활용한다.

'신나는 악기가 많이 있어요' 에서는 국악기를 포함한 여러 가지 악기, 세계 여러 나라 악기 사진, 악기소리가 녹음된 음향자료 등을 제시할 수 있다.

'까치야 까치야' 에서는 이가 빠지는 신체적 변화와 관련된 세계 여러 나라의 풍습을 소개한 셀비 빌러(글)와 브라이언 카라스(그림)의 그림책을 제시하고 우리나라 관련 전래동요를 함께 준비해 준다. 우리나라를 포함한 여러 나라의 풍습을 직접 경험해 보도록 이 대신 작은 공깃돌을 제시해 주는 것도 좋을 것이다.

'잠자리 잠자리 날아라' 에서는 각 지방의 잠자리 잡는 노래가 녹음된 음향자료와 정간보를 함께 제시하여 노랫말의 붙임새를 쉽게 이해할 수 있도록 돕는다. 또한 잠자리채를 준비해 줄 수도 있다.

'판소리 놀이를 해 보아요' 에서는 판소리와 오페라 동영상, 북, 부채, 여러 가지 악기(장구, 마라카스, 캐스터네츠, 탬버린 등)와 의상을 준비할 수 있다.

끝으로 '다른 나라에도 우리나라와 같은 놀이가 있어요' 에서는 세계 여러 나라의 여러 가지 형태의 돌차기 놀이 그림자료와 실외놀이를 위한 준비 등이 필요하다.

이상의 내용은 이 책에서 제시한 활동의 다문화적 접근을 위한 기본적인 환경구성 사항만을 언급한 것이므로 이러한 활동이 교육과정 내에서 다양한 영역 간에 통합적으로 적용될 수 있도록 보다 체계적이고 계획적인 환경을 제공한다. 뿐만 아니라 여기에서는 무엇보다도 국악에 대한 이해와 전통놀이에 대한 경험을 갖추고 우리 문화를 올바르게 안내할 수 있는 교사의 안목이 가장 중요한 환경요인이라 할 수 있다.

4. 교수 · 학습 활동의 실제

활동 1 잘자라 우리 아가

활동 2 엄마 등은 따뜻해요

활동 3 아리랑 아리랑 아라리요

활동 4 신기한 악기가 많이 있어요

활동 5 까치야 까치야

활동 6 잠자리 잠자리 날아라

활동 7 판소리 놀이를 해 보아요

활동 8 다른 나라에도 우리나라와 같은 놀이가 있어요

활동 1 잘자라 우리 아가

생활주제 나와 가족/세계 여러 나라

지도요소 문화/다양성

선정이유 아이를 재우기 위한 자장가는 지역마다 나라마다 다양한 형태로 불리고 있다. 유아들은 자신이 자라면서 들었던 자장가를 포함한 다양한 형태의 자장가를 감상할 기회를 가짐으로써 문화적 다양성과 더불어 동질감을 경험할 수 있다.

활동목표
- 우리나라와 다른 나라의 다양한 자장가를 감상한다.
- 서로 다른 자장가 노랫말의 의미를 안다.
- 다양한 자장가를 듣고 자신의 느낌을 이야기한다.

활동자료 엄마 또는 할머니가 자장가를 부르며 아이를 재우는 그림, 우리나라의 다양한 자장가 CD, 세계 여러 나라의 다양한 자장가 CD, 포대기, 인형

활동방법

✣ 사전활동: '엄마가 내게 들려주는 자장가' 조사해 오기

엄마가 내게 들려주는 자장가 조사 결과물

✣ 이야기 나누기

① 그림자료를 보여 주며 자장가를 들어 본 경험에 대하여 이야기 나눈다.

• (엄마가 자장가를 부르면서 아이를 재우는 그림을 보며) 무엇을 하는 그림일까?

–아이를 재우고 있어요.

–자장가를 불러 주고 있어요.

• 자장가를 선생님께 들려줄 수 있겠니?

–자장자장 우리 ○○, 잘도 잔다 우리 ○○, 자장 자장 우리 아기, 잘도 잔다 잘도 잔다.

–잘 자라, 잘 자라, 새근새근 잘 자라, 둥기 둥기 내 강아지, 둥기 둥기 내 강아지.

② 자장가에 담긴 의미에 대하여 이야기를 나눈다.

• ○○는 엄마가 왜 그런 자장가를 불러 주셨는지 알고 있니?

–내가 공주처럼 예쁘게 자라라고 불러 주셨어요.

–할머니는 나를 사랑하셔서 귀여운 강아지라고 부르시며 재울 때도 그렇게 해 주세요.

③ 여러 가지 자장가를 들어 보고 이야기 나눈다.

• 자장가를 듣고 어떤 느낌이 들었니?

–잠자고 싶어요.

–졸려서 눈이 감기려고 했어요.

• 집에서 들었던 자장가와 같은 점은 무엇이니?

–잠잘 때 불러 주는 것이 같아요.

–엄마, 할머니가 불러 줘요.

–듣고 있으면 기분이 좋아져요.

–들으면 잠을 자고 싶어져요.

• 집에서 들었던 자장가와 다른 점은 무엇이니?

-음이 달라요.

-가사가 달라요.

④ 다양한 자장가의 노랫말에 담긴 의미에 대해 이야기 나눈다.

- 자장가의 노랫말이 모두 어떠했니?

  -같은 곳도 있고, 다른 곳도 있어요.

- 자장가가 하는 일은 무엇이었니?

사전 · 사후활동

- 아기를 재우는 다양한 모습을 알아보기(이야기 나누기)
- 노랫말이 없이 악기로 연주된 자장가 감상하기(음악)
- 역할놀이 영역에서 자장가를 부르며 인형 재워 보기(역할)
- 유아들끼리 서로 짝을 지어 자장가 부르며 재워 보기(역할)
- 자장가의 노랫말 지어 부르기(언어)

활동장면

자장가를 부르며 아기를 재우는 모습

엄마 등은 따뜻해요

활동 2

생활주제 나와 가족/우리나라/세계 여러 나라

지도요소 문화/다양성

선정이유 모든 아기들은 엄마나 가족들의 돌봄 속에서 성장한다. 아기를 돌보는 방법은 다양하지만 잘 걷지 못하는 어린 아기를 돌보는 대부분의 엄마들은 아기를 등에 업거나 안는다. 나라마다 아기를 업는 방법은 다르지만 소중한 아기를 안전하고 건강하게 돌보려는 가족의 마음은 다름이 없다. 이 활동에서 유아들은 아기를 돌보는 다양한 방법을 탐색하고 실행해 봄으로써 자신을 돌봐 준 가족의 소중함을 알고 더불어 문화적 다양성을 인식할 수 있다.

활동목표
- 우리나라와 다른 나라의 다양한 아기 돌보는 방법을 안다.
- 가족의 소중함을 안다.
- 다양한 방법으로 아기를 업어 본다.

활동자료 동화책 『엄마 등에 업혀서』(글: 에머리 버나드, 그림: 더가 버나드, 출판사: 비룡소), 엄마 또는 할머니가 아이를 재우는 사진, 다양한 방법으로 아기 업는 사진

다양한 방법으로 아기 업는 모습

활동방법

① 엄마나 가족에게 업혀 본 경험에 대해 이야기 나눈다.

- (다양한 방법으로 아기를 업는 사진자료를 보면서) 사진 속에 아기가 어떤 모습을 하고 있니?
- 왜 아기를 등에 업을까?
  - 아기를 편안하게 해 주려고요.
  - 아기가 잘 걷지 못하니까요.

– 아기가 좋아하니까요.

– 엄마가 일을 할 때 업기도 해요.

• 너희들도 엄마 등에 업히거나 안겨 본 적이 있니?

• 엄마 등에 업히면 기분이 어떠니?

– 포근해요.

– 잠이 와요.

② 동화(『엄마 등에 업혀서』) 속 그림을 보며 나라마다 업는 방법이 다양함에 대해 이야기 나눈다.

• 에스키모 엄마는 아기를 어떻게 업었니?

– 아기를 외투 모자에 넣어 업었어요.

• 왜 모자에 넣어서 업었을까?

– 추우니까요.

– 얼음낚시를 하기 위해서요.

• 파푸아뉴기니의 엄마는 왜 아기를 그물로 만든 주머니에 넣어 머리에 걸고 다녔니?

– 땔감을 모으려고요.

③ 아기를 안전하고 편안하게 돌보기 위해서 어떻게 해야 할지를 이야기 나눈다.

• 아이를 안전하고 편안하게 돌보는 방법에는 또 어떤 것이 있을까?

– 따뜻한 이불을 덮어 줘요.

– 안고 노래도 불러 주어요.

• 우리가 할 수 있는 일은 무엇일까?

– 우리는 아기를 업으면 안 돼요.

– 자전거를 끌어 줘요.

– 그림책을 읽어 줘요.

– 자장가를 불러 줘요.

사전 · 사후활동

• 다양한 소품을 활용하여 인형 업어 보기(역할)

다양한 소품을 활용하여 인형을 업어보는 모습

• 나를 돌볼 때 사용한 도구(포대기, 담요 등)를 수집하여 전시하기(사회)

• 우리 가족이 나를 돌보았던 경험 조사하기(조사)

• 엄마에게 감사의 편지 쓰기(언어)

엄마에게 감사 편지를 쓰는 모습

엄마 등에 업혀서

제　목: 엄마 등에 업혀서
지은이: 에머리 버나드
그린이: 더가 버나드
옮긴이: 박희원
출판사: 비룡소

이 책은 세계 11개 나라의 사람들이 어린 아기를 업는 방법과 그 지역의 풍습, 자연환경 등의 다양한 문화를 소개한다. 본문은 아기를 업는 방법은 다양하지만 가족이 일을 하면서 아기를 돌보고, 아기는 가족들과 함께 생활하며 그들의 문화를 배워 간다는 문화적 동질성에 기초하여 세계 여러 나라의 문화를 설명한다. 뿐만 아니라 '가족과 아기'의 따듯하고 친밀한 관계에 초점을 맞춘 설명을 통하여 단순한 지식 전달을 벗어나 가족의 사랑과 소중함을 생각하게 해 준다.

활동 3 아리랑 아리랑 아라리요

- **생활주제** 우리나라
- **지도요소** 문화/다양성
- **선정이유** 우리나라 각 지방마다 고유한 방언이 있듯이 언어에 뿌리를 두고 형성된 음악 역시 그 지방만의 특성이 반영되어 조금씩 다르게 변화되었다. 이러한 특성은 각 지방의 방언을 사설로 하는 민요에 잘 드러나 있는데 대표적인 예가 바로 '아리랑' 이다. 이 활동에서는 각 지방에서 불린 아리랑의 고유한 음악적 느낌을 비교해 봄으로써 지역문화의 다양성을 인식할 수 있다.
- **활동목표**
  - 여러 지방의 아리랑을 감상한다.
  - 각 지방에서 불리는 아리랑의 느낌이 다름을 안다.
- **활동자료** 각 지방의 아리랑이 녹음된 CD, 아리랑을 연주할 수 있는 다양한 악기
- **활동방법**

① '아리랑' 을 들려주고 비슷한 노래를 들어 본 경험에 대하여 이야기 나눈다.

- 이 노래를 들어 본 적이 있니?

② 같은 아리랑이지만 지역마다 조금 다른 아리랑이 있음에 대하여 이야기 나눈다.

③ 각 지방의 아리랑을 듣고 공통점과 차이점을 찾아 이야기 나눈다.

- '○○아리랑' 과 '●●아리랑' 의 같은 점은 무엇일까?

  –제목이 같아요.

  –노랫말에 서로 비슷한 것이 있어요.

  – '아리랑' 이 계속 나와요.

• '○○아리랑'과 '●●아리랑'의 다른 점은 무엇일까?
  - '○○아리랑'은 느린데, '●●아리랑'은 빨라요.
  - '○○아리랑'은 슬픈데, '●●아리랑'은 신나요.
  - ○○아리랑은 눈물이 나올 것 같기도 하고, ●●아리랑은 웃음이 나오기도 해요.

④ 아리랑을 여러 가지 악기로 연주하며 불러 본다.

사전 · 사후활동

• 아리랑을 들으며 자신의 느낌을 신체표현하기(음률)
• 아리랑 노래에 맞춰 다양한 소품을 이용하여 춤추기(음률)
• 다양한 악기로 연주한 아리랑 감상하기(음악)

활동장면

아리랑 감상 후 그림으로 느낌 표현하기

여러 지방의 아리랑에 맞추어 춤추는 모습

음악을 들으며 신문을 이용하여 춤추는 모습

교수·학습자료 도우미

우리나라 아리랑의 유래 및 사설(노랫말)

• 진도아리랑

- 음악적 특징: 남도 특유의 떠는 소리, 꺾는 소리 등의 표현으로 격렬하고 극적인 느낌을 갖는다.
- 사설(노랫말):

아리아리랑 쓰리쓰리랑 아라리가 났네/

아리랑 응응응 아라리가 났네/

문경새재는 웬 고갠가/

굽이야 굽이굽이가 눈물이로구나/

• 밀양아리랑

- 음악적 특징: 우리나라의 민요는 태백산맥 동쪽에 위치한 강원도, 함경도, 경상도 지방에서 불리는 민요를 동부 민요로 분류한다. 이 중 경상도 민요는 빠른 장단을 많이 사용하므로 흥겹고 경쾌하며 강한 억양을 갖는다.
- 사설(노랫말):

날 좀 보소 날 좀 보소 날 좀 보소/

동지섣달 꽃 본 듯이 날 좀 보소/

아리 아리랑 쓰리 쓰리랑 아라리가 났네/

아리랑 고개로 날 넘겨 주소/

• 정선아리랑

- 음악적 특징: 동부 민요 중 강원도 지방에서 불리는 민요는 엇모리 장단의 노래가 많은 편이며, 이 중 강원도나 함경도의 민요는 탄식이나 애원조의 노래가 많아 슬픈 느낌을 준다.

◆ 사설(노랫말):

눈이 올려나 비가 올려나 억수장마 질려나/
만수산 검은 구름이 다 모여든다/
아우라지 뱃사공아 배 좀 건네주게/
싸리고 올동백이 다 떨어진다/
떨어진 동백은 낙엽에나 쌓이지/
사시장철 임 그리워서 나는 못 살겠네/

활동 4 신기한 악기가 많이 있어요

- **생활주제** 우리나라/세계 여러 나라
- **지도요소** 문화/다양성
- **선정이유** 우리나라를 비롯한 세계 각국에는 다양한 악기가 존재한다. 악기를 활용한 음악교육은 유아의 무한한 창의성을 계발하기 위한 효율적인 교육방법임에도 악기교육은 기능적 측면만이 강조되어 있으며 그 영역마저도 제한되어 있다. 이에 각국의 다양한 악기를 경험함으로써 탐색과 감상의 기회를 갖고 나아가 문화적 다양성에 대한 이해를 도모할 수 있다.
- **활동목표**
  - 음악을 연주하기 위한 다양한 악기가 있음을 안다.
  - 악기에는 여러 가지 모양과 소리가 있음을 안다.
  - 우리나라와 다른 나라의 악기에 대한 차이점과 공통점을 안다.
- **활동자료** 우리나라 전통 타악기, 우리나라 전통 악기 사진, 세계 여러 나라의 악기 사진, 악기소리가 녹음된 음향
- **활동방법**

① 우리나라의 전통 악기를 소개한다.

- (우리나라 전통 악기 사진을 보며) 이 악기들을 본 적이 있니? 어디에서 보았니?

우리나라 전통 타악기

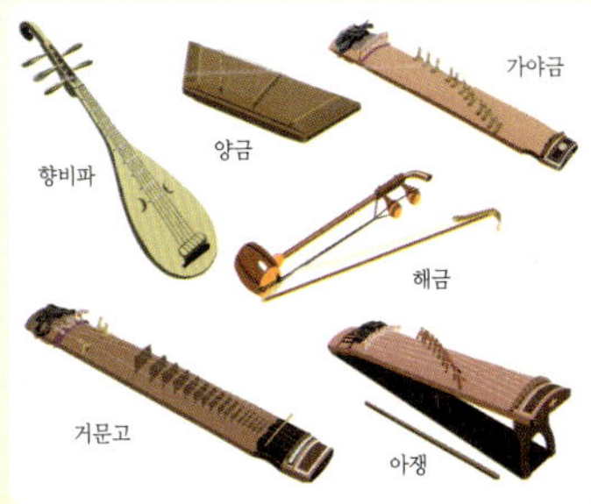

우리나라 전통 현악기

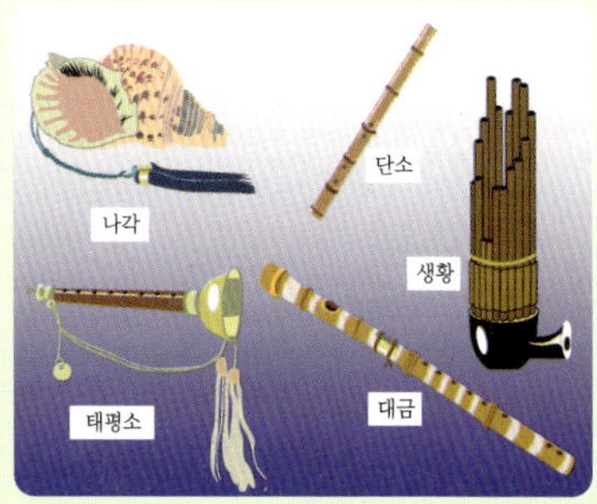

우리나라 전통 관악기

② 우리나라 전통 악기의 생김새에 대해 이야기 나눈다.

- 이 악기들은 어떤 모양을 하고 있니?

③ 전통 악기를 중심으로 소리를 만들어 내는 방법에 대해 이야기 나눈다.

- 이 악기는 어떻게 소리를 만들어 낼까?

④ 우리나라 전통 타악기의 실제 소리를 탐색하며 악기가 지닌 독특한 소리를 감상한다.

- 이 악기(장구, 북, 꽹과리 등)는 어떻게 소리를 낼까?
  –장구의 한쪽은 손바닥으로 치고 다른 쪽은 채를 들고 쳐요.
- 장구 소리를 듣고 어떤 느낌이 들었니?
  –신나요.
  –큰 소리가 나요.
- 장구 소리를 말로 표현해 보자.
  –덩더궁 덩더궁

⑤ 비슷한 모양을 한 악기들의 차이점에 대해 이야기 나눈다.

- (꽹과리와 징을 보여 주며) 모양은 같으나 크기와 치는 채에 따라 소리가 어떻게 다를까?

• (꽹과리)를 칠 때의 힘과 악기에 손이 닿고 안 닿고에 따라 소리에 어떤 차이가 있을까?

• 북과 소고의 소리는 어떻게 다를까?

⑥ 다른 나라(태국)의 전통 악기를 소개한다.

• 이 악기들은 어떻게 소리를 만들어 낼까?

태국의 여러 가지 전통 악기

⑦ 우리나라 악기와 다른 나라 악기의 차이점과 공통점에 대하여 이야기 나눈다.

우리나라의 북

태국의 북

• 이 악기(태국의 북)는 어떤 모양을 하고 있니?

–항아리 같은데 장구처럼 줄로 연결했어요.

–나무로 만든 것 같아요.

• 이 악기에서는 어떤 소리가 날까?

–통통통 소리가 날 것 같아요.

–들으면 춤을 추고 싶을 거예요.

• (다른 악기를 소개하며) 이 악기의 모양(소리)은 어떠니? 서로 같은 점(다른 점)은 무엇이니? 악기 소리를 듣고 어떤 느낌이 들었니?

• 우리나라 전통 북과 태국 북의 같은 점과 다른 점이 무엇이니?

–두드려서 소리를 내요.

–우리나라 북은 옆을 두드려요.

⑧ 악기를 연주해 본 경험이나 연주회에 가 본 경험에 대하여 이야기 나눈다.

악기를 연주하는 모습

• 이 사람들은 무엇을 하고 있니?

–연주를 하고 있어요.

• 연주회에 가 본 적이 있니? 어디서 보았니?

–연주회에 가서 보았어요.

–TV에서 보았어요.

• 이런 악기를 연주해 본 적이 있니?

-바이올린을 배운 적이 있어요.

⑨ 악기를 연주해 보는 기회를 갖는다.

- 이 악기를 연주할 때의 규칙은 무엇일까? 조심해야 할 점은 무엇일까?
- 이 악기들을 어떻게 나누어 연주할까?
- 시작과 멈추는 신호는 어떻게 정할까?
- 연주가 끝나면 연주자들은 전통 악기로 인사굿을 치고 인사한 후 퇴장한다.

⑩ 악기를 연주해 본 느낌에 대하여 서로 이야기 나눈다.

사전 · 사후활동

- 소품을 악기로 활용해 보기(음악)
- 여러 악기소리 비교하기(음악/과학)
- 악기 만들어 보기(조형)
- 악기 소리에 맞추어 신체표현하기(신체표현)
- 유치원으로 초대된 자원 인사의 악기 연주 들어 보기(자원 인사 초청하기)
- 여러 나라의 민속음악 감상하기(음악)

활동장면

분유통으로 만든 북을 연주하는 모습

조롱박으로 만든 타악기를 연주하는 모습

부채처럼 만든 타악기

교수 · 학습자료 도우미

우리나라 전통악기의 종류

연주방법	우리나라 전통 악기의 분류
관악기	대금, 중금, 소금, 퉁소, 단소, 향피리, 당피리, 세피리, 태평소, 훈, 나각, 나발, 생황
현악기	아쟁, 해금, 거문고, 가야금, 대쟁, 금, 슬, 향비파, 당비파, 월금, 수공후, 와공후, 대공후, 소공후, 양금
타악기	편종, 특종, 방향, 운라, 편경, 특경, 자바라, 징, 꽹과리, 박, 축, 어, 부, 장구, 갈고, 절고, 진고, 좌고, 교방고, 용고, 중고, 건고, 삭고, 응고, 뇌고, 뇌도, 영고, 영도, 노도, 도, 소고

활동 5

까치야 까치야

- **생활주제** 나와 가족/ 세계 여러 나라
- **지도요소** 문화/다양성
- **선정이유** 이가 빠지는 현상은 유아의 호기심을 유발하는 가장 큰 신체적 변화다. 유아들은 가족 또는 또래의 경험을 함께하며 두려움 속에서 호기심을 키우고, 자신의 이가 빠지고 새로운 이가 자라는 경험을 통하여 비로소 신체적 변화의 보편성을 인식함과 동시에 성장의 기쁨을 누리게 된다. 세계 여러 나라에는 유아기의 이러한 신체적 변화를 배경으로 한 다양한 풍습들이 존재한다. 여기에는 튼튼한 새 이가 나기를 기다리는 아이들의 바람과 유아들의 신체적 성장을 축하하는 가족들의 축복의 마음이 담겨 있다. 이 활동에서는 모든 유아가 경험하는 신체적 변화를 토대로 생성된 우리나라와 다른 나라의 다양한 풍습을 다뤄 봄으로써 문화적 보편성과 다양성을 인식하고, 나아가 자신의 신체적 성장을 긍정적으로 인식하는 태도를 기르도록 돕는다.
- **활동목표**
  - 이가 빠지는 현상에 관심을 가진다.
  - 이가 빠지는 현상과 관련된 다양한 풍습의 의미를 이해한다.
- **활동자료** 동화책 『이가 빠지면 지붕 위로 던져요』(글: 셀비 빌러, 그림: 브라이언 카라스, 출판사: 북뱅크, 2007), '까치야 까치야' 음악 CD, 공깃돌
- **활동방법**

① 이가 빠지는 현상과 관련된 경험을 이야기 나눈다.

- (이를 뺀 유아가 있는 경우) ○○에게 축하해 줄 일이 생겼단다. ○○에게 무슨 일이 있었을까?

  –이가 빠졌어요.

• ○○처럼 이를 뺀 친구나 이가 빠진 것을 본 친구가 있니?
 –저는 앞니가 빠졌어요.
 –언니랑 오빠가 이를 뺐어요.
• ○○는 빼고 난 이를 어떻게 하였니?
 –치과에서 뺐는데, 그냥 버렸어요.
• ○○는 치과선생님이 이 빼는 것을 도와주셨구나. 그런데 선생님이 어렸을 때는 이를 빼고 난 후에 뺀 이를 지붕에 던졌단다. 옛날엔 치과가 없었기 때문에 실로 이를 둘둘 감아 뺀 다음에 지붕에 던지면서 튼튼한 새 이가 나기를 바라는 노래를 불렀단다.

② 전래동요 '까치야 까치야' 를 감상한다.
• 선생님이 어렸을 때 이를 지붕에 던지며 불렀던 노래를 들어볼까?

까치야, 까치야, 헌 이 줄게, 새 이 다오.(반복)

• 노래 속에서 누구에게 새 이를 달라고 하였니?
 –까치요. 까치가 헌 이를 가져가고 새 이를 준대요.

③ 이가 빠지는 현상과 관련된 여러 나라의 풍습을 살펴본다.
• 그런데 어느 나라에서는 이를 지붕에 던지면 달님이 새 이를 준다고 믿었단다. 또 다른 나라에서는 빠진 이를 어떻게 했는지 살펴볼까?

④ 여러 나라의 풍습 속에 담긴 의미를 찾아본다.
• 다른 나라의 사람들은 이가 빠지면 어떻게 했을까?
 –베개 밑에 둬요.
 –귀고리로 만드는 나라도 있어요.
• 나라마다 이를 빼고 난 후에 하는 행동이 다양하구나. 그런데 다들 왜 그런 행동을 했을까?
 –예쁜 새 이를 달라고요.
 –이가 빠진 것을 축하해 주는 것 같아요.

⑤ '까치야 까치야' 노래를 부르며 이를 던져 본다.

• '까치야 까치야' 노래를 부르며 이 대신 공깃돌을 던져 보자.

'까치야 까치야' 노래를 부르며 공깃돌을 던지는 모습

⑥ 새로운 이가 나기를 기원하는 방법을 찾아 함께 실행해 본다.

• ○○에게 튼튼하고 예쁜 새 이가 나도록 우리 모두 기원해 주기로 하자. 어떤 방법이 좋을까?

–까치에게 예쁜 이를 달라고 편지를 써요.

–새 이 그림을 예쁘게 그려서 ○○에게 줘요.

–새 이 그림을 그려 주면 ○○가 베개 밑에 두고 자요. 그럼 예쁜 이가 날 것 같아요.

–○○를 위해서 노래를 불러 줘요.

"까치야 까치야, ○○ 헌 이 갖고 예쁜 새 이 다오."

사전 · 사후활동

• 까치 대신 다른 노랫말(달님, 생쥐, 까마귀 등)을 넣어 부르며 공깃돌을 던져 보기(실외놀이)

- '까치야 까치야' 노래에 이 대신 자신이 원하는 것을 노랫말로 넣어 부르기 (음악)
- 이가 빠지기 전후의 관리방법 조사하기(과학)
- 동물에게 바라는 노랫말이 있는 전래동요 감상하기(음악)

교수·학습자료 도우미

이가 빠지면 지붕 위로 던져요

제 목: 이가 빠지면 지붕 위로 던져요
지은이: 셀비 빌러
그린이: 브라이언 카라스
옮긴이: 공경희
출판사: 북뱅크

이 책은 이가 빠졌을 때 이루어지는 세계 64개 지역의 66가지 흥미로운 풍습을 담고 있다. 또 책의 뒤편에는 건강한 치아관리를 돕는 다양한 정보가 담겨 있다.

미국에서는 빠진 이를 베개 밑에 넣어 두면 잠든 사이에 요정이 와서 이를 가져가고 동전을 놓고 간다고 믿는다. 캐나다에서도 빠진 이를 베개 밑에 넣어 두고 이빨 요정을 기다린다. 과테말라와 멕시코에는 이를 상자에 담아 침대 옆 탁자에 두고 잠자리에 들면 마법의 쥐 '엘 라톤'이 와서 용돈을 놓고 이를 가져간다고 생각한다. 아르헨티나에서도 빠진 이를 물 컵에 담아 두면 동전을 가져가고 동전이나 사탕을 두고 간다고 믿었다. 남아메리카의 코스타리카와 칠레에서는 빠진 이에 금을 씌워서 귀고리 또는 목걸이를 만들어 달고 다닌다. 오스트레일리아 원주민인 아보리지니인들은 빠진 이를 판다누스 나무 새싹 안쪽에 넣어 두고 나무가 자라면 새 이도 자란다고 믿는다. 일본과 중국에서는 새 이가 바른 방향으로 나기를 기원하며 윗니가 빠지면 땅바닥에 던지고, 아랫니가 빠지면 지붕으로 던지는 풍습이 있다. 한편, 브라질에서는 빠진 이를 던지며 "어여쁜 새야, 귀여운 새야. 내 이를 가져가고 새 이를 갖다 주렴."이라는 시를 읊고, 모로코에서는 해 뜰 무렵 태양을 향해 이를 던지며 "당나귀 이빨을 줄 테니 양의 이를 다오."라고 말하며 예쁜 새 이가 나기를 기원한다고 한다.

한편, 각 지역의 문화적 특징을 잘 표현한 그림은 이에 관한 여러 나라의 재미있는 풍습을 설명하는 동시에 각 나라 사람들의 옷과 집들의 모양, 그 밖의 풍경들을 묘사하고 있으므로, 유아들에게 서로 다른 가운데 유사하기도 한 세계 각국의 풍습과 생활모습을 이해하도록 안내하며 문화적 다양성과 유사점을 탐색하는 데 유익한 정보를 제공하고 있다.

활동 6 잠자리 잠자리 날아라

생활주제 동식물과 자연/봄 · 여름 · 가을 · 겨울/우리나라

지도요소 문화/다양성

선정이유 잠자리는 우리나라 각지에서 자주 볼 수 있는 매우 친근한 곤충이다. 그렇기 때문에 과거 아이들은 잠자리 잡는 놀이와 함께 이를 소재로 한 전래동요를 즐겨 불렀다. 현재 전해지는 '잠자리 잡는 노래' 는 지방마다 가락과 붙임새가 다르고 잠자리를 지칭하는 용어 역시 다양하다. 그러나 여기에는 잠자리를 잡고 싶은 아이들의 간절한 마음과 즐거움은 모든 노래에 공통되게 담겨져 있다. 이 활동에서 유아들은 여러 지방의 전래동요 '잠자리 잡는 노래' 를 경험해 봄으로써 우리 문화의 소중함과 지역문화의 다양성을 인식할 수 있다.

활동목표
- 지방마다 다르게 불리는 잠자리의 이름에 관심을 가진다.
- 여러 지방의 잠자리 잡는 노래(전래동요)를 감상한다.

활동자료 각 지방의 잠자리 잡는 노래(전래동요)가 녹음된 CD, 잠자리 노래 정간보, 잠자리채

- 참고 사이트: 국립국악원 e국악 아카데미(www.egugak.go.kr)

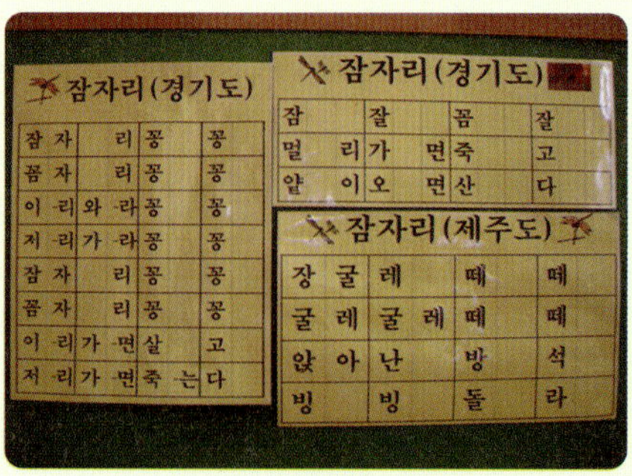

활동방법

① 잠자리 잡는 노래를 감상한 후 무엇을 하며 부르는 노래인지 이야기해 본다.

- 지금부터 들려줄 노래를 잘 들어보고 무엇에 관한 노래인지 이야기해 보자.

(경기도) 잠자리 꽁꽁 꼼자리 꽁꽁 이리 와라 꽁꽁 저리 거라 꽁꽁
잠자리 꽁꽁 꼼자리 꽁꽁 이리 오면 살고 저리 가면 죽는다.

(경기도) 잠잘 꼼잘 멀리 가면 죽고 얕이 오면 산다.

(제주도) 장굴레 떼떼 굴레굴레 떼떼 앉아난 방석 빙빙 돌아라.

(충 북) 나마리 동동 파리 동동 저 건너 밭에 가지마라 ○○ ○○ 죽는다

- 어떤 노랫말을 들었니?
- 무엇을 하며 부르는 노래일까?
- 잠자리는 어떻게 잡을까?
  –잠자리채로 잡아요.
  –꽂 위에 앉았을 때 살금살금 가서 잡아요.

② 할머니, 할아버지가 어렸을 때 잠자리를 잡으며 부르던 노래임을 알려 주고 익숙하지 않는 노랫말을 살펴본다.

- 잠자리를 부르는 말에는 무엇이 있었을까?
  –잠자리, 꼼자리, 잠잘, 꼼잘, 장굴레, 나마리요.
- 제주도 노래의 '앉아난' 은 무슨 뜻일까?(앉았던)
- '방석' 은 무엇을 뜻하는 제주도 말일까?(자리)
- 그럼 '앉아난 방석 빙빙돌라' 는 무슨 말일까?
  – '앉았던 자리 빙빙 돌아라' 요.

③ 여러 지방의 잠자리 잡는 노래를 불러 본다.

④ 노랫말의 의미를 생각해 본다.

- 잠자리에게 왜 멀리 가면 죽고 얕게 오면 산다(이리 오면 살고 저리 가면 죽는

다, 앉았던 자리 빙빙 돌아라, 저 건너 밭에 가지마라)라고 했을까?

–잠자리가 날아가지 못하게 하려고요.

–잠자리를 잡고 싶어서요.

⑤ 노랫말의 명령어를 바꿔 불러 본다.

• 너희들이 잠자리를 잡는다면 어떻게 노래하고 싶니?

–(경기도) 잠자리 꽁꽁 꼼자리 꽁꽁 이리 와라 꽁꽁 저리 가라 꽁꽁
잠자리 꽁꽁 꼼자리 꽁꽁 낮게 날면 살고 높이 날면 죽는다.

–(경기도) 잠잘 꼼잘 날아가면 죽고 내려오면 산다.

–(제주도) 장굴레 떼떼 굴레굴레 떼떼 잠자리채 위에 빙빙 돌아라.

–(충　북) 나마리 동동 파리 동동 저 건너 밭에 가지마라 개구리한테 죽는다.

사전 · 사후활동

• 다양한 재료로 잠자리 만들기(조형)

다양한 재료를 이용하여 만든 잠자리

• 노래 부르며 잠자리 잡기(실외)

• 할머니, 할아버지가 어렸을 때 부르시던 노래 조사하기(조사)

• 장단에 맞춰 노래부르기(음률)

- 잠자리되어 노랫말 반대로 움직이기(음률)
- 잠자리 노랫말 짓기(언어)

활동장면

잠자리 노래의 노랫말을 짓는 모습

교수 · 학습자료 도우미

잠자리가 없던 옛날에는

참고 사이트: 국립국악원 e국악 아카데미(유아교사를 위한 전래동요 교수 · 학습 지도방법) http://www.egugak.go.kr

오늘날에 비해 자연과 함께 생활하던 과거의 아이들은 생김새와 움직임, 소리가 다양한 여러 가지 곤충을 쉽게 볼 수 있었다. 호기심이 많은 아이들에게 살아 움직이는 곤충은 그 자체로도 흥미진진한 놀이 상대였을 것이다. 때문에 다양한 곤충을 소재로 한 전래동요가 전국 각지에서 다양한 형태로 불려 왔다.

잠자리나 매미와 같이 손에 닿기 쉽지 않은 곳에 사는 곤충을 잡으려면 긴 막대기에 그물주머니를 매단 기구, 즉 잠자리채나 매미채가 필요하다. 그런데 상업화된 잠자리채가 없던 옛날에는 잠자리는 어떻게 잡았을까?

장대 끝을 마치 배드민턴 채처럼 둥글게 만들어 집안 구석구석의 거미줄을 걷은 후 그 끝을 끈적끈적하게 만들어서 잠자리를 잡았다고 한다.

활동 7 판소리 놀이를 해 보아요

- **생활주제** 우리나라
- **지도요소** 문화/다양성
- **선정이유** 우리나라를 비롯한 모든 나라에는 이야기를 담고 있는 음악예술 장르가 존재한다. 특히 우리나라의 판소리는 내용 면에서는 민중이 공감할 수 있는 교훈적 설화를 배경으로 하고 있으며, 서양의 오페라와는 차별화된 연행적 특징을 가지고 있다. 오늘날 유아를 위해 작창(作唱)되고 있는 판소리 역시 유아들에게 익숙한 이야기를 배경으로 하고 있으며, 전통적 연행방법을 고수하고 있으므로 유아기에 적용 가능한 형태로 다듬어졌다고 볼 수 있을 것이다. 이에 우리나라 문화에 대한 이해의 토대 위에 타 문화와의 차별성을 인식함으로써 궁극적으로는 문화적 다양성을 수용하는 태도를 기르고자 한다.
- **활동목표**
  - 이야기가 있는 음악극을 감상한다.
  - 소리꾼(가창자)과 고수(반주자)의 역할을 안다.
  - 이야기가 있는 음악극(판소리 또는 오페라)을 만들 수 있다.
- **활동자료** 판소리와 오페라 동영상, 북, 부채, 여러 가지 악기(장구, 마라카스, 캐스터네츠, 탬버린 등)
  - 참고 사이트: 국립국악원 http://www.ncktopa.go.kr

관련활동

판소리와 오페라

이야기 나누기
- 이야기가 있는 노래가 있어요(판소리와 오페라 비교하기)
- 판소리는 이렇게 불러요(소리꾼과 고수의 역할 탐색하기)
- 판소리(오페라)를 함께 만들어 보아요[판소리(오페라) 창작을 위한 계획 세우기]

예술영역 간의 통합
- 언어활동(문학)
  - 판소리(오페라) 창작을 위한 이야기 꾸미기
- 조형활동
  - 판소리(오페라) 공연을 위한 소품 만들기

음악활동
- 판소리와 오페라 감상하기
- 이야기에 알맞은 곡 선정하기
- 함께 만든 판소리(오페라) 불러 보기
- 반주음악 완성하기
- 발림과 추임새 함께해 보기

공연 및 감상
- 협력하여 공연하기
- 우리가 만든 판소리(오페라) 감상하기

활동방법

① 판소리와 오페라를 감상한다.

- 이 음악(판소리, 오페라)을 들어 본 적이 있니?

② 우리나라의 판소리와 서양의 오페라의 차이점과 공통점을 찾아본다.

- 판소리와 오페라의 서로 다른 점은 무엇일까?
  - 판소리는 노래하는 사람이 한 명밖에 없는데 오페라는 많아요.
  - 판소리는 노래하는 사람이 여기저기 돌아다니지 않아요.
  - 오페라는 여러 사람이 반주해 주고 판소리는 북만 쳐요.
  - 판소리는 한복을 입고 부르는데 오페라는 드레스를 입었어요.
  - 판소리는 한 사람만 노래를 부르고 반주 장단도 한 사람이 해 줘요.

• 판소리와 오페라의 같은 점은 무엇일까?

–재미있는 이야기를 노래로 불렀어요.

–노래하는 사람과 연주하는 사람이 따로 있어요.

③ 판소리 중 소리꾼과 고수의 역할을 탐색해 본다.

• 판소리에서 북을 치는 사람을 무엇이라고 부를까?

• 판소리에서 북을 치는 고수는 무엇이라고 하였니?

– '얼씨구' 라고 했어요.

• 고수는 왜 그런 소리를 냈을까?

–흥겨우라고요.

–소리꾼한테 힘내라고요.

• 소리꾼은 노래만 할까?

–노래하면서 움직이기도 하고요, 부채도 펴요.

–말로 설명도 했어요.

④ 판소리로 만들 수 있는 이야기를 선정하고 역할을 분담하여 판소리를 만들고 불러 본다.

• 판소리를 만들기 위해 어떤 것들을 준비해야 할까?

–판소리로 만들어 부를 이야기가 있어야 돼요.

• 어떤 이야기를 판소리로 표현해 볼까?

– '하마하마 춤춰라' 요.

• '하마하마 춤춰라' 를 판소리로 불러 보려면 또 무엇을 준비해야 할까?

–소리꾼이랑 북 치는 사람도 정해야 돼요.

–부채요.

–말로 설명하는 부분도 만들어야 돼요.

사전 · 사후활동

• 새로 만든 판소리로 공연해 보기(음악)

• 같은 이야기로 오페라 구성해 보기(음악)

활동장면

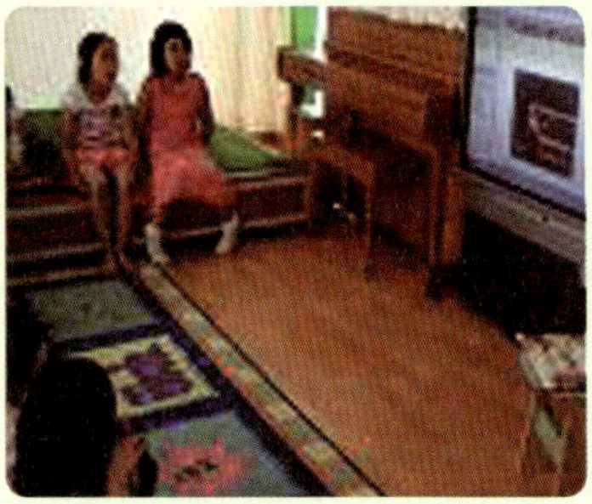

판소리와 오페라 감상하는 모습

새로 만든 판소리 공연을 하는 모습

교수·학습자료 도우미

오페라

- 어　　원: 오페라는 이탈리아 말로서 어원은 *opera in musica*(음악으로 된 작품)이다.
- 정　　의: 연극과 음악이 결합한 형태의 무대예술 장르이다.
- 연행형태: 등장하는 인물들은 연기를 하면서 노래를 한다. 극에 따라 등장하는 인물이 다양하므로 가창의 형태는 독창, 중창, 합창이 모두 포함되어 있으며 오케스트라의 음악을 수반한다.

판소리

- 어　　원: '판소리'의 사전적 의미는 '판'에서 부르는 '소리'다. 여기서 '판○○'이라는 것은 작품을 만들어 멋지게 공연하는 것을 의미한다. 그러므로 '판소리'는 잘 짜여진 한 판의 소리라는 의미로 해석될 수 있다.

- 정 의: 한 사람의 소리꾼이 고수의 북장단에 맞추어 긴 이야기를 소리와 아니리(말), 발림(몸짓)을 곁들여 표현하는 성악곡이며, 중요무형문화재 제5호로 지정되었다.
- 연행형태: 판소리는 부채를 든 한 사람의 소리꾼이 창, 아니리, 발림을 통하여 이야기를 전하는 형태이며, 여기서 창자, 고수, 청관중은 삼위일체를 이뤄 함께 호흡한다.

1. 판소리의 마당

판소리는 어느 한 사람에 의해 만들어진 것이 아니라 오랜 세월 동안 많은 소리꾼들에 의해 완성되어 온 것으로 판소리에서는 작품 하나를 '한마당'이라고 하는데, 이 중 대표적인 열두 가지를 '판소리 열두 마당'이라 한다. 현재 전창되고 있는 판소리는 이 중 다섯 마당(춘향가 · 수궁가 · 심청가 · 홍보가 · 적벽가)이며 최근에는 새롭게 작창되고 있다.

2. 추임새

장단을 맞추는 고수가 창의 군데군데에서 소리의 끝부분에 창자의 흥을 돋우기 위하여 '좋다' '좋지' '으이' '얼씨구' 등의 감탄사를 넣어 주는 것을 말한다. 이 감탄사는 소리에서 다음 구절을 유발하는 데에도 큰 구실을 하며 서양음악 오페라에서의 관현악 반주 이상의 효과를 가져올 수 있다.

3. 아니리

판소리에서 창자가 소리를 하다가 한 대목에서 다른 대목으로 넘어가기 전에 사설을 엮어 나가는 행위를 말한다.

4. 발림

판소리에서 창자가 소리의 가락이나 사설의 극적인 내용에 따라서 손 · 발 · 온몸을 움직여 소리나 이야기의 감정을 표현하는 몸짓을 말한다.

활동 8 다른 나라에도 우리나라와 같은 놀이가 있어요

생활주제 우리나라/세계 여러 나라

지도요소 문화/다양성

선정이유 유아들이 현재 즐겨 하고 있는 놀이가 다른 여러 나라에도 비슷한 형태로 존재하고 있음을 알고 직접 참여해 봄으로써 우리나라와 다른 나라의 놀이문화에서 발견되는 차이점과 공통점을 이해하도록 한다.

활동목표
- 여러 나라의 유아들이 비슷한 놀이를 즐겨하고 있음을 안다.
- 돌차기 놀이의 다양한 방법을 안다.

활동자료 여러 나라의 돌차기 놀이 패턴 그림

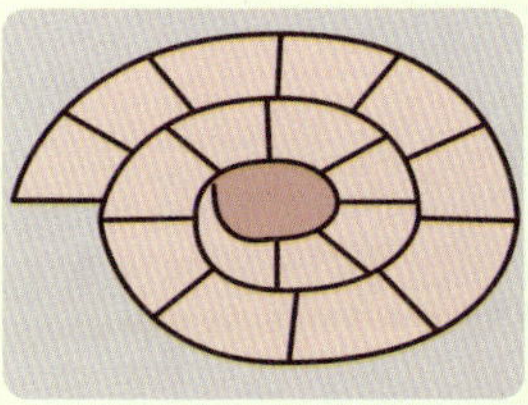
〈그림 1〉 프랑스

〈그림 2〉 영국

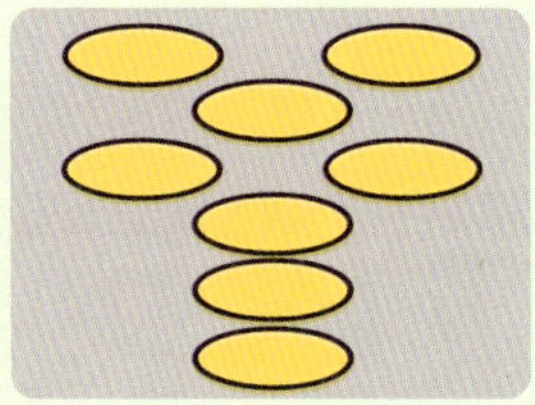
〈그림 3〉 나이지리아

〈그림 4〉 중국

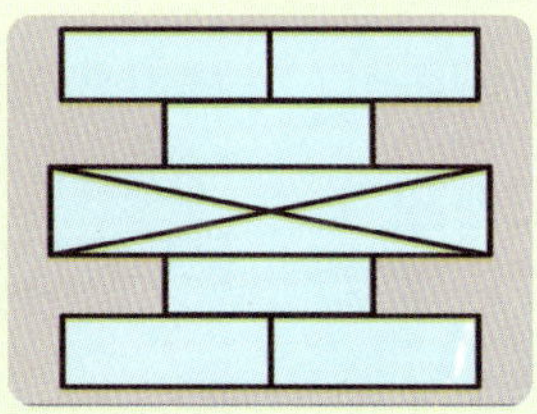
〈그림 5〉 미국

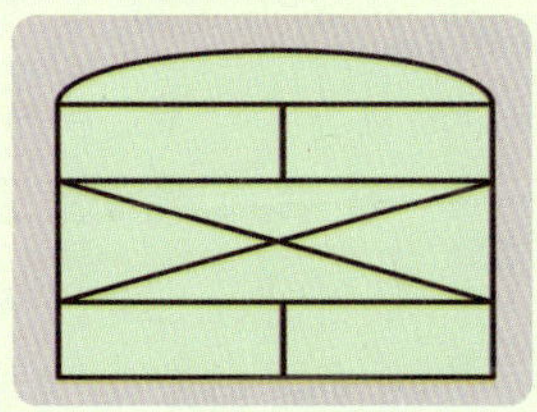
〈그림 6〉 우리나라

활동방법

① (〈그림 6〉을 보며) 사방치기를 해 본 경험에 대하여 이야기 나눈다.

• 사방치기 놀이를 해 봤니?
• 어떻게 놀이를 하는지 이야기해 줄 수 있겠니?

② 여러 가지 형태의 돌차기 놀이에 대하여 이야기를 나눈다.

• (〈그림 1, 2, 3, 4, 5〉를 보며) 여기에서는 어떤 놀이를 할 수 있을까?
  –돌차기 놀이하고 비슷한 놀이를 할 것 같아요.
• 우리가 하는 돌차기 놀이와는 어떤 점이 같니?
  –땅에 모양을 그리는 것이요.
  –숫자도 써요.
  –한 사람씩 해요.
• 어떤 모양의 놀이를 해 보고 싶니?

③ 제시한 그림 중 해 보고 싶은 모형의 놀이 규칙을 알아본다.

■ 프랑스

· 어느 쪽 발로 뛸 것인지 결정한다.
· 달팽이 모형을 뛴다.
· 각 칸에서는 한 번씩만 뛰어야 한다. 뛸 때 선을 밟으면 안 된다.
· 가장 안쪽에 있는 칸에서는 두 발을 딛고 쉴 수 있다.
· 쉰 후에는 다시 뛰어 처음으로 되돌아 나온다.
· 달팽이 모형 안에서 밖으로 뛰어나올 땐 '집'을 선택한다. '집'으로 선택한 공간에 자기 영역임을 표시한다. 이곳은 다음에 다시 오게 될 때 쉴 수 있는 곳이 된다. 다른 아이는 이곳에서 쉬지 못한다.
· 달팽이 모형에 표시들이 모두 쓰이거나 더 이상 뛸 수 없으

〈그림 1〉 프랑스

면 게임은 끝난다. 칸을 많이 차지한 사람이 이긴다.

■ 영국

· 1 바깥에 서서 1 안으로 퍽(puck)을 던진다.

· 패턴을 따라 뛴 뒤 다시 1로 돌아와 퍽을 집어 들고 밖으로 나온다.

· 동시에 두 발을 같이 디딜 수 있는 곳은 2와 3, 5와 6, 8과 9에서뿐이다.

· 놀이에 참여한 모든 아이들이 한 번씩 한 뒤에 두 번째 순서가 되면, 퍽을 2로 던지고 모든 땅을 뛰어 돌아온다. 퍽을 칸이 나란히 있는 곳(2와 3, 5와 6, 8과 9)에 던질 때는 항상 그 땅을 밟지 않는다. 패턴을 따라 되돌아올 때 퍽을 집는다.

〈그림 2〉 영국

· 던질 때 퍽이 땅에서 벗어나면 처음부터 다시 해야 한다.

· 퍽을 던져 모든 땅을 잘 밟고 오는 사람이 이긴다.

■ 나이지리아

· 1원 안으로 말(kwalo)을 던진다.

· 1은 건너뛰고 한 발로 2를 뛰고, 3을 뛰고, 4와 5를 같이 뛰고, 6을 뛰고, 7과 8을 같이 뛴다.

· 7과 8을 뛴 다음에는 손벽을 치고 뒤돌아 뛴다.

· 같은 방법으로 되돌아오면서 1을 건너뛰고 돌아서 말을 집는다.

· 같은 방법으로 연속되는 각각의 원 안에 말을 던지는데 말이 놓인 곳은 밟지 않는다. 1로 돌아오는 길에 말이 있는 칸은 건너뛴다.

〈그림 3〉 나이지리아

· 8 안에 말을 던진 후에 처음으로 돌아오기 전에 패턴 위의 장소에 말을 던진다. 허리를 구부려 다리로 말을 들어 올린 후 1로 되돌아온다.
· 원 밖으로 뛰거나 선을 밟거나 원 안으로 말을 못 넣으면 게임에서 진다.

■ 중국

· 1~6의 칸을 차례로 뛰고 다시 1로 돌아와서 밖으로 나온다.
· 1 가장자리에 서서 돼지 머리에 퍽을 던진다.
· 패턴을 따라 뛰면서 4와 5, 7과 8에서는 두 발로 착지한다. 7과 8에서는 패턴 쪽을 보고 뒤돌아 뛴다. 돼지머리에서 퍽을 집어 들고 패턴 밖으로 나온다(게임 시작 전에 아이들은 자기 퍽을 등 뒤로 잡을지 몸을 앞으로 굽혀 두 다리 사이로 잡을지 결정해야 한다.). 돼지머리 바깥 땅에 손이 닿으면 기회를 잃지만, 성공적으로 마치면 자기 땅 하나를 차지할 수 있다.

〈그림 4〉 중국

· 다음 아이가 같은 방법으로 따라서 한다.
· 모든 땅을 차지할 때까지 아이들은 게임을 계속한다.
· 땅 주인이 사용할 수 있도록 허락하지 않으면 그 땅을 밟을 수 없다. 누구나 다른 아이에게 그렇게 할 수 있다.
· 자기 땅에 도착하면 반드시 두 발로 쉬어야 한다. 만약 자기 칸에서 한 발 뛰기를 했다면 그 땅은 다른 사람의 것이 된다.

■ 미국

· 1에 옷핀을 던진다.
· 2에 한 발 뛰기를 한다.
· 3은 한 발 뛰기를 하고, 4와 5는 같이 뛰고 6은 한 발로 뛰고 7과 8은 같이 한다.

· 7과 8에서는 패턴 쪽을 향해 방향을 바꿔 다시 뛴다.
· 2로 돌아오면 몸을 구부려 1의 핀을 집어 들고 패턴 밖으로 나온다.
· 계속해서 각각의 칸 안에 핀을 던지고 핀이 있는 곳은 밟지 않는다.

〈그림 5〉 미국

④ 새로운 돌차기 놀이 규칙을 만들어 본다.

• 너희들이 다른 나라 친구들과 돌차기 놀이를 한다면 어떻게 규칙을 정할 수 있을까?

사전 · 사후활동

• 하고 싶은 놀이의 모형을 그려서 놀이해 보기(실외놀이)
• 놀이의 규칙이나 모형을 변형시켜서 놀이하기(실외놀이)
• 다양한 돌차기 놀이 모형 꾸며 보기(실외놀이)
• 돌차기 놀이와 함께 부를 수 있는 노래 찾아보기(이야기 나누기)
• 돌차기 놀이에 사용할 수 있는 도구를 찾아보거나 만들어 보기(조형)
• 좋아하는 돌차기 놀이 모형을 그래프로 나타내기(수/과학)
• 적절한 장소에 돌차기 놀이 모형을 그려 놓고 놀이하기(실외놀이)

• 출처: 김영옥(2002). 유아를 위한 다문화 교육. 서울 : 정민사, p. 241.

활동장면

• 내가 만든 돌차기 놀이 모형과 규칙

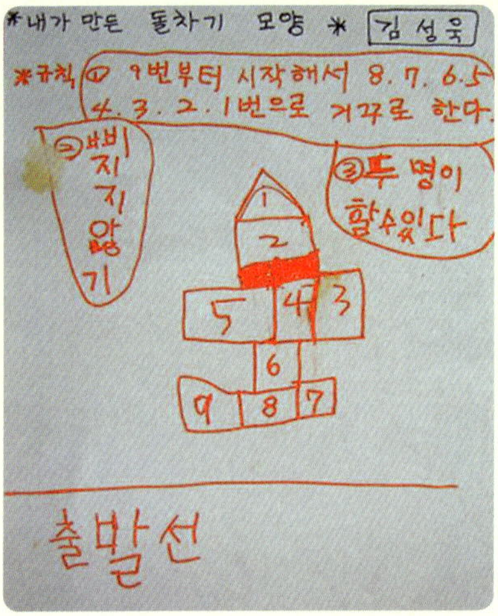

내가 만든 돌차기 놀이로 놀이하는 모습

• 내가 만든 실내에서의 돌차기 놀이

내가 만든 실내에서의 돌차기 놀이하는 모습

교수·학습자료 도우미

여러 나라의 사방치기 놀이

우리가 잘 아는 사방치기 놀이가 중국, 미국, 영국, 프랑스, 볼리비아, 러시아, 아프리카 등 세계 여러 나라에서 널리 사용되고 있어요. 형태는 비슷하지만 말을 던지거나 차면서 노는 방법이 조금씩 다르다. 어떤 방법과 규칙으로 놀이를 할 수 있을지 찾아보고 경험해 볼 수 있다.

가위바위보

• 한국의 가위바위보

중국에서 유래되었으며, 절대강자가 없다는 의미를 내포하고 있다. 가위는 보(보자기)를 자를 수 있지만 바위를 자르지는 못하고, 바위는 가위를 부술 수 있지만 보자기에 싸인다는 의미가 있다.

한국의 가위바위보 놀이를 하는 모습

• 일본(장 껭 뽕)

장껭은 가위바위보를 의미하며, 뽕은 손을 내라는 의성어와 같은 것으로 장껭을 말한 후에 뽕에 손을 내민다.

일본의 장 껭 뽕 놀이를 하는 모습

• 말레이시아(원투줌!)

원투줌은 돌(지역에 따라 '총')과 새, 물을 가지고 이기고 지는 것을 따진다. 돌은 우리의 바위, 새는 우리의 가위에 해당하는 것으로 코브라의 입모양에서 따온 것이며, 물은 우리의 보에 해당한다. 돌은 새를 이길 수 있고 새는 물을 마셔서 없앨 수 있으므로 이길 수 있고, 물은 돌을 그 안에 잠기게 할 수 있으므로 이길 수 있다는 논리다.

말레이시아의 원투줌 놀이를 하는 모습

• 내가 만든 가위바위보

내가 만든 가위바위보 놀이를 하는 모습

• 출처: 김영옥(2002). 유아를 위한 다문화 교육. 서울: 정민사, p. 302.

Part 2. 실제편

03 탐구활동의 다문화적 접근

1. 탐구활동

현대사회는 지식정보와 과학기술의 발달이 국가경제의 발전을 주도하고, 과학적 성장 속도가 한 나라의 경쟁력을 대변하는 과학의 세기라고 할 수 있다. 뿐만 아니라 급속도로 발전해 나가는 과학적 환경을 긍정적으로 인식하고 지식과 정보의 변화에 민감하게 반응하며, 그 변화를 주도하고 적절히 활용할 수 있는 탐구적 소양은 현대사회에서 요구되는 필수조건이다.

탐구적 소양은 이미 소수의 수학 및 과학 관련분야 종사자들에게만 요구되는 것이 아니며 모든 사람들의 삶의 질을 결정하는 핵심요소다. 이 같은 능력은 유아기부터 자신을 둘러싼 주변 사물과 자연현상에 대해 지속적으로 관심을 가지고 탐구하며 논리적 · 창의적 사고를 바탕으로 일상생활의 문제를 해결하는 과정에서 점진적으로 형성된다. 이러한 맥락에서 3~5세 연령별 누리과정의 자연탐구영역에서도 주변의 사물과 자연환경에 대해 지속적으로 호기심을 가지고 적극적으로 탐구하며 창의적으로 사고하는 태도를 기르는 데 중점을 두고 있다.

유아는 태어나면서부터 주변의 여러 가지 사물이나 자연현상에 대해 풍부한 호기심을 가지고 탐구하려는 기본적인 성향을 가지고 있다. 이러한 유아의 탐구적 성향은 학습을 유발하고 지속시키는 수단이 된다. 즉, 유아가 살고 있는 주변세계에 대한 정보를 탐색하고, 자료를 분류하며, 비교하여 순서를 정하고, 원인과 결과를 관련지어 보는 등의 탐구활동들은 자연스럽게 문제해결의 아이디어와 과학적 사고를 형성하게 되는 것이다.

따라서 유아에게 내재된 호기심이 단순한 호기심에 그치는 것이 아니라, 자발적으로 문제를 발견하고 탐구하는 과정에 적극적으로 참여할 수 있도록 적절한 환경과 다양한 탐구활동이 제공될 필요가 있다.

2. 탐구활동의 다문화적 접근

탐구활동은 유아가 주변의 다양한 사물과 현상에 대한 호기심과 능동적인 탐색 경험을 통하여 주변세계를 이해하고 존중하며, 일상생활 속에서 직면하는 문제에 대해 논리적 · 합리적으로 해결점을 찾아보는 활동을 의미한다. 오늘날과 같이 과학적 변화와 이로 인해 야기된 사회적 문제 또는 이슈가 일상에 노출되어 있는 상황에서 생활주변에 관심을 갖고 탐구해 보는 활동이 매우 중요하며, 문화적 차이를 바탕으로 함께 소통하고 탐구해 가는 과정에서 서로의 문화적 차이를 수용하고 존중하며 이해를 넓힐 수 있는 다문화적 접근 역시 유아의 탐구적 소양과 과학적 문제해결력을 긍정적으로 변화시킬 수 있는 의미 있는 활동이 될 것이다.

다문화적 탐구활동은 유아가 속한 지역사회에서 다양한 문화를 먼저 경험하고 탐색하는 것에서부터 시작하여 세계 여러 나라에서 일어나는 사회 및 자연현상에 대해 관심을 갖고 다양한 차원에서 경험해 보는 활동으로 확장될 수 있다. 예를 들어, 신문, TV 매체 또는 인터넷을 통해 세계적으로 이슈가 되고 있는 시사적 문제, 유아들의 공동 관심사(자연재해), 다양한 생활방식에 대해 지속적으로 관심을 가지고, 직면한 문제에 대한 해결방법을 다각적으로 생각해 보며 합리적인 해결방안을 찾아보는 활동을 경험할 수 있을 것이다. 또한 우리 조상들이 사용했던 맷돌, 절구, 낫, 벼루와 붓 등과 같은 생활도구 등을 탐색하고 서로 비교해 보면서 동질성과 다양성을 이해하고 전통사회의 도구와 우리 생활과의 밀접한 관련성을 논리적으로 탐구해 보는 활동도 이루어질 수 있다.

3. 교육환경 구성

환경구성을 계획할 때 각종 교재교구 및 자료를 어떻게 구성하고 배치하느냐에 따라 교육활동의 성격과 질이 결정되므로 교사는 유아의 발달적, 문화적으로 적합한 실제를 경험해 볼 수 있는 다양한 교구나 놀잇감, 올바른 자료의 선택을 고려하여 환경을 제공한다.

'문양으로 패턴을 만들어요' 에서는 규칙성을 가지고 있는 세계 여러 나라의 전통 문양, 조각보, 퀼트 작품 등이 제시될 수 있다.

'화폐에 대해 알아보아요' 에서는 우리나라와 세계 여러 나라(가봉, 네덜란드, 루마니아, 미국, 벨기에, 일본, 중국, 호주 등)의 화폐 앞뒤 인쇄본, 활동지, 쓰기 도구 등을 준비해 준다. 또한 우리나라 및 세계 여러 나라의 화폐에 대해 손쉽게 이해할 수 있도록 동영상으로 제공되고 있는 화폐 관련 사이트(화폐 박물관, 한국 화폐의 발달사, 세계 여러 나라의 화폐, 세계의 화폐)를 활용해 볼 수 있다.

'이럴 때 신어요' 에서는 세계 여러 나라의 전통 신발을 소개한 정해영(글, 그림)의 그림책 『누구의 발일까?』를 준비한다. 또한 기후와 문화에 따른 신발의 다양한 형태와 기능을 살펴봄으로써 문화적 다양성을 인식할 수 있도록 다양한 종류의 신발 사진 및 실제 신발들을 준비해 줄 수 있다.

'옷 속에 숨은 예쁜 세모와 네모' 에서는 우리나라와 세계 여러 나라의 전통 의상 속에 나타나 있는 다양한 도형 등을 소개할 수 있는 관련 사진들을 제시한다.

'분수를 만들어요' 에서는 세계 여러 나라의 분수 사진을 제시하고, 유아들이 직접 재료(페트병, 굽어지는 짧은 빨대 1개, 긴 빨대 1개, 물, 수조, 비커, 아이클레이)를 가지고 분수를 만들어 볼 수 있도록 돕는다.

'예쁜 빛으로 물들여요' 에서는 전통적인 방법으로 한복을 짓는 방법을 소개한 이민주(글), 김진화(그림)의 그림책『고운 옷, 우리 옷을 지어요』를 준비한다. 또한 세계 여러 나라의 천연 염색 사진을 제시하고 흰 면 옷감, 적색 양배추, 백반 등의 재료를 제공하여 유아들이 직접 천연염색을 해 볼 수 있도록 준비해 줄 수 있다.

'온돌은 과학이에요' 에서는 우리나라의 전통 가옥과 난방시설인 아궁이와 굴뚝, 온돌, 이로리, 벽난로, 고래의 구조와 형태에 대한 그림자료와 함께 세계 여러 나라의 난방도구(이로리, 벽난로 등)의 그림자료를 제시한다.

'나무가 주는 선물' 에서는 기후에 따라 서로 다른 나무 모습(툰드라지방, 열대지방, 우리나라 등)의 그림자료 등을 제시할 수 있다.

4. 교수 · 학습 활동의 실제

활동 1 문양으로 패턴을 만들어요

활동 2 화폐에 대해 알아보아요

활동 3 이럴 때 신어요

활동 4 옷 속에 숨은 세모와 네모

활동 5 분수를 만들어요

활동 6 예쁜 빛으로 물들여요

활동 7 온돌은 과학이에요

활동 8 나무가 주는 선물

활동 1

문양으로 패턴을 만들어요

- **생활주제** 세계 여러 나라
- **지도요소** 문화/다양성
- **선정이유** 세계 여러 나라에는 예로부터 내려오는 고유의 전통 옷이나 물건들이 있다. 전통 옷이나 물건의 무늬는 그 나라의 독특한 문양으로 꾸며져 있는데, 이러한 문양에서 같은 규칙성을 찾아봄으로써 무늬는 다르지만 규칙적인 문양의 공통점을 경험할 수 있다.
- **활동목표**
  - 전통 문양에서 무늬를 찾아봄으로써 규칙을 이해한다.
  - 여러 나라와 지역의 구체물을 사용하여 패턴을 만든다.
  - 패턴을 이용하여 다양한 물건을 디자인한다.
- **활동자료** 세계 여러 나라의 전통 문양 사진, 조각보, 퀼트 작품, 몬드리안과 클레의 작품, 색돌, OHP 문양, 도화지, 크레파스, 여러 가지 천, 가위, 풀, 등

활동방법

① 클레의 그림을 감상하고 패턴을 찾아본다.

- 그림에서 무엇을 볼 수 있니?
- 어떤 생각이 드니?
- 화가가 규칙을 정해 놓고 색을 칠했는데 어떤 규칙인지 찾아보자.
- 규칙대로 색깔을 짚어 가며 이야기해 보자.
- 이렇게 차례를 정해 놓고 규칙을 지키는 무늬를 패턴이라고 한단다.

② 여러 가지 전통 문양에서 패턴을 찾아본다.

- 동그라미/선/동그라미/선……으로 이름을 붙여 말해 보자.
- 모양으로 말하기 어려우면 모양에 숫자를 넣어 이름을 붙여 말해 보자.
- 1/2/1/2/1/2…… 대신에 소리를 넣어서 패턴을 표시해 보자.
  - 손뼉/발바닥/손뼉/발바닥…….

③ 2가지 종류의 '구슬 끼우기'를 가지고 패턴을 만들어 본다.

- 어떤 패턴인지 이야기해 보자.
  - 파랑, 빨강, 파랑, 빨강이에요.
  - 동그라미, 세모, 동그라미, 세모예요.

④ 패턴을 이용하여 목걸이, 팔찌 등의 장신구를 만들거나 모양을 디자인해 본다.

- 원하는 경우 3가지 종류로 패턴을 만들어 본다.
- 전통 문양을 이용하여 패턴을 그려 본다.
- OHP를 이용하여 친구의 디자인을 감상하고 패턴을 찾아본다.

사전 · 사후활동

- 삼각형, 정사각형 도형판에 패턴으로 디자인하기(수학)
  - OHP 필름 도형판에 네임펜으로 디자인한다.
  - OHP를 이용하여 작품을 감상한다.
  - 도화지 도형판에 사인펜, 색연필로 디자인한다.
  - 마닐라지에 조각 천을 이용하여 디자인한다.
  - 작품을 전시하거나 장식품 받침으로 활용한다.

활동장면

구슬로 패턴 만들기

전통문양으로 패턴 꾸미기

가방에 패턴 꾸미기

우리반 친구 옷에서 패턴 찾기

다양한 인종의 패턴 꾸미기

활동 2 화폐에 대해 알아보아요

생활주제 우리나라/세계 여러 나라

지도요소 문화/다양성

선정이유 화폐는 우리나라뿐만 아니라 세계 여러 나라에서 물물교환을 위해 생성되고 사용되어 왔다. 그런데 각 나라에서 사용되고 있는 화폐는 세는 단위도 다를 뿐만 아니라 크기나 도안도 다르다. 이에 우리나라를 비롯한 세계 여러 나라 화폐의 차이점과 유사점 등에 대해 살펴보고, 화폐를 세는 단위나 화폐 속의 인물, 문화재, 색깔 등을 조사해 봄으로써 우리나라와 세계 여러 나라의 화폐에 대해 관심을 갖도록 하였다.

활동목표
- 화폐의 역할과 쓰임에 대해 안다.
- 우리나라와 다른 나라 화폐의 차이점과 공통점을 안다.
- 화폐 속의 인물, 문화재, 조각품 등에 관심을 가진다.

활동자료 우리나라와 세계 여러 나라(가봉, 네덜란드, 루마니아, 미국, 벨기에, 일본, 중국, 호주 등)의 화폐 앞뒤 인쇄본, 활동지, 쓰기 도구

우리나라의 화폐(단위/원)

일본의 화폐(단위/엔)

중국의 화폐(단위/위안)

미국의 화폐(단위/달러)

우리나라 화폐의 앞면/뒷면

가봉 화폐의 앞면/뒷면

네덜란드 화폐의 앞면/뒷면

루마니아 화폐의 앞면/뒷면

미국 화폐의 앞면/뒷면

벨기에 화폐의 앞면/뒷면

일본 화폐의 앞면/뒷면

중국 화폐의 앞면/뒷면

호주 화폐의 앞면/뒷면

활동방법

① 우리나라 돈을 보며 쓰임에 대해 이야기 나눈다.

- 이것은 무엇이니?
  -돈이요.
- 돈은 어디에 사용되는 것일까?
  -물건을 살 수 있어요.
- 이 돈의 금액은 얼마일까?
  -천 원이요.
- 이것으로 무엇을 살 수 있을까? 무엇을 사 보았니?
  -장난감, 과자, 책을 살 수 있어요.

② 우리나라와 다른 나라의 돈을 세는 방법에 대해 이야기 나눈다.

- 이것은 어느 나라의 화폐니?
  -우리나라요.
- 우리나라에서는 이것을 어떻게 셀까?
  -천원, 오백 원, 백 원, 십 원…….
- 이것은 어느 나라의 화폐일까?
  -미국, 중국, 일본이요.
- 다른 나라의 화폐를 세는 단위를 소개한다.

미국(달러), 중국(위안), 일본(엔)

③ 우리나라와 다른 나라 화폐의 다른 점과 같은 점에 대해 이야기 나눈다.

- 우리나라 화폐와 다른 점은 무엇이니?
  -세는 단위가 달라요.
  -돈에 그려진 그림(사람)이 달라요.
  -글씨도 달라요.

• 우리나라 화폐와 같은 점은 무엇이니?
  –숫자가 쓰여 있어요.
  –사람이 그려져 있어요.
• 우리나라 화폐와 일본 화폐의 같은 점은 무엇이니?
  –금액의 숫자가 같아요.
  –종이나 동전으로 만들어져 있어요.

④ 세계 여러 나라의 화폐에 대해 조사한 것들을 그림이나 글로 표현해 본다.
• 각자 조사하고 싶은 화폐를 선택한다.
• 활동지에 각자 선택한 화폐의 나라 이름을 쓴다.
• 활동지에 화폐의 앞면과 뒷면을 나란히 붙인다.
• 화폐의 앞면에 나온 인물의 이름과 하는 일에 대해 알아본다.
• 화폐의 뒷면에 나온 문화재 또는 조각품 등에 관심을 갖고 이름을 알아본다.
• 지폐의 색깔, 단위에 대해 탐색한다.

〈활동지: 화폐에 대해 조사했어요.〉

<table>
<tr><th colspan="2">나라 이름:</th></tr>
<tr><td>화폐 앞면

※복사하여 붙인다.</td><td>화폐 뒷면

※복사하여 붙인다.</td></tr>
<tr><td>〈조사한 내용〉

예) 인물, 숫자, 글씨 등</td><td>〈조사한 내용〉

예) 건축물, 사물, 숫자, 글씨 등</td></tr>
<tr><td>화폐의 색깔</td><td>예) 연두색, 하늘색, 노랑색……</td></tr>
</table>

사전 · 사후활동

• 세계 여러 나라의 화폐 만들기, 나만의 화폐 만들기(조형)
• 세계의 공동 화폐 만들기(조형)
• 화폐에 숨은 역사 이야기 구성하기(언어)

활동장면

♧ 화폐에 대해 조사했어요. ♧
이름 :
나라 이름: 대한민국, 우리나라
<조사한 내용>
(만원권) 세종대왕
<조사한 내용>
(만원경) 천체망원경
산, 호수, 나무 별
한글
화폐 색깔 (연두색, 초록색)
금액/단위 (만원, 10000)

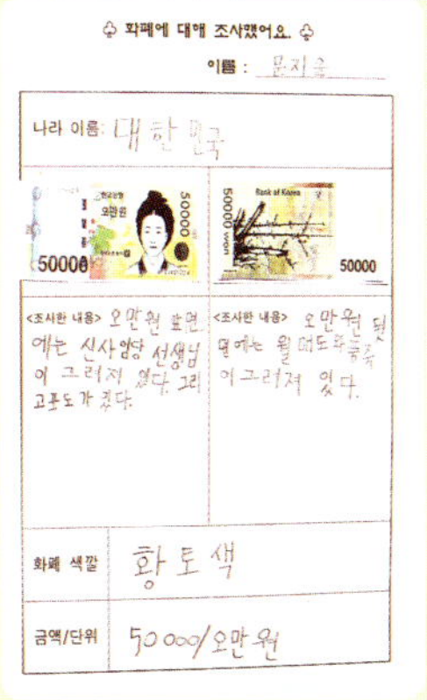
♧ 화폐에 대해 조사했어요. ♧
이름 :
나라 이름: 대한민국
<조사한 내용>
<조사한 내용>
화폐 색깔 황토색
금액/단위 50000/오만원

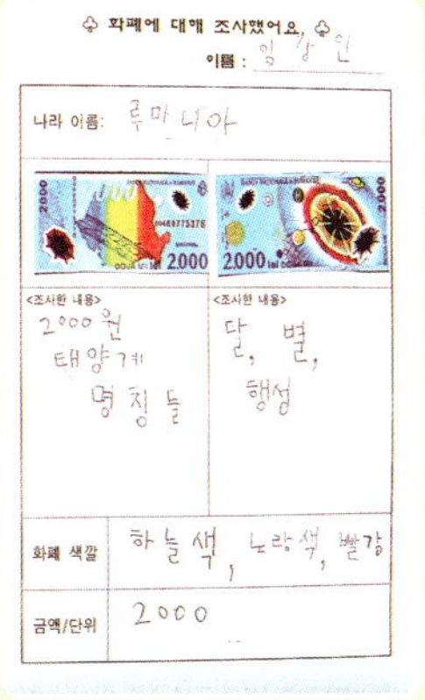
♧ 화폐에 대해 조사했어요. ♧
이름 :
나라 이름: 루마니아
<조사한 내용>
2000원
<조사한 내용>
달, 별,
행성
화폐 색깔 하늘색, 노랑색, 빨강
금액/단위 2000

♧ 화폐에 대해 조사했어요. ♧
이름 :
나라 이름: 호주
<조사한 내용>
호주 남자
<조사한 내용>
호주여자
기차, 사람
화폐 색깔 노랑색, 연두색
금액/단위 100

교수 · 학습자료 도우미

- 화폐박물관: http://museum.komsco.com/동영상보기/
  쉽고 재미있게 즐길 수 있는 화폐 이야기가 동영상으로 제공되고 있다.
- 한국 화폐의 발달사–어린이 경제: Daum 키즈짱/동영상학습/
  우리나라의 화폐가 어떻게 변화하고 발전해 왔는지 소개하고 있다.
- 세계 여러 나라의 화폐–어린이 경제: Daum 키즈짱/동영상학습
  나라에 따라 고유의 모습과 형태로 발전해 온 세계 각국의 화폐에 대한 내용이 소개되고 있다.
- 세계의 화폐: http://cafe.daum.net/namyangjugreen/3Wup/2
  우리나라나 미국의 지폐에서 볼 수 있는 것처럼 지폐는 녹색, 황색 등의 바탕색에 인물이 그려진 것이 일반적이다. 그러나 나라별 국기가 다양하듯이 나라별 지폐 도안을 살펴보면 나라마다 조금씩 다른 점을 찾을 수 있다. 이 카페에서는 다양하고 아름다운 지폐 도안들을 감상할 수 있다.

이럴 때 신어요

활동 3

생활주제 나와 가족/환경과 생활/봄 · 여름 · 가을 · 겨울/세계 여러 나라

지도요소 문화/다양성

선정이유 신발은 단순히 발을 보호하는 기능을 넘어서 자신을 꾸미는 미적 표현의 기능과 운동경기 또는 작업 등의 효율성을 높이는 특수한 목적으로 사용된다. 따라서 우리나라를 비롯한 세계 여러 나라에서 보편적으로 사용되는 생활필수품이다. 이 활동에서는 기후와 문화에 따라 다양한 형태와 기능을 가진 신발들을 살펴봄으로써 문화적 다양성을 인식할 수 있다.

활동목표
- 다양한 신발의 종류와 기능에 관심을 가진다.
- 생활이나 하는 일에 따라 신발이 다르게 사용됨을 안다.

활동자료 동화책 『누구의 발일까?』(글: 정해영, 그림: 정해영, 출판사: 논장), 여러 종류의 신발 그림

축구화

구두

슬리퍼

샌들

스케이트화

겨울장화

구두

등산화

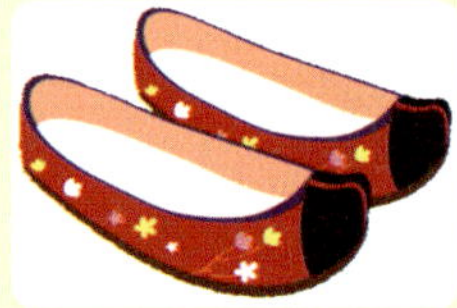

꽃신

활동방법

① 신발과 관련된 경험에 대해 이야기 나눈다.

- (다양한 신발 그림을 제시하며) 여기 있는 신발들을 신어 본 적이 있니?
  - 네. 여름에 샌들을 신어 봤어요.
  - 겨울에는 털이 달려서 따뜻한 부츠를 신어요.
  - 저희 아빠는 축구하실 때 축구화를 신어요.

② 신발의 다양한 용도에 대하여 이야기 나눈다.

- 신발은 왜 신을까?
  - 발이 다치지 않으려면 신어야 해요.
  - 발에 흙이 묻지 않게 하려고요.
  - 신발을 신으면 겨울에 발이 얼지 않아요.
- (신발그림을 제시하며) 이 신발은 언제 신으면 좋을까?
  - 축구할 때요.
  - 스케이트 탈 때요.
  - 눈이 오는 날에 신어요.
  - 외출할 때요.
- 왜 ○○할 때 이런 신발을 신을까?
  - 발이 아프지 않고 공을 잘 차려고요.
  - 스케이트를 잘 타려고요.

-발에 눈이 묻거나 시리지 않으려고요.

-예쁘게 꾸미고 싶을 때 신어요.

③ 동화(『누구의 발일까?』)를 감상하며 세계 여러 나라의 다양한 신발의 특징을 알아본다.

- 어떤 신발들이 있었니?

  -나막신, 클로그, 머클럭, 예메니, 오키, 게다요.

- 왜 이런 신발을 신을까?

  -클로그는 자갈길도 잘 걸을 수 있고 발에 진흙이 묻지 않게 하려고 신어요.

  -게다는 시원하게 신을 수 있고 빗물에도 젖지 않아요.

  -오키는 얼음낚시를 하기 위해서요.

④ 신발의 기능과 용도에 대하여 확인한다.

- 사람들은 왜 신발을 신을까?
- 신발의 재료와 모양이 다른 이유는 무엇일까?

⑤ 세계 여러 나라의 비슷한 신발을 조사하고 분류한다.

- 쓰임새가 같은 신발들을 찾아보자.
- 재료(모양)가 비슷한 신발끼리 나누고 쓰임새를 비교해 보자.

사전 · 사후활동

- 여러 가지 재료로 신발 만들기(조형)
- 우리 가족 신발 조사하기(조사)
- 신발가게 방문하여 조사하기(현장학습)
- 세계 여러 나라의 신데렐라 이야기 나누기 및 다양한 신발 모양, 형태 조사하기(이야기 나누기 및 조사)

교수·학습자료 도우미

누구의 발일까

제 목: 누구의 발일까?
지은이: 정해영
그린이: 정해영
출판사: 논장

세계 여러 나라의 전통 신발이 소개된 이 책에서는 각 신발의 기능을 나타내는 의성어와 의태어가 함께 제시되어 있다. 또한 발을 보호하고 아름다움을 나타내며 일상생활의 편리함을 돕는 신발의 재질이나 모양 등이 기후나 생활 방식, 문화에 따라 다름을 이해할 수 있도록 신발과 전통 의상을 입은 세계 여러 나라 아이들의 모습을 묘사하고 있다. 책 뒤편에는 제시된 신발들의 특징과 재질, 형태 등을 정리하여 보충해 놓았다.

행복한 신데렐라: 신데렐라의 신발을 상상해 보아요.

현재까지 수집된 신데렐라 이야기는 천 편에 가깝다고 한다. 한국, 일본, 중국, 러시아, 인도, 중동, 이집트, 유럽 등 유라시아 대륙 전체에 걸쳐 신데렐라 이야기가 없는 곳이 없다. 열대지방의 슬리퍼, 추운 지방의 부츠와 같이 신발의 모양이나 형태, 등장인물은 각기 다르지만 착한 마음씨를 가진 주인공이 행복을 찾는다는 공통점에 대해 함께 이야기를 나눠 볼 수 있다.

독일

이집트

아일랜드

베트남

이라크

필리핀

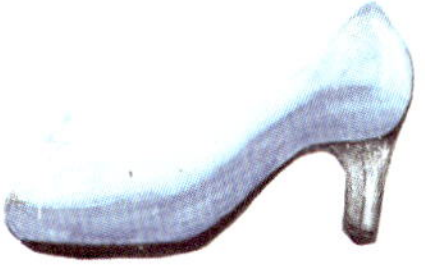

미국

그루지아 공화국

아메리카 원주민

활동 4 옷 속에 숨은 세모와 네모

생활주제 세계 여러 나라

지도요소 문화/다양성

선정이유 세계 여러 나라의 다양한 전통 의상에는 서로 다른 문양이 그려져 있다. 문양의 모습은 서로 다를지라도 문양의 기본은 도형(세모, 네모, 동그라니 등)임을 소개하고자 하였다.

활동목표
- 세계 여러 나라의 전통 의상에 그려져 있는 도형에 관심을 가진다.
- 전통 의상 속에서 다양한 도형을 찾는다.

활동자료 세계 여러 나라의 전통 의상 그림

〈그림 1〉 대한민국의 한복

〈그림 2〉 중국의 치파오

〈그림 3〉 일본의 기모노

〈그림 4〉 영국의 킬트

〈그림 5〉 인도의 사리

〈그림 6〉 프랑스의 누빔

〈그림 7〉 러시아의 사라판

〈그림 8〉 멕시코의 레보조

〈그림 9〉 독일의 레더호젠

활동방법

① 우리나라를 나타내는 것에 대해 이야기 나눈다.

- 우리나라를 나타내는 것들에는 무엇이 있니?
  –대한민국, 태극기, 무궁화, 한복이요.

② 세계 여러 나라의 전통 옷에 있는 도형에 대해 이야기 나눈다.

- 〈그림 1〉을 보며 이 옷은 어느 나라 옷이니?
  –우리나라 한복이에요.
- 한복에서 도형을 찾아보자.
  –소매 깃은 네모예요. 목은 세모예요. 치마는 긴 네모예요.
- 왜 사람들은 옷에 도형을 넣었을까?
  –예쁘게 하려고요.
- 〈그림 2〉를 보며 이 옷은 어느 나라 옷이니?
  –중국 옷이에요.
- 이 옷은 치파오라고 부른단다. 중국 옷에서 도형을 찾아보자.
  –옷 끝은 뚱뚱한 네모예요. 네모 안에 동그라미와 꽃이 있어요.
- 〈그림 3〉을 보며 이 옷은 어느 나라 옷이니?
  –일본 옷이에요.
- 일본 옷은 기모노라고 부른단다. 일본 옷에서 도형을 찾아보자.
  –허리띠는 네모예요. 꽃에 동그라미가 있어요.
- 동그라미가 모여서 무엇이 되었니?
  –예쁜 꽃이 되었어요.
- 〈그림 4〉는 영국 옷이란다. 이 옷은 킬트라고 부른단다. 킬트 옷에서 도형을 찾아보자.
  –치마에 네모가 있어요. 옷깃은 세모예요.
- 〈그림 5〉는 인도의 사리란다. 사리에서 도형을 찾아보자.
  –동그라미가 있어요. 큰 동그라미, 조금 큰 동그라미, 작은 동그라미 세 개

가 모여 있어요.

- 같은 도형이 계속해서 그려져 있는 것을 패턴이라고 한다. 인도 사람들은 왜 옷에 패턴을 그려 넣었을까?
  –예쁘니까요.
- 〈그림 6〉은 프랑스의 누빌이란다. 누빌에서 도형을 찾아보자.
  –꽃이랑 다이아몬드 패턴이 그려져 있어요. 앞치마는 네모예요. 모자에 세모가 두 개 있어요.

③ 옷에 있는 도형의 역할을 확인해 본다.

- 세계 여러 나라의 옷에서 무엇을 찾아보았니?
  –도형을 찾았어요. 세모, 네모, 동그라미, 다이아몬드 모양이 있었어요.
- 옷에 있는 도형은 어떤 일을 해 주었니?
  –옷을 예쁘게 만들어 주었어요.

④ 추후활동을 소개한다.

- 다음 시간에는 도형을 활용하여 옷을 만들어 보자.

사전 · 사후활동

- 세계 여러 나라 의상과 이름 알아보기(이야기 나누기)
- 세계 여러 나라 의상 입는 방법 알아보기(이야기 나누기)
- 옷감의 느낌이 달라요(과학)
- 도형을 활용한 의상 만들기(조형)

활동장면

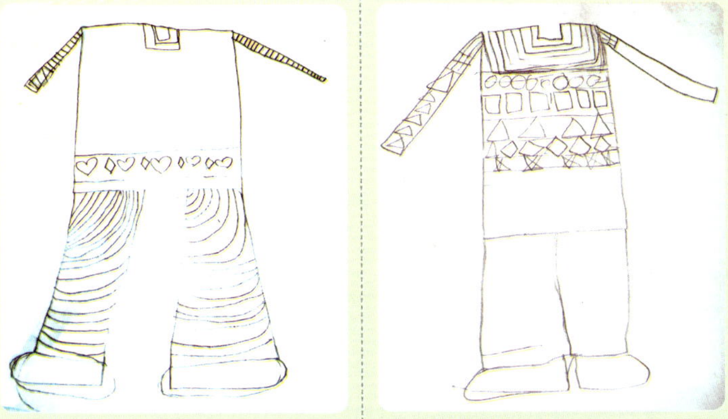

도형을 활용하여 디자인하기

도형을 활용하여 옷 만들기

활동 5 분수를 만들어요

- 생활주제 봄 · 여름 · 가을 · 겨울/세계 여러 나라
- 지도요소 문화/다양성
- 선정이유 세계 여러 나라 분수의 다양한 형태와 물의 흐름을 살펴봄으로써 형태와 물의 흐름은 다르지만 분수의 원리가 같음을 이해할 수 있다.
- 활동목표
  - 여러 나라 분수의 아름다움을 감상한다.
  - 분수의 크기와 모양에 따른 물줄기의 세기를 탐색한다.
  - 폐품을 재활용하여 분수를 만들어 실험한다.
- 활동자료 세계 여러 나라 분수 그림사진, 페트병, 굽어지는 짧은 빨대 1개, 긴 빨대 1개, 물, 수조, 비커, 색점토

한국분수/청계천 분수

한국분수/여수 분수

한국분수/순천 분수

프랑스 분수

로마 분수

독일 분수

영국 분수

활동방법

① 우리나라 분수 사진(서울시청 앞 분수, 일산공원 분수, 여수 오동도 음악분수, 부산 다대포 음악분수 등)을 보며 이야기 나눈다.

• 이런 것을 본 적이 있니? 무엇일까?
 –분수예요.
• 어디에서 보았니?
 –공원에서 보았어요.
• 분수를 보면 어떤 느낌이니?
 –시원해요. 멋있어요.
• 다른 나라에도 분수가 있을까?
 –네. 있을 것 같아요.

② 여러 나라 분수 사진[한국(청계천, 여수, 순천, 프랑스, 로마, 독일, 영국 등)]을 보며 이야기 나눈다.

• 분수의 물줄기는 어떤 모양이니?
 –동그라미예요. 일자 같아요.
• 왜 분수를 만들어 놓았을까?
 –보기 좋으라구요. 시원하라구요.
• 사람들은 분수를 보면 어떤 마음이 들까?
 –기분이 좋아요.

③ '분수 동영상'을 유아들과 함께 감상한 후 이야기 나눈다.

• 분수 높이가 다른 것은 왜 그럴까?
 –기계가 물을 그렇게 쏘아서요.
• 어떻게 분수가 만들어질까?
 –물이 많이 하늘로 올라가면 분수가 돼요.

④ 분수 만들기에 필요한 재료와 만드는 방법에 대해 이야기 나눈다.

• 우리가 분수를 만들어 보려면 무엇이 필요할까?

–물총이 여러 개 있어야 해요.

• (재료를 보며) 여기 있는 재료들을 이용하여 어떻게 분수를 만들 수 있을까?

–페트병에 물을 3/4 정도 담는다.

–긴 빨대는 물속에 잠기게 하고 굽은 짧은 빨대는 물에 닿지 않게 한다.

–아이클레이로 빨대를 고정시키고 병 입구를 막는다.

–병을 수조 안에 넣고 물에 닿지 않은 굽은 짧은 빨대에 입을 대고 분다.

• 병 속에 무엇을 넣어야 할까?

–긴 빨대를 넣어요.

• 병 속에 왜 빨대를 넣는 것 같니?

–물이 나오는 길이에요.

• 긴(짧은) 빨대를 불면 어떤 일이 생길 것 같니?

⑤ 페트병 입구를 아이클레이로 단단하게 막은 후 빨대를 불어 본다.

• 왜 아이클레이로 병 입구를 막는 것일까?

–물이 병 밖으로 나오지 않도록 해야 해요.

• 2개의 빨대를 차례로 불어보면 어떤 일이 생길까?

–물이 병 속에서 안 나오고 붕붕 떠요.

• 어떻게 해서 물이 밖으로 나오게 되는 것일까?

–빨대 한 개를 불면 다른 빨대에서 물이 뿜어져 나와요.

⑥ 물에 잠겨 있는 빨대를 불었을 때 어떤 변화가 있는지 관찰한다.

• 분수의 모양을 살펴보자.

• 빨대를 더 세게(약하게) 불면 분수의 모양이 어떻게 될까?

–물이 하늘 높이 올라 가기도 하고 조금만 올라가기도 해요.

• 왜 그렇게 되는 것 같니?

–세게 불면 물이 세게 나와요.

⑦ 분수가 생기게 되는 이유에 대해 이야기 나눈다.

• 어떻게 하면 분수가 될까?
  –병에 물을 넣고 빨대를 불면 돼요.
• 이곳을 불면 물이 어디로 나올까?
  –다른 쪽으로 나와요.
• 한쪽 빨대를 강하게 불면 공기가 페트병 안으로 들어가 내부 압력이 높아져 다른 빨대를 따라 물이 밀려 나온단다.

활동장면

페트병 이용하여 분수 만들어 실험하기

사전 · 사후활동

- 빨대의 크기, 굵기, 길이가 다른 것으로 실험해 보기(과학)
- 다양한 유형의 분수 만들어 보기(조형)

활동 6

예쁜 빛으로 물들여요

생활주제 환경과 생활/우리나라/세계 여러 나라

지도요소 문화/다양성

선정이유 예로부터 기후와 환경의 변화에 대응하며 우리 몸을 보호하기 위해 만들어 입었던 옷은 의식과 상징적인 목적을 비롯하여 자신을 꾸미기 위한 미적인 목적으로 활용되면서 다양한 색채로 염색되거나 꾸며지기 시작하였다. 자연환경으로부터 쉽게 접할 수 있는 재료들을 이용하여 색을 입혔던 염색기법은 생산기술의 발달로 변화되었지만 전통적인 천연염색은 빛깔이 곱고 건강에 이로움을 주는 등의 이유로 아직까지 널리 이용되고 있다. 이 활동에서는 염색에 사용된 재료와 방법 등을 탐색해 봄으로써 문화적 다양성과 동질성을 인식할 수 있다.

활동목표
- 자연의 재료를 이용하여 옷을 만들 수 있음을 안다.
- 다양한 천연염색 재료에 관심을 가진다.
- 세계 여러 나라 사람들이 유사한 방법으로 옷감을 염색하고 있음을 안다.

활동자료 동화책 『고운 옷, 우리 옷을 지어요』(글: 이민주, 사진: 장준기, 그림: 김진화, 출판사: 웅진다책), 세계 여러 나라의 천연염색 사진, 흰 면 옷감, 적색 양배추, 백반

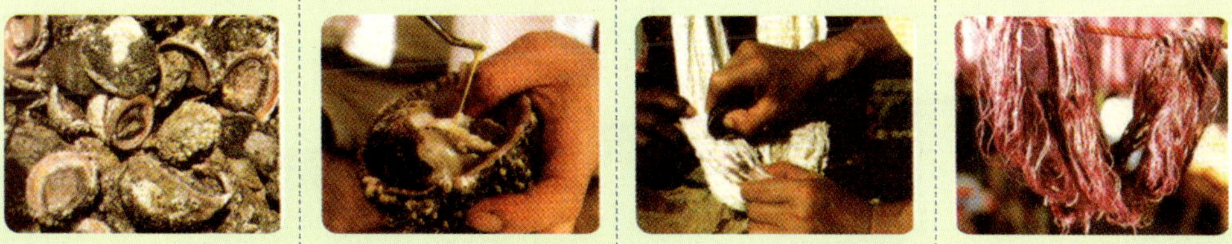

전복 진주의 붉은 액체를 이용하여 염색을 하고 있는 모습(인디오)

크로커스 꽃의 수술을 말린 샤프란을 끓여 염색을 하는 모습(일본)

무늬를 조각한 나무판에 염료를 발라 옷감에 무늬를 찍어내는 모습(일본)

• 출처: の美14, 23(1981, 1983), 京部書院

활동방법

① 동화(『고운 옷, 우리 옷을 지어요』)를 들은 후 옷을 짓는 과정에 대해 이야기 나눈다.

- 옷을 만들기 위해 무엇을 했니?
  - 누에를 키워서 실을 뽑아요.
  - 물레로 실을 돌려 옷감을 짜요.
  - 옷감에 물을 들인 후 잘라서 옷을 만들어요.

–금박으로 예쁘게 꾸미기도 해요.

• 옷을 만들기 위해서는 어떤 것들이 필요할까?

–누에, 실, 물레, 옷감, 물들일 재료(염료), 자, 바늘이요.

② 염색 방법에 대해 이야기 나눈다.

• 어떤 방법으로 물을 들였니?

• 옷감을 물들일 수 있는 재료들은 무엇이 있었니?

–꽃, 나무, 줄기, 열매, 뿌리, 풀, 흙, 벌레요.

③ 세계 여러 나라 사람들의 염색방법에 대해 이야기 나눈다.

• 다른 나라의 사람들은 어떤 방법으로 옷감을 꾸몄을까?

–색깔이 예쁜 꽃물에 담가 둬요.

–나뭇잎을 잘라서 같이 주물러요.

• (세계 여러 나라의 천연염색 사진을 보여 주며) 인디오가 실을 보라색으로 염색하기 위해 무엇을 사용했니?

• 일본 사람들은 꽃의 어떤 부분을 이용하여 염색하였니?

• 일본 사람들은 또 어떤 방법으로 옷감을 꾸몄을까?

④ 우리나라와 다른 나라의 염색방법의 차이점과 공통점을 비교해 본다.

• 우리나라와 다른 나라의 염색방법은 어떤 점이 같고, 어떤 점이 다르니?

⑤ 적색 양배추를 우린 물을 이용하여 옷감을 염색해 본다.

사전 · 사후활동

• 염색한 옷감 위에 크레파스로 무늬 그리기(조형)

• 주변에서 염색자료 찾아보기(조사)

활동장면

붉은 양배추를 핸드 블랜더로 갈아서 거즈로 즙을 짠다.

양배추 물에 백반을 넣는다.

양배추 물에 흰 면 옷감을 담근다.

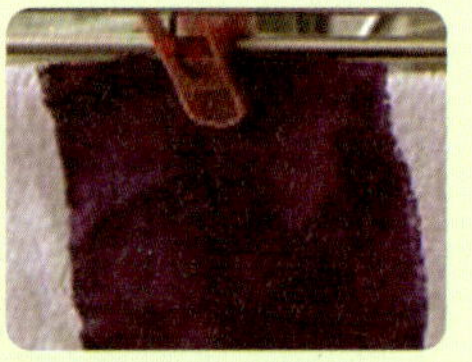

옷감을 양배추 물에서 건져 행군 후 그늘에 말린다.

염색한 옷감 위에 크레파스로 무늬를 그려 넣은 모습

교수 · 학습자료 도우미

옛날 옛날에는 어떻게 옷을 지어 입었을까?

제 목: 고운 옷, 우리 옷을 지어요
지은이: 이민주
사 진: 장준기
그린이: 김진화
출판사 웅진다책

전통적인 방법으로 한복을 짓는 방법이 소개된 이 책은 사진과 글을 통해 모든 과정을 상세히 묘사하고 있어 한복의 제작과정과 천연염색에 대한 이해를 돕는다. 누에를 길러 실을 뽑고, 물레를 돌려 옷감을 만들며, 알록달록 고운 색깔을 입혀 한복을 짓는다. 특히 홍화(노란색과 붉은색 염료)와 괴화(노란색 염료), 쪽(푸른색 염료)을 이용한 천연염색의 과정이 묘사된 사진은 유아들의 과학적 호기심을 자극한다. 책 뒤편에 삽입된 '자연에서 얻은 다채로운 색'에서는 다양한 천연염료와 이로 표현될 수 있는 색채를 연결하여 설명하고 있으며, '우리 옷 만들기-처음부터 끝까지'에서는 옷이 지어지는 전 과정이 요약 · 정리되어 있다.

활동 7

온돌은 과학이에요

생활주제 우리나라/세계 여러 나라/생활 도구/건강과 안전

지도요소 문화/정체성

선정이유 인류의 문명은 불의 발견과 더불어 발전을 하였고, 의식주의 변천을 따라가 보면 각 시대와 환경, 민족의 삶을 엿볼 수 있다. 그런데 의복이나 음식은 시대에 따라 많은 변화가 수용되기도 하지만, 그 모든 생활이 이루어지는 주거공간에 대한 본질적 의미만큼은 긴 시간이 흘러도 변화가 거의 없다. 아파트에 구들방식을 접목하고, 여전히 좌식생활을 하고 있다. 즉, 우리나라는 사계절의 뚜렷한 특성 때문에 방을 중심으로 한 온돌구조가 발달하였다. 이에 우리나라의 전통 가옥과 함께 발달해 온 온돌의 특징과 우수성에 대해 관심을 갖고 살펴보고 더불어 다른 나라의 난방문화에도 관심을 갖고 살펴보았다.

활동목표
- 우리나라와 다른 나라의 난방문화에 대해 관심을 가진다.
- 온돌의 특징과 만드는 방법에 대해 관심을 가진다.
- 온돌과 벽난로의 난방방법에서 차이점과 공통점을 찾아본다.

활동자료 우리나라의 전통 가옥, 아궁이와 굴뚝, 온돌, 이로리, 벽난로, 고래의 구조와 형태에 대한 사진

〈그림 1〉 우리나라의 전통 가옥

〈그림 2〉 아궁이와 굴뚝

〈그림 3〉 온돌의 구조와 온돌방의 모습

〈그림 4〉 일본문화/이로리(화덕)의 쓰임새

〈그림 5〉 서양 벽난로의 쓰임새

• 출처: http://www.gettyimageskorea.com

활동방법

① 한옥에 대해 이야기 나눈다.

- (〈그림 1〉을 보며) 이런 집을 본 적이 있니?
- 우리나라의 이런 전통 가옥을 무엇이라고 할까?
  - 한옥이요.
- 한옥의 특징은 무엇이니?
  - 기와집과 초가집이 있어요.
  - 벽은 흙으로 만들었어요.
  - 부엌과 아궁이, 굴뚝이 있어요.

② 한옥의 아궁이에 대해 이야기 나눈다.

- (〈그림 2〉를 보며) 아궁이는 무엇을 하는 곳이니?
  - 불을 지펴요.
  - 부뚜막에 가마솥을 걸어 음식을 요리해요.
- 아궁이는 또 어떤 역할을 할까?
  - 추운 겨울에 방을 따뜻하게 해 줘요.
- 이 아궁이는 왜 마당에 있는 걸까?
  - 날씨가 더워서 방을 시원하게 하려고 밖에서 요리를 하고 있어요.

③ 난방방법과 온돌의 역할에 대해 이야기 나눈다.

- 우리가 겨울을 따뜻하게 지내려면 어떻게 해야 하니?
  - 보일러를 켜요. 난로를 켜요.
- 옛날에는 어떻게 난방을 했을까?
  - 아궁이에 불을 지펴 방을 따뜻하게 했어요.
- 사진처럼 불을 지펴 방을 따뜻하게 하는 이것을 무엇이라고 할까?
  - 온돌이요.
- 우리나라에서 온돌이 필요한 이유는 무엇일까?

–우리나라에는 사계절이 있고, 겨울을 따뜻하게 지내기 위해 필요해요.

–옛날에는 침대가 없었어요.

④ 온돌방이 만들어지기까지의 과정을 알아본다.

• 온돌방을 만들려면 어떤 재료들이 필요할까?

–흙, 돌 등이요.

• 온돌방이 만들어지는 과정을 소개한다.

1. 방바닥에 긴 고랑을 만들고 흙이나 돌로 두덩을 만든다.
2. 두덩 위에 편평한 돌을 놓고, 그 위에 진흙을 바른다.
3. 아궁이에 불을 지펴서 건조시킨다.
4. 다시 진흙을 바르고 한 번 더 건조시킨다.
5. 장판지를 바르면 온돌이 완성된다.
6. 아궁이에서 불을 지피면 연기가 고랑을 지나 굴뚝까지 가도록 만든다.

⑤ 일본의 전통 난방방법에 대해 이야기 나눈다.

• (〈그림 4〉를 보며) 일본에서는 어떻게 난방을 했을까?

–이로리라는 화덕을 사용했어요.

• 이로리는 어떻게 만들었을까?

–방바닥 또는 마루의 바닥을 네모나게 파서 그 가운데에 난방이나 취사를 할 수 있도록 화로를 놓아 만들었다.

• 이로리를 또 어떻게 사용했을까?

–우리나라처럼 음식을 조리할 수 있을 것 같아요.

–손님에게 차를 끓여서 대접하고, 둘러앉아서 이야기도 해요.

⑥ 서양의 전통 난방방법에 대해 이야기 나눈다.

• (〈그림 5〉를 보며) 다른 나라는 어떻게 난방을 했을까?

–벽난로요.

• 벽난로를 본 적이 있니?

–팬션에 놀러 갔을 때 거기 있었어요.

• 사진 속의 사람들이 벽난로를 이용해 무엇을 하고 있니?

–불을 이용해 빵도 굽고, 피자도 익히고 있어요.

–사람들이 모여 이야기도 하고, 책도 보고 있어요.

⑦ 벽난로의 특징에 대해 알아본다.

• 벽난로는 어떤 모양을 하고 있니?

–네모 모양, 집 모양을 하고 있어요.

• 벽난로는 어떤 특징이 있니?

–거실에 있고, 벽에 붙어 있어요.

• 벽난로는 왜 벽에 붙어 있고, 실내에서 사용하도록 만들었을까?

–다른 나라 사람들은 실내에서도 신발을 신고 생활하니까요.

• 벽난로는 무엇으로 만들었을까?

–벽돌이요.

• (〈그림 6〉을 보며) 벽난로에는 어떤 기능들이 있는지 살펴보자.

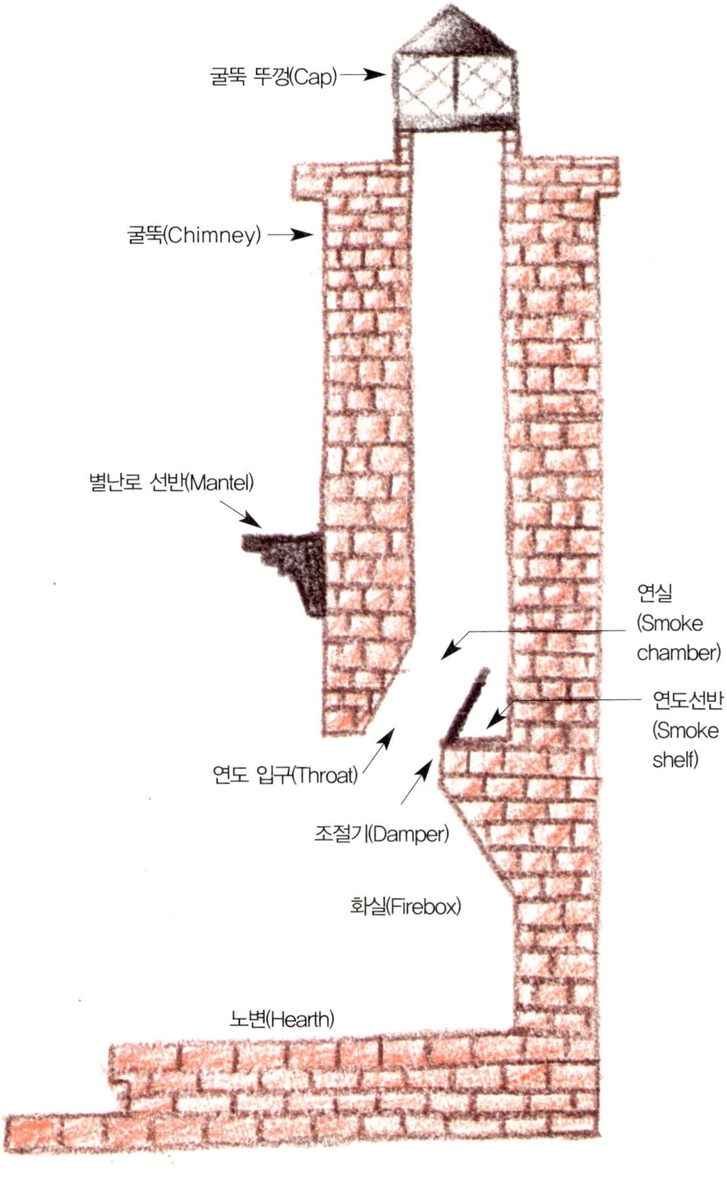

〈그림 6〉 벽난로 각 부분의 명칭과 형태

⑧ 온돌과 이로리 그리고 벽난로의 차이점에 대해 이야기 나눈다.

• 우리나라의 온돌과 이로리, 벽난로의 다른 점은 무엇이니?
 –이로리랑 벽난로는 실내에서 직접 불을 지펴 공기를 따뜻하게 해요.
 –온돌은 바깥에 있는 아궁이에 불을 지펴 바닥을 따뜻하게 해 줘요.
 –이로리나 벽난로는 공기는 따뜻하지만 바닥은 따뜻하지 않아요.
 –우리나라는 방바닥에 이불을 펴 놓아 열이 달아나지 않도록 할 수 있어요.

⑨ 온돌과 이로리, 벽난로의 공통점에 대해 이야기 나눈다.

• 온돌과 이로리, 벽난로의 같은 점은 무엇이니?
 –추운 겨울을 따뜻하게 보낼 수 있어요.
 –방의 공기를 따뜻하게 해 줘요.
 –요리도 할 수 있어요.
 –사람들이 모여서 즐겁게 이야기하며 지낼 수 있어요.

사전 · 사후활동

• 온돌 또는 벽난로 만들기(조형/쌓기)

〈그림 7〉 벽난로 만들기

• 한국의 굴뚝에 대해 이야기하기(이야기 나누기)
 –한국의 굴뚝엔 표정이 있다 http://cafe.daum.net/hanjilover/775v/123
 –경복궁의 세계 최고 우리나라의 굴뚝 http://cafe.daum.net/semirae/QosV/71
 –굴뚝의 위치 http://cafe.daum.net/bong2007/8gGL/951
• 화롯불에 고구마를 구워요(요리)

• 숯 만들기, 숯과 재가 되는 과정 관찰하기(과학)

교수 · 학습자료 도우미

• 한옥의 과학, 공해도 없다: http://www.knowledge.go.kr(국가지식포털/문화/예술)
• 벽난로 박물관 둘러보기: http://www.samjinfire.co.kr(삼진벽난로)
• 온돌과 벽난로의 차이점과 유사점: http://samjinfire.co.kr/story/story_4.htm (삼진벽난로)

온돌: 우리나라의 난방

우리나라의 난방문화는 매우 오랜 역사를 갖고 있으며 일찍부터 구들장을 이용한 난방으로 따뜻한 것을 좋아하는 습성을 갖고 있다. 집에 귀한 손님이 오면 따뜻한 아랫목을 내주는데 제일 좋은 자리라는 의미다.

온돌을 만드는 과정

1) 긴 고랑을 만들고 그 위에 흙이나 돌로 두덩을 만든다.
2) 두덩 위에 판판한 화강암을 올려서 방바닥을 만든다. 이때 방바닥의 높이를 잘 맞추는 것이 중요하다.
3) 돌 위에 진흙을 발라 아궁이에 불을 때면서 건조시키면 온돌의 기본이 완성된다.
4) 다시 진흙을 바르고 한 번 더 건조시킨 후 장판지를 바른다. 연기가 긴 고랑을 골고루 지나갈 수 있도록 하기 위해 아궁이에서 굴뚝 쪽으로 갈수록 바닥이 높아지게 만든다.

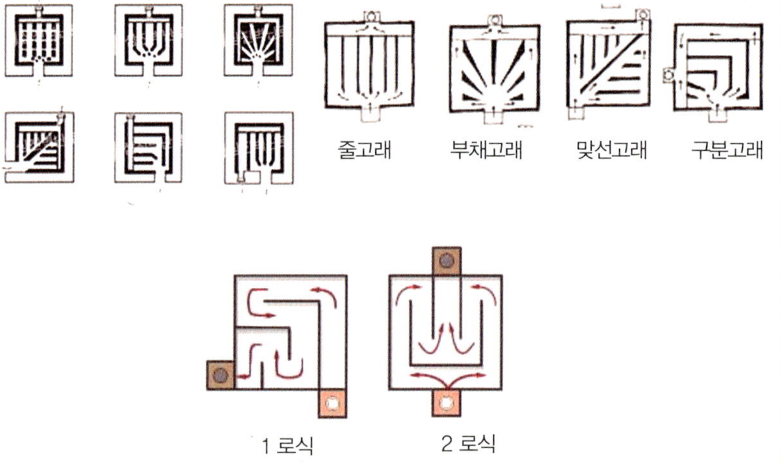

〈그림 8〉 다양한 고래의 구조와 형태

〈그림 9〉 우리나라 온돌의 구조

• 출처: Daum 키즈짱

⁘ 이로리: 일본의 난방

일본 민가의 큰 특징으로 빼놓을 수 없는 것이 실내 마루방 입구에 놓인 이로리(화덕–방바닥 또는 마룻바닥을 네모나게 파서 그 가운데 난방 겸 취사를 위한 화로를 놓은 것)로 자연 친화적이면서도 취사와 난방, 커뮤니케이션 등의 다양한 기능을 가진 공간이다.

활동 8

나무가 주는 선물

생활주제 환경과 생활

지도요소 문화/다양성

선정이유 공기 오염을 방지하고 맑은 공기를 생산하는 나무는 기후에 따라 서로 다른 특징을 가지고 있다. 기후에 따라 서로 다른 모습이지만 나무는 맑은 공기를 만들어 주는 소중한 자연(자원)임을 소개하고자 한다.

활동목표
- 기후에 따라 서로 다른 나무의 특징에 관심을 가진다.
- 나무는 공기를 깨끗하게 해 준다는 것을 안다.

활동자료 툰드라의 나무 사진, 열대지방의 나무 사진, 우리나라의 나무 사진

〈그림 1〉 열대지방

〈그림 2〉 열대지방 나무

〈그림 3〉 바나나

〈그림 4〉 추운지방

〈그림 5〉 추운지방의 나무

〈그림 6〉 종비나무

〈그림 7〉 사막의 나무 1

〈그림 8〉 사막의 나무 2

〈그림 9〉 오동나무(활엽수)

〈그림 10〉 소나무(침엽수)

• 출처: http://www.daum.net

활동방법

① 나무가 우리에게 주는 혜택을 이야기해 본다.

• 나무는 무엇을 먹고 사니?

–햇빛하고 물이요.

• (사전활동을 회상하며) 나무는 더러운 공기를 먹고 우리에게 무엇을 준다고 하였니?

–깨끗한 공기를 줘요.

• 나무가 더러운 공기를 먹고 깨끗한 공기를 많이 만들려면 무엇이 필요하니?

–햇빛하고 물이요.

② 열대지방의 나무 모양에 대해 이야기 나눈다.

• (〈그림 1〉을 보며) 이 나라에는 누가 살고 있니?

–기린이요.

• 이 나라의 날씨는 어떠니?

–더워요.

• (〈그림 2〉를 보며) 더운 나라의 나무 모양에 대해 이야기해 보자.

–키가 커요. 나뭇잎이 커요. 나무가 많이 있어요. 그늘도 많이 생겨요.

• 나뭇잎은 어떤 모양이니?

–커요, 길쭉하게 생겼어요.

• 나무는 무엇을 먹고 사니?

–햇빛, 물, 공기요.

• (〈그림 3〉을 보며)〉 바나나 나무의 나뭇잎은 어떻게 생겼니?

–넓어요. 보자기 같아요.

• 더운 나라의 나뭇잎은 왜 넓을까?

–햇빛이랑, 물을 많이 먹어서 쑥쑥 자랐어요.

• 나무가 햇빛과 물을 많이 먹고 우리에게 무엇을 주니?

–깨끗한 공기를 줘요.

③ 툰드라 지방의 나무 모양에 대해 이야기 나눈다.

• (〈그림 4〉를 보며) 사진에 무엇이 있니?

–나무, 펭귄, 눈이요.

• 이 나라의 날씨는 어떨까?

–추워요.

• (〈그림 5〉를 보며) 추운 나라의 나무는 어떤 모양인지 살펴보자.

–키가 작아요. 더운 나라의 나무보다 날씬해요.

• (〈그림 6〉을 보며) 추운 나라의 나뭇잎 모양을 살펴보자. 어떤 모양이니?

–가시 같아요. 뾰쪽해요. 가느다랗게 생겼어요.

• 추운 나라의 나무는 왜 키도 작고 나뭇잎은 가시 같을까?

–추워서요. 햇빛이랑 비가 적어서 그래요. 먹을 것이 부족해서요.

• 나무가 잘 자라지 않아도 추운 나라 사람들은 왜 나무를 심을까?

–추운 나라 사람들에게 깨끗한 공기를 주니까요.

④ 사막의 나무 모양에 대해 이야기 나눈다.

• (〈그림 7〉을 보며) 여기는 어떤 나라니?

–사막이에요.

• 왜 이 나라는 사막이 되었을까?

–물이 부족해서요.

• 사막에서 나무가 잘 자라기 위해 필요한 것은 무엇일까?

–물이요.

• (〈그림 8〉을 보며) 사막에서 자라는 나무와 다른 나라의 나무와 다른 점은 무엇이니?

–나무 기둥이 물통처럼 생겼어요.

• 왜 나무 기둥이 물통처럼 생겼을까?

–사막에는 물이 없으니까 물을 많이 가지고 있으려고요.

• 물이 부족한 사막에도 사람들은 왜 나무를 심을까?

–나무는 사람들에게 깨끗한 공기를 주니까요.

⑤ 우리나라의 다양한 나무 모양에 대해 이야기 나눈다

• (〈그림 9〉를 보며) 우리나라에 사는 오동나무의 나뭇잎은 어떤 나라의 나뭇

잎 모양을 닮았니?

–더운 나라요. 그래도 나뭇잎은 더 작아요.

- (〈그림 10〉을 보며) 소나무의 나뭇잎 모양은 어떤 나라의 나뭇잎 모양을 닮았니?

  –추운 나라의 나뭇잎 모양을 닮았어요.

- 우리나라에서 더운 나라와 추운 나라의 나무 모양을 모두 볼 수 있는 이유는 무엇일까?

  –여름이 있어서요. 겨울이 있어서요.

⑥ 나무가 하는 일을 확인해 본다.

- 날씨에 따라 나무의 모양이 어떠니?

  –서로 달랐어요.

- 날씨가 더운 나라와 추운 나라의 나뭇잎 모양은 어떻게 다르니?

  –더운 나라의 나뭇잎은 부채처럼 넓지만, 추운 나라의 나뭇잎은 바늘처럼 가느다랗게 생겼어요.

- 사막의 나무는 다른 나라의 나무와 어떻게 다르니?

  –나무가 물통처럼 생겼어요.

- 나무는 모양이 달라도 사람들에게 무엇을 주니?

  –깨끗한 공기를 줘요.

⑦ 추후활동을 소개한다.

- 깨끗한 공기를 만들어 줄 수 있는 나무를 만들어 보자.

사전 · 사후활동

- 나무가 우리에게 주는 혜택(이야기 나누기)
- 나무의 음식(이야기 나누기)
- 계절 나무 꾸미기(조형)
- 공기나무 만들기(조형)

활동장면

〈3~4세 협동 작품〉
더운 나라에 바람을 만들어 주는 부채 나무

〈4~5세 협동 작품〉
추운 나라의 깨끗한 공기주머니 나무

교수·학습자료 도우미

추운 지방의 나무는 대부분 잎이 바늘같이 뾰족한 침엽수들이며, 수관의 형태가 원추형을 하고 있다. 이것은 나무에 눈이 쌓이지 않도록 하기 위함이다. 열대지방의 나무는 잎이 넓은 활엽수이며, 수관의 형태는 원형이다.

Part 2. 실제편

04 표현활동의 다문화적 접근

1. 표현활동

유아는 자신이 보고, 듣고, 느끼고, 생각한 것을 표현함으로써 다른 사람과 의사소통한다. 이러한 측면에서 표현활동은 생각과 느낌을 보다 효과적이고 자연스럽게 표현할 수 있는 영역이다.

3~5세 누리과정(교육과학기술부, 2012)의 '예술경험' 영역에서는 유아가 자연과 사물을 접하면서 느낄 수 있는 다양한 예술적 요소를 찾아보고 이를 창의적으로 표현하며, 아름다움에 관심을 가지고 예술 활동을 즐기고 추구할 수 있는 소양과 더불어 다양한 아름다움을 이해하고 존중하는 역량을 기르는 데 있다고 하였다. 예술경험은 '아름다움 찾아보기' '예술적 표현하기' '예술 감상하기'의 세 가지 내용으로 구성되어 있다.

'아름다움 찾아보기'는 자연 및 예술의 모든 영역을 아우르며 음악, 움직임 및 춤, 미술의 요소를 자유롭게 탐색하도록 하는 내용을 다루는 데 중점을 둔다. '예술적 표현하기'는 다양한 예술표현 방법을 통해 자신의 느낌과 생각을 표현하도록 하는 내용을 다루는 데 중점을 둔다. '예술 감상하기'는 자신과 다른 사람의 작품, 그리고 우리나라 전통예술을 포함하여 다양한 종류의 예술을 감상하는 경험들로 구성되어 있다.

표현활동은 특정한 예술적 개념이나 기능 습득보다는 생각과 느낌을 자유롭고 창의적으로 표현해 보는 경험을 중심으로 하고 있다. 교사는 유아에게 직접 보고, 듣고, 만지고, 느껴 보는 능동적인 활동 과정을 강조하고, 유치원의 일과 중 자연스럽게 다양한 탐색 및 감상 활동의 기회를 제공하며 대 · 소집단 활동과 자유선택활동에서 통합적으로 다룰 수 있도록 기회를 제공해 주어야 한다.

2. 표현활동의 다문화적 접근

유아는 자기가 속한 민족의 문화와 세계의 문화를 함께 접하면서 점차 사회화되어 간다. 유아교육기관에서는 유아가 자국의 문화뿐 아니라 세계 여러 나라의 문화를 수용하고 이해할 수 있는 기회와 경험을 다양하게 제공해 줄 수 있어야 한다. 이러한 맥락에서 음악과 동작은 유아가 문화 장벽을 넘어 다른 문화를 빠르게 받아들일 수 있도록 해 주는 '자연언어' 로서 전 세계 유아들이 몰두할 수 있는 공통의 활동이기 때문에 새로운 리듬에 따라 몸을 움직여 봄으로써 다른 문화의 생활과 동작을 자연스럽게 경험할 수 있다. 즉, 전 세계 사람들이 부르는 노래는 각기 다를 수 있지만 노래를 부르는 사람과 유아가 느끼는 감정은 같다.

극놀이는 유아들이 민속의상이나 축제의상 등을 입고 누군가가 되어 보는 기회를 제공한다. 다른 문화의 삶을 경험한다는 것은 지구촌 문화와 의식을 알아볼 수 있는 좋은 기회다.

미술은 그 사회와 문화를 반영한다. 다른 문화를 이해하고 인정하기 위한 첫 번째 단계인 미술은 다문화적 사회를 살아가기 위해 필요한 양식이 되고 있다. 또한 미술은 하나의 의사소통이자 언어의 의미를 갖는데, 미술을 매개로 우리나라 문화와 다른 나라 문화의 유사점과 차이점을 알고, 각 문화의 특성을 이해할 수 있기 때문이다. 그러나 다른 문화를 이해하기에 앞서, 우리나라의 고유 표현양식에 대한 올바른 이해와 경험으로 건전한 정서를 길러 주어야만 더 나아가 지구촌 인류 전체의 표현양식에 대한 경험으로 이어질 수 있고, 지구상의 모든 문화 속에 존재하는 표현양식을 이해할 수 있게 된다. 유아기부터 자신이 속해 있는 민족의 표현양식을 먼저 배우고 이해하면서, 더불어 세계의 다양한 표현양식을 이해하도록 해야 한다. 이를 위해 첫째, 유아에게 가능한 한 다양한 표현양식의 경험을 제공한다. 둘째, 표현양식에 대한 충분한 지식을 접할 수 있어야 하며 서로 다른 표현양식들을 이해할 수 있어야 한다. 셋째, 다양한 유형의 표현양식을 보고 들으며 비교할 수 있어야 하며 친숙한 표현양식 유형과 그렇지 않은 유형의 특징을 구별할 수 있어야 한다. 넷째, 유아들이 접한 표현양식의 경험들에 대해서 말 또는 몸짓으로 표현할 수 있어야 하며 음악과 움직임, 미술, 극놀이 등 표현활동이 통합적으로 이루어짐으로써 그들의 능력이나 태도가 점차 발전하도록 도와줘야 한다.

유아들은 다문화적 접근에 기초한 표현활동을 통해 우리나라의 우수성과 아름다움을 느끼고, 문화국민으로서의 자긍심을 가질 수 있으며, 동시에 세계 여러 나라의 독특함과 아름다움에 대한 교육을 통해 진정으로 다른 나라의 문화를 이해할 수 있게 된다. 다문화적 접근에 기초한 표현활동을 위해서는 민족과 관습, 전통, 종교 등의 다문화적 요소와 표현양식의 요소를 모두 고려하는 것이 필수적이다.

3. 교육환경 구성

유아는 환경과의 상호관계 속에서 전체적으로 기능하는 역동적이고 능동적인 존재다. 그러므로 유아의 학습활동을 최대한 지지해 주기 위한 환경 구성은 매우 중요한 과제다. 다문화교육을 위한 환경 구성도 일반적인 원리에 입각하여 발달적 적합성과 균형성, 통합성, 지속성과 융통성, 안정성을 강조해서 구성해야 한다(White & Coleman, 2000). 3~4세 누리과정 지도서(교육과학기술부, 2013)의 분류에서도 각 영역(예: 역할놀이영역-여러 나라/지방의 옷, 신발, 모자, 민속품, 그림 소품, 여러 나라/지방의 집을 꾸며 볼 수 있는 자료와 다양한 역할놀이 자료들; 조형영역-여러 가지 피부색과 머리카락을 가진 사람들의 사진, 표현활동 자료; 음률영역-여러 민속 악기, 춤 그림자료, 다양한 언어로 된 노래 테이프, 여러 가지 가족 행사를 위한 음악; 모래놀이영역-여러 방법의 모래놀이 게임, 모래 운반용 장난감과 소도구; 컴퓨터영역-인터넷으로 미국 및 여러 나라/지방의 사이트 안내, 사진/그림 등의 출력물)에 실내를 중심으로 한 환경 구성의 자원을 제시하고 있다.

이와 같이 바람직한 환경 구성을 위해서는 다양한 교육 자료와 교재·교구의 점검, 시각적·심미적 환경 구성, 질적인 상호작용을 위한 놀잇감과 자료의 올바른 선택 등이 요구된다. 무엇보다도 발달적·문화적으로 적합한 실제를 적용할 수 있는 교사의 다양한 조망 수용 능력이 요구되며 전문성 발달을 위한 조력도 필수적이다.

4. 교수 · 학습 활동의 실제

활동 1 담을 아름답게 만들어요

활동 2 모자는 여러 가지 용도로 쓰여요

활동 3 풀과 나무로 만들어요

활동 4 벽화를 감상해요

활동 5 색깔 친구

활동 6 그림 속의 춤

활동 7 세계 여행을 떠나요

활동 8 신나는 축제가 열리고 있어요

활동 9 명화와 친해져요

활동 1 담을 아름답게 만들어요

- **생활주제** 세계 여러 나라/환경과 생활
- **지도요소** 문화/다양성
- **선정이유** 유아들은 집, 유치원 등 주변 건물에서 쉽게 담을 접하게 된다. 가정, 지역, 나라마다 각각의 담에는 여러 가지 무늬가 있고 유아들은 다양한 담의 무늬와 형태에 관심을 갖게 된다. 따라서 우리나라 각 지방, 다른 나라의 여러 가지 담의 모습을 감상해 보면서 다양한 삶의 모습을 엿보는 기회를 마련하고자 한다.
- **활동목표**
  - 기후나 생활에 따라 다양한 담의 구성방법에 관심을 가진다.
  - 여러 가지 무늬와 형태의 담을 감상한다.
- **활동자료** 우리나라 각 지방과 다른 나라의 담 사진, 지점토, 찰흙도구

〈그림 1〉

〈그림 2〉

〈그림 3〉

〈그림 4〉

〈그림 5〉

〈그림 6〉

〈그림 7〉

〈그림 8〉

〈그림 9〉

〈그림 10〉

〈그림 11〉

〈그림 12〉

다양한 돌담 사진

활동방법

① 주변에서 볼 수 있는 담에 대하여 이야기 나눈다.

- 우리 유치원으로 오는 길에 어느 곳에 담이 있니?
  - –아파트 둘레, 가게 옆, 지하도, 유치원 옆이요.
- 담은 왜 만드는 걸까?
  - –차가운 바람을 막아 줘요.
  - –다른 사람이 함부로 들어오지 못하게 하려고요.
- 우리가 살고 있는 집은 어떤 담으로 되어 있니?
  - –시멘트, 벽돌이요.

② 사진을 보여 주며 이야기 나눈다.

- (〈그림 1~7〉을 보며) 이런 곳을 본 적이 있니?

–TV에서 봤어요.

–시골에 가면 볼 수 있어요.

• 이곳에 있는 담은 어떻게 만들었을까?

–돌을 많이 쌓아서요.

• 이렇게 돌로 쌓은 담을 본 적이 있니?

–절, 민속촌에서요.

• 돌로 쌓은 담을 보면 어떤 느낌이 드니?

–원시시대 같아요. 옛날 같아요.

• (〈그림 8, 9〉를 보며) 이곳의 담은 어떻게 다르니?

–이 담에는 그림이 그려져 있어요.

–더 멋있어요.

• (〈그림 10〉을 보며) 이 담은 무엇으로 만들었니?

–벽돌이요.

• 벽돌로 어떻게 담을 만들까?

• (〈그림 11, 12〉를 보며) 이 담들을 보고 어떤 생각을 했니?

• 만약 너희가 담을 쌓는다면 어떤 담을 만들고 싶니?

사전 · 사후활동

• 여러 가지 담이나 독특한 바닥이 있는 곳 방문하기(현장학습)
• 여러 가지 담을 쌓고 있는 곳을 방문해서 관찰하기(과학)
• 여러 가지 재료로 담 쌓아 보기(쌓기)
• 다양한 패턴을 계획하여 담 꾸며 보기(수학)

활동장면

여러 가지 무늬와 패턴을 지점토에 그려서 담 꾸미기

초가집 담 만들기

활동 2 모자는 여러 가지 용도로 쓰여요

- **생활주제** 생활도구/세계 여러 나라
- **지도요소** 문화/다양성
- **선정이유** 모자는 다양한 용도로 쓰이고 있다. 생활 속에서뿐 아니라 각 나라마다 전통 모자들이 있다는 것에 관심을 갖고 서로의 문화에서 공통점을 찾을 수 있다.
- **활동목표**
  - 모자의 다양한 종류에 관심을 가진다.
  - 날씨나 하는 일에 따라 모자의 쓰임새가 다름을 안다.
- **활동자료** 여러 종류의 모자 그림

〈그림 1〉 야구모자

〈그림 2〉 요리사 모자

〈그림 3〉 안전모

〈그림 4〉 산타 모자

〈그림 5〉 학사모

〈그림 6〉 고깔 모자

〈그림 7〉 사모와 족두리

〈그림 8〉 갓

〈그림 9〉 삿갓 모자

활동방법

① 자신이 가져온 모자에 대하여 이야기 나눈다.

- 친구들에게 자기 모자를 소개해 보자.
  - 내 모자는 야구 모자인데 흰색이에요. 야구할 때도 쓰고, 멀리 놀러갈 때도 써요.
  - 내 모자는 채광 모자예요. 동물원 갈 때 뜨거우니까 그늘을 만들어 줘요.
  - 나는 겨울에 쓰는 털모자도 있어요.
- 모자는 왜 쓰는 걸까?
  - 더우니까요.
  - 추울 땐 따뜻하라고 써요.
  - 예쁘니까요.
  - 햇빛이 눈부시니까 가리려고 써요.

② 모자의 다양한 용도에 대하여 이야기 나눈다.

- (〈그림 1〉을 보며) 이 모자는 무슨 모자니?
  - 야구모자요.
- 야구할 때 모자를 쓰면 어떤 점이 좋을까?
  - 눈이 안 부셔요.
  - 자기편인지 아닌지 알 수 있어요.
- (〈그림 2〉를 보며) 이 아저씨는 무슨 일을 하시는 분이니?
  - 요리사예요.
  - 음식을 만들어요.
- 요리사가 이런 모자를 쓴 것을 본 적이 있니?
- 왜 이런 모자를 쓰는 걸까?
  - 요리사라는 것을 알리려고요.
  - 머리카락이 빠지니까요.
- 그럼 요리사처럼 일할 때 꼭 모자를 쓰는 사람들은 누구일까?

–군인, 경찰, 공장에서 일하시는 분, 광부 아저씨, 소방관 등이요.

- (〈그림 3〉을 보며) 소방관 아저씨가 쓰고 있는 이 모자는 어떤 점이 좋을까?

  –불에 타지 않아요.

  –딱딱해서 잘 안 깨져요.

- (〈그림 4〉를 보며) 언제 쓰는 모자니?

  –겨울에 쓰는 거예요.

  –산타할아버지께서 선물 주러 오실 때 쓰시는 거예요.

- 왜 이런 모자를 썼을까?

  –추우니까요.

  –산타할아버지 표시예요.

③ 다양한 모자의 특징에 대해서 이야기 나눈다.

- (〈그림 5, 6, 7〉을 보며) 이 모자는 언제 쓰는 거니?

  –졸업식날 쓰는 거예요.

  –생일파티 때 생일 주인공이 쓰는 거예요.

  –결혼식날 쓰는 거예요.

- 왜 이런 모자를 쓰고 있을까?

  –제사, 무용, 축제 때 쓰는 거예요.

- (〈그림 8, 9〉를 보며) 이 모자는 누가 쓰니?

  –갓이에요. 옛날 할아버지들이 쓰셨어요.

④ 모자의 기능과 용도에 대하여 살펴본다.

- 사람들은 왜 모자를 쓸까?
- 모자는 어떤 역할을 할까?

사전 · 사후활동

- 여러 가지 용도의 모자 만들어 보기(조형)

  –놀이용, 음률 활동용, 햇빛 차단용 등

• 모자 가게 방문하여 조사하기(현장학습)

• 여러 가지 기준으로 모자 비교, 분류해 보기(수학)

–재질, 색깔, 모양, 용도 등

자기 모자 소개하기 및 여러 가지 기준으로 모자 분류해 보기

• 모자 패션쇼 감상하기(감상)

–박물관, 패션쇼 등

활동 3

풀과 나무로 만들어요

생활주제 생활도구/세계 여러 나라

지도요소 문화/다양성

선정이유 주변에서 쉽게 볼 수 있는 자연물을 이용한 친환경적인 물건들이 우리나라뿐만 아니라 다른 나라에서도 사용되고 있다는 것을 경험함으로써 우리나라와 다른 나라의 공통점을 찾을 수 있다.

활동목표
- 풀과 나무로 만든 물건에 관심을 가진다.
- 다른 나라에도 풀이나 나무로 만든 물건들이 있음을 안다.
- 풀과 나무로 생활에 필요한 물건을 찾아본다.

활동자료 풀과 나무로 만든 생활용품 사진

〈그림 1〉

〈그림 2〉

〈그림 3〉

〈그림 4〉

〈그림 5〉

〈그림 6〉

〈그림 7〉

〈그림 8〉

〈그림 9〉

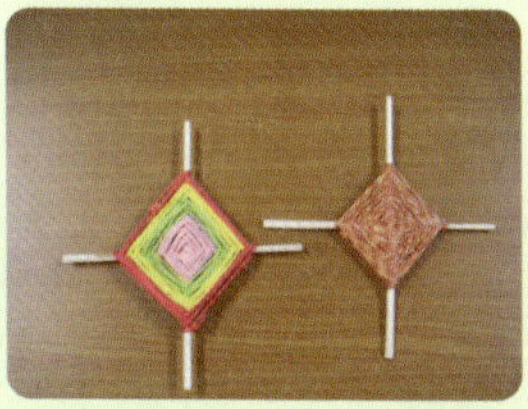

〈그림10〉

〈그림 11〉

〈그림 12〉

〈그림13〉

〈그림 14〉

풀과 나무로 만든 생활용품

활동방법

① 풀이나 나무로 만든 물건을 본 경험에 대하여 이야기 나눈다.

- 풀로 만든 물건을 본 적이 있니?

  –짚신, 새끼줄, 소쿠리, 멍석 등을 봤어요.

- 대나무로 만든 물건을 본 적이 있니?

  –바구니, 침대, 전등갓, 대자리, 피리 등을 봤어요.

② 우리나라에서 볼 수 있는 풀이나 나무로 만든 물건을 찾아본다.

- (사진을 보여 주며) 이것은 무엇이니?
- 무엇으로 만들었을까?
- 어디에 쓰일까?

③ 다른 나라의 풀이나 나무로 만든 물건의 용도를 찾아본다.

- (〈그림 8〉을 보여 주며) 이것은 무엇이니?
  –가방이에요.
- 무엇으로 만들었을까?
  –대나무요.
- 어떻게 사용할까?
  –엄마가 여러 가지 물건을 넣어요.

• 출처: http://blog.daum.net

④ 풀이나 나무로 물건을 만든 이유를 찾아본다.

- 풀이나 나무로 물건을 만든 이유는 무엇일까?
  –주변에 많이 있어요.
  –만들기 편해요.

사전 · 사후활동

- 우리가 사용하는 플라스틱 제품 중 나무나 풀로 만들어 쓸 수 있는 것을 알아보기(조사)
- 종이 만드는 과정 알아보기(과학)
- 대나무로 여러 나라 연 만들기(조형)
- 나뭇가지로 조형물 만들기(조형)
- 길게 자른 종이를 엮어서 바구니 짜 보기(조형)

나무로 만들어진 물건 조사하기 | 나뭇가지로 조형물 만들기

대나무로 여러 나라 연 만들기

• 대나무로 양산 만들기(조형)

- 대나무 스카이콩콩 놀이 하기(신체)
- 대나무로 말 타기(신체)
- 대나무용품 가게 놀이(역할)

벽화를 감상해요

활동 4

- 생활주제 세계 여러 나라
- 지도요소 문화/다양성
- 선정이유 주변의 벽에 그려진 그림을 자주 접하게 됨에 따라 벽에 그려진 그림에 자연스럽게 관심을 가질 수 있다. 그리고 각 나라마다 전해 내려오는 다양한 벽화를 통해 벽에 그려진 다양한 그림과 의미를 탐색해 보는 기회가 될 수 있다.
- 활동목표
  - 우리나라와 이집트 고대 벽화를 감상한다.
  - 벽화에 담긴 사람들의 생활에 관심을 가진다.
  - 다양한 재료를 이용하여 유치원 교실의 벽화를 꾸며 본다.
- 활동자료 세계의 벽화 사진, OHP, 다양한 재료(광목천, 도화지, 크레파스, 목탄, 점토, 찰흙도구)

우리나라 고구려 벽화

이집트 벽화

우리나라 부산지하철 벽화

모스크바 지하철 벽화

일본 지하철 벽화

활동방법

① 주변에서 볼 수 있는 벽화에 대하여 이야기 나눈다.

- 우리 유치원에 오는 길에 담에 있는 그림을 본 적 있니?
  - 아파트 담에 그려져 있어요.
  - 마트 주차장에서 봤어요.
  - 백화점에도 그려져 있어요.

• 어떤 그림들이 그려져 있었니?

−꽃, 새, 아이들이 그려져 있었어요.

−나무, 동물들도 그려져 있어요.

• 벽에 그린 그림을 다른 말로 무엇이라고 할까?

−벽화요.

• 다른 나라에도 벽화가 있을까?

② 우리나라와 이집트의 벽화 사진을 보며 이야기 나눈다.

• 이런 그림을 본 적이 있니?

−네. 텔레비전에서 봤어요.

• 어떤 그림이 그려져 있니?

−새, 춤추는 사람, 꽃 그림이 있어요.

• 이 그림 속 사람은 무엇을 하고 있니?

−새를 날리고 있어요.

−춤을 추고 있어요.

−창을 들고 지키고 있어요.

• 이 벽화(고구려 벽화)와 저 벽화(이집트 벽화)는 어떻게 다르니?

−이 벽화는 사람들이 춤을 추고 있어요.

−저 벽화는 창을 들고 사람이 서 있어요.

−입고 있는 옷의 모양이 달라요.

• 이 벽화(고구려 벽화)와 저 벽화(이집트의 벽화)는 어떤 점이 같니?

−사람들이 있어요.

−여러 가지 모양으로 그렸어요.

−벽에 그려져 있는 그림이에요.

−멋있어요.

③ 벽화의 의미에 대해 이야기 나눈다.

• 사람들은 왜 이런 그림을 벽에 그렸을까?

-벽을 예쁘게 꾸미려구요.

- 그래, 옛날 사람들은 자신의 모습을 그리거나 생활모습을 그림으로 남겼단다.
- 벽에 그림을 그려서 다른 사람에게 편지를 쓰기도 했단다.

④ 유치원 교실에 벽화를 꾸며 본다.

- 어떤 모양의 벽화를 꾸며 보고 싶니?
- 여러 가지 벽화의 밑그림을 OHP 필름에 그려서 벽에 비추어 따라 그려 보거나 전지에 그려서 유아들이 다양하게 벽화를 꾸며 보도록 한다.

사전 · 사후활동

- 여러 가지 독특한 벽화가 있는 곳 방문하기(현장학습)
- 여러 가지 재료로 벽화 꾸며 보기(조형)
- 이집트 벽화 감상 후 도형으로 벽화 꾸며 보기(수학)

여러 가지 도형으로 유치원 교실 벽화 꾸미기

목탄으로 유치원 벽화 그리기

활동장면

이집트 벽화 보며 이야기 나누기

우리 유치원 벽화그리기

교수·학습자료 도우미

벽화

벽화는 원칙적으로는 도료를 사용해 어떤 구상적(具象的)인 묘사를 하는 것을 말하지만, 단지 장식적인 무늬나 선각화(線刻畵)·부조(浮彫) 따위도 포함하는 경우가 있다. 주로 왕후 귀족의 규모가 큰 무덤의 벽면에 초상·생전의 생활·장의(葬儀)·사후의 세계 등을 그린 것이 많다. 유럽에서는 에트루리아의 것이 유명하고, 타르퀴니아에서는 BC 6세기경부터 많은 벽화무덤이 있었다. 로마나 헬레니즘 세계에도 그 예가 있고, 이집트에서는 선왕조시대(先王朝時代)의 히에라콘폴리스에도 있었으며, 제3왕조 때에는 왕후 귀족의 묘에 벽화나 채색 및 부조가 많았고, 신왕조시대의 테베에서는 묘의 벽화가 주가 된다.

중국에서는 전한(前漢)의 중원지역(中原地域) 호족층 무덤에서 비롯되어 후한(後漢)·위진 남북조시대(魏晋南北朝時代)의 벽돌무덤에서 벽화를 볼 수 있다. 당(唐)나라의 이수묘(李壽墓)·영태공주묘(永泰公主墓) 등이, 송(宋)나라의 창사[長沙] 조대옹묘(趙大翁墓)가, 원(元)나라의 산시[山西] 벽돌무덤 등이 유명하다. 한국에서는 낙랑(樂浪)의 219호분, 고구려의 안악(安岳) 3호분, 각저총(角抵塚)·무용총(舞踊塚) 등 다수이고, 초상과 가족 생활·풍속·사신(四神·신선(神仙)·일월성신(日月星辰) 등을 그리고 있다. 백제에서도 송산리(宋山里) 6호분·능산리(陵山里) 2호분 등이 있고, 무령왕릉(武寧王陵)에서도 소감(小龕) 주위에 채색이 있다. 신라·가야에서도 양주동(楊州洞), 고아동(古衙洞) 등이 있다. 일본에서는 나라[奈良]의 다카마쓰총[高松塚] 고분의 벽화가 한국·중국과의 관련을 나타내는 것으로 유명하다. 출처: 네이버 백과사전

활동 5

색깔 친구

- 생활주제 동식물과 자연
- 지도요소 다양성/편견
- 선정이유 우리 주변에는 여러 가지 색이 있으며 우리는 색으로 다양한 자연, 사람, 건물 등을 표현할 수 있다. 또한 색은 아름다움을 선물하고 마음을 표현할 수 있다.
- 활동목표
  - 자연이 가진 색의 아름다움에 관심을 가진다.
  - 우리 주변에 여러 가지 색이 있음을 안다.
  - 여러 색을 활용하여 자신의 생각이나 느낌을 표현해 본다.
- 활동자료 여러 가지 색깔을 볼 수 있는 사진

〈그림 1〉

〈그림 2〉

〈그림 3〉

〈그림 4〉

〈그림 5〉

〈그림 6〉

〈그림 7〉

〈그림 8〉

〈그림 9〉

활동방법

① 여러 가지 색의 등(〈그림 1〉)을 보며 이야기 나눈다.

- 이 사진은 무엇이니?
  - 전등이에요.
- 전등은 무슨 색이니?
  - 노랑, 주황, 파랑, 보라색이에요.
- 어떤 색의 등이 가장 마음에 드니?
  - 노랑색이요.

② 그림에 있는 색깔에 대하여 이야기 나눈다.

- (〈그림 2〉를 보며) 이 등의 색깔이름은 무엇으로 할까?
  - 붉은 장미색, 개나리 노랑색이요.
- (〈그림 3〉을 보며) 이 과일의 색깔이름은 무엇으로 할까?
  - 오렌지 주황색, 사과 빨간색이요.

③ 유아가 좋아하는 색깔에 대하여 이야기 나눈다.

- ○○는 어떤 색을 좋아하니?

④ 색깔의 기능을 찾아본다.

- 색깔은 어떤 일을 할까?
  - 물건을 예쁘게 만들어 줘요.

- 색깔 만들기(조형/언어)

  ✣ 일상생활이나 자연에서 볼 수 있는 아름다움을 찾아 자유롭게 표현하고 색깔의 이름을 만들어 본다.

  · 3, 4세: 오렌지 주황색 해님, 하얀 튤립색 베개, 연두 초록 모자, 해바라기분홍 꽃잎, 남보라포도 등

5세

3, 4세

3,4세

· 5세: 토고선수와 축구공, 꽃과 무당벌레, 분홍 물고기와 톱상어 2호, 노랑꽃, 줄무늬 달팽이, 주황나비와 놀란 해님 등

사전 · 사후활동

- 옷감 염색하기(과학)
- 같은 색 물건끼리 분류하기(수학)
- 좋아하는 색 그래프 그리기(수학)
- 물감 섞어 여러 가지 색 만들기(과학)
- 아름다운 자연 색깔 그림책 만들기(조형)
- 다양한 색깔 점토로 꾸며 보기(조형)

활동장면

활동 6

그림 속의 춤

- 생활주제 우리나라/세계 여러 나라
- 지도요소 문화/다양성
- 선정이유 세계 공통 언어 중 하나인 춤은 세계 여러 나라에 공통적으로 존재한다. 사람들은 춤으로 자신의 생각이나 느낌을 표현하기도 하는데 춤을 통해 사람들의 생각이나 느낌을 이해할 수 있다.
- 활동목표
  - 우리나라 춤과 다른 나라 춤의 차이점과 공통점을 안다.
  - 우리나라 춤과 다른 나라 춤에 사용된 의상, 소품, 음악 등을 찾는다.
  - 함께 춤을 추며 즐거움을 느낀다.
- 활동자료 우리나라와 다른 나라의 춤이 담긴 그림(민속화, 명화), 춤에 사용된 소품과 악기(부채, 소고, 창, 팔찌, 조개목걸이, 칼, 상모, 소고, 북, 징, 꽹과리 등), 동화책 『드가와 발레리나』(글: 로렌스 안홀트, 그림: 캐서린 안홀트, 출판사: 웅진닷컴, 2001)
- 환경구성 여러 나라의 악기, 여러 나라의 춤 그림 또는 사진 자료 게시, 춤에 사용된 악기와 음악과 소품
- 사전활동 내가 좋아하는 춤
  - 동화책 『드가와 발레리나』를 소개한 후 '무대의상을 입은 소녀' 조각상을 찰흙으로 빚어 본다. 그림 속의 춤 동작을 따라해 본다.

1. 드가-무대의상을 입은 소녀

2. 찰흙으로 빚기

3. 그림 속의 춤을 따라하기

관련활동

그림 속의 춤

이야기 나누기

- 우리나라 지역별 춤, 다른 나라 춤
- 춤에 사용되는 소품이 있어요
- 춤에 사용되는 악기가 있어요
- 그림 속의 춤을 살펴보아요

환경구성

- 우리나라의 춤
- 다른 나라의 춤
- 악기를 이용하여 추는 춤

통합적 접근

〈신체활동〉
- 그림(동양화, 서양화) 속의 춤 동작 해 보기

〈수학활동〉
- 스페인의 플라멩코와 한국의 태평무 비교하기

〈조형활동〉
- 춤에 사용된 소품 및 악기 만들기

〈음률활동〉
- 춤에 사용된 음악 감상하기

〈언어활동〉
- 동화 '드가와 발레리나' 들려주기

신체활동

〈자연과 생활에서 아름다움 찾아보기〉
- 춤 그림 · 사진 속의 움직임 찾아 보기
- 춤에 사용된 소품과 악기 찾아보기

〈예술적 표현 즐기기〉
- 그림 · 사진 · 동영상 속의 움직임과 춤 표현하기
- 직접 만든 소품, 악기 이용하여 춤 표현하기
- 이야기가 있는 춤 창작하여 표현하기

〈감상하기〉
- 여러 나라의 다양한 춤 감상하기
- 춤에 사용된 음악 감상하기
- 유아들이 표현하는 춤 감상하기

자유선택활동

- 우리나라 춤과 다른 나라 춤 비교하기(그래프 활동, 수학)
  - 스페인의 플라멩코와 한국의 태평무 동영상을 감상한 후 벤다이어그램으로 비교해 본다.

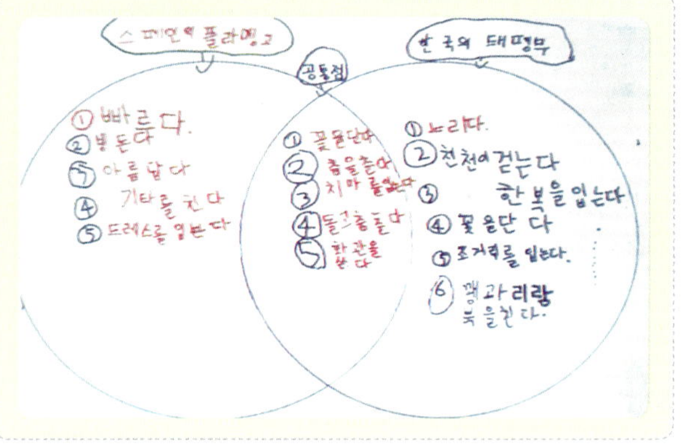

- 춤에 사용되는 소품 만들어 보기(조형)

발레_ 왕관과 발레복 꾸미기

훌라_ 팔찌, 화관, 치마, 조개목걸이 꾸미기

플라멩코_ 치마와 부채 꾸미기

인디언춤_ 인디언 모자와 옷, 방패, 창 만들기

승무_ 승무 고깔, 한삼 만들기

부채춤_ 부채 꾸미기(동양화와 서양화를 보고 먹물, 물감 이용하여 그리기)

부채춤_ 족두리 만들기

탈춤_ 탈 꾸미기(우리나라 탈과 다른 나라 탈을 살펴보고 꾸며 보기)

• 춤에 어울리는 악기 탐색하기, 연주해 보기(음률)

활동방법

① 자연과 생활에서 아름다움 찾아보기: 그림 속 춤추는 사람의 기분에 대해 이야기 나눈다.

✣ 우리나라 춤과 다른 나라의 춤 살펴보기

드가_ 무대 위의 무희	드가_ 가로 막대를 잡고 연습하는 무희	드가_ 무용 수업을 받고 있는 장면	드가_ 무대 위의 무희

드가_ 꽃을 든 무용수

드가_ 아라베스크의 끝남

드가_ 리허설

모네_ 일본 의상의 여자

월리_ 플라멩코

로트렉_ 춤추는 잔 아브릴

쇠리_ 샤이 춤을 위한 습작

지곡 정철_ 봉숭아 미인

지곡 정철_ 장구 치는 여인

지곡 정철_ 봉숭아 미인

김홍도_ 무동

고구려 벽화_ 무용도

• 무엇을 하고 있는 그림이니?
• 어떤 춤을 추고 있니?
• 이런 춤을 본 적이 있니?
• 너희는 어느 때 춤을 추고 싶니?
• 춤을 추면 기분이 어떠니? 이 사람들의 기분은 어떨까?

✣ 춤에 사용된 소품과 악기 찾아보기

-(앞에 제시된 명화를 보며) 그림 속의 춤은 어떤 소품과 악기들을 사용했을까?

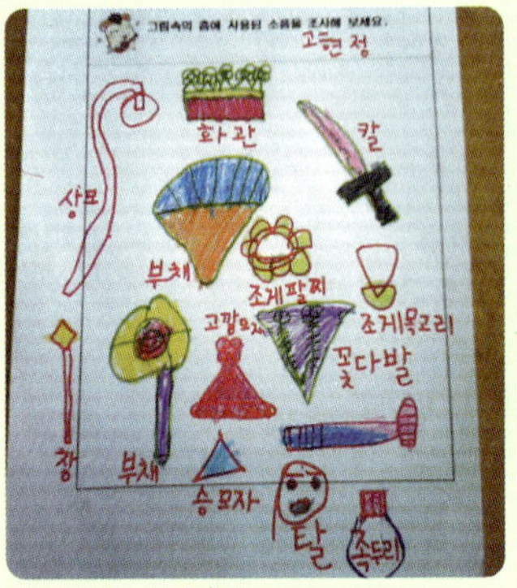

'그림 속의 춤' 에 사용된 소품

'그림 속의 춤' 에 사용된 악기

② 예술적 표현 즐기기: 그림 속의 우리나라 춤과 다른 나라 춤을 동작으로 표현해 본다.

✣ 그림 속의 움직임과 춤 표현하기

탈춤

로트렉_ 춤추는 잔 아브릴

드가_ 무대 위의 무희

✣ 내가 만든 소품, 악기로 춤 표현하기

윌리_ 리빙 더 드림 II

지곡 정철_ 봉숭아 미인

✣ 춤이 있는 동영상을 보고 움직임과 춤 표현하기

춤이 있는 동영상을 보고 따라해 보기

✣ 이야기가 있는 춤 창작하여 표현하기

소그룹으로 음악을 들어 보고 춤에 어울리는 이야기 꾸며 보기

③ 감상하기: 여러 나라의 다양한 춤, 음악, 친구들의 움직임을 감상해 본다.

✣ 여러 나라의 다양한 춤 감상하기

부채춤

탈춤

승무

발레

스페인의 플라멩코를 감상한 후 그림으로 표현해 보기

한국의 태평무를 감상한 후 그림으로 표현해 보기

✣ 춤에 사용된 음악 감상하기

• 음악을 듣고 난 느낌을 그림이나 글로 표현해 본다.

✣ 친구들이 표현하는 춤 감상하기

① 친구들이 음악에 맞춰 춤을 추는 모습을 감상한다.

② 친구들과 함께 표현한 춤에 대하여 이야기 나눈다.

• 음악에 맞춰 춤을 출 때 어떤 느낌이 들었니?

활동 7 세계 여행을 떠나요

- **생활 주제** 세계 여러 나라
- **지도요소** 문화/다양성
- **선정이유** 유아들은 다문화 가족을 접하거나, 다양한 사람들과 상호작용의 기회가 많아지고 있다. 그러므로 세계화 시대에 나라별 문화의 차이를 이해하고 존중하며, 서로 돕고 협력해야한다는 것을 알고, 세계의 문화에 대해 개방적인 태도를 길러 줄 필요가 있다.
- **활동목표**
  - 세계 여러 나라 문화에 관심을 가진다.
  - 공항에서의 입 · 출국 역할놀이를 한다.
  - 각 나라의 문화(음식, 의복, 문화유산 등)를 접하고 경험한다.
- **활동자료** 모의 여권 입국허가도장, 각 나라별 국기, 각 나라의 의상과 음식, 각 나라의 종, 내가 제작한 각 나라의 안내도, 각 나라의 동영상 자료 등

아이들이 만든 여권

세계 여러 나라의 안내도 게시판

각 나라의 동영상 자료

활동방법

① 자신이 가고 싶은 나라는 어떤 나라인지 이야기 나눈다.

- 너희들은 어느 나라를 방문하고 싶니?
  - 일본, 프랑스, 미국, 중국, 아프리카요.
- 그 나라는 왜 가고 싶니?
  - 아프리카는 동물들이 많아서 가고 싶어요.
  - 비행기를 타고 싶어서요.

② 세계 여행 역할놀이를 준비를 한다.

- 어떤 역할을 하고 싶니?
- 무엇이 필요할까?
  - 여권, 도장, 세계 여러 나라 건축물, 전통 의상, 각 나라의 소품(모자, 신발, 인형 등) 등이요.
- 여행 도우미는 어떤 역할을 해야 할까?
  - 도착한 나라의 이름을 알려 줘요.
  - 각 나라의 인사법을 소개해요.
  - 각 나라의 건축물, 음식, 옷 등을 소개해요.

③ 세계 여러 나라 여행 놀이를 해 본다.

- 어떤 나라를 여행해 볼 거니?
- 가지고 가고 싶은 것은 무엇이니?
- 무엇을 보고 오고 싶니? 그 나라에서 보고 싶은 것은 무엇이니?
- 공항에서는 어떻게 해야 할까?

④ 각 나라의 문화(의상, 음식, 국기, 풍습 등)를 체험해 본다.

⑤ 세계 여행 놀이를 한 후 평가해 본다.

- 어떤 나라를 가 보았니?

• 세계 여러 나라를 방문하고 나서 알게 된 점은 무엇이니?
• 세계 여행을 다시 간다면 누구와 함께 가고 싶니?

사전 · 사후활동

• 세계 여행 퍼레이드(바깥놀이-거리행진)
• 애니메이션 속의 세계 탐방 후 세계 신문 만들기(언어)
• 세계 여러 나라 여행하기(동영상 감상하기)

세계 여러 나라 사람들의 거리 퍼레이드

활동장면

입국심사

일본에 가요

중국에 가요

네덜란드에 가요

태국에 가요

활동 8

신나는 축제가 열리고 있어요

생활주제 세계 여러 나라

지도요소 문화/다양성

선정이유 가정, 지역, 나라마다 축제의 모습은 다르다. 다양한 축제를 유아기부터 경험하고 알아봄으로써 서로를 이해하고 동질감을 느낄 수 있다.

활동목표
- 나라마다 다양한 축제가 있음을 안다.
- 다양한 축제의 공통점을 찾는다.
- 축제 때 볼 수 있는 춤, 의상, 음악 등을 감상한다.
- 축제를 통해 함께하는 구성원들이 동질감을 느낀다.

활동자료 우리나라와 여러 나라 각 지방의 축제 사진, 생상스의 '동물의 사육제' CD

활동방법

① (세계의 축제 사진을 보며) 축제를 가 본 경험에 대해 이야기 나눈다.
- 너희들은 축제에 가 본 적이 있니? 어떤 축제였니?
- 다른 지방이나 다른 나라에도 축제가 있을까?
- 축제에 가면 어떤 느낌이 들까?
- 축제는 왜 하는 걸까?

② 다양한 축제의 특징에 대해 이야기 나눈다.
- 이 그림은 ○○지역에서 ○○축제를 하고 있는 모습이에요.
- 사람들이 어떻게 축제를 하고 있니?
- 만약 ○○축제에 너희가 초대된다면 어떤 모습으로 가고 싶니?
  - 드레스를 입을 거예요.
  - 얼굴에 검정색을 바르고 머리에 면사포도 쓸 거예요.

• ○○축제에서 무엇을 하고 싶니?
• 너희들이 축제를 연다면 어떻게 하겠니?

③ 축제의 기능에 대해 알아본다.
• 사람들은 왜 축제를 열까?
• 축제에 초대받은 사람들은 어떤 기분일까?

④ 우리 반 축제 계획을 세운다.
• 우리 반은 어떤 축제를 열어 볼까?
  –동물 축제를 해요.
• 무엇을 준비해야 할까?
  –사람들에게 알릴 포스터도 만들어요.
  –동물 축제를 위해 동물 가면도 만들어요.
  –음식도 준비해요(음식을 한 가지씩 준비해 오거나 만들기).
  –축제를 위한 도구를 준비해요(동물 가면, 포스터 꾸미기, 깃발 만들기).
  –축제를 위한 노래도 준비해요(생상스의 '동물의 사육제' 음악을 준비).

⑤ 축제 음악에 어울리는 동작을 다양하게 표현해 본다.
• 생상스의 '동물의 사육제' 음악을 들으며 동물들의 다양한 동작을 몸으로 나타내 본다.
• 동물들은 어떻게 걸어 다닐까?(동물들의 행진을 해 본다.)
• 축제 때 동물들은 어떤 춤을 출까?
• 동물들의 걸음을 흉내 내며 음악에 맞추어 걸어 본다.

⑥ 우리 반 축제에서 좋았던 점을 이야기해 본다.
• 우리반 축제에서 가장 재미있었던 점은 무엇이니?
• 우리반 축제에서 가장 인상 깊었던 점은 무엇이니?

사전 · 사후활동

• 우리 반의 축제 열어 보기(신체표현)

–축제를 위한 소품, 노래, 춤을 준비한다.

활동장면

강진 청자 축제에서 도자기 만들기

우리 반 동물 축제–생상스의 '동물의 사육제'에 맞춰 동물 표현하기

활동 9

명화와 친해져요

- **생활주제** 봄 · 여름 · 가을 · 겨울 / 세계 여러 나라
- **지도요소** 문화/다양성
- **선정이유** 그림마다 주제가 있고, 같은 주제라도 작품에 담긴 의미는 모두 다르다. 즉, 작품을 묘사하고 표현하는 방법에는 독특하면서도 다양한 개인의 생각들이 반영되어 있다. 이에 명화를 감상하는 과정을 통하여 작품들 모두는 소중하고, 존중받아야 할 가치가 있음을 이해하도록 한다.
- **활동목표**
  - 명화 속에 담긴 독특한 의미에 관심을 가진다.
  - 자신의 생각이나 느낌을 그림으로 표현한다.
  - 명화를 감상하며 아름다움을 느낀다.
- **활동자료** 저녁노을 사진, 고흐의 초상화, 고흐의 명화 '해바라기' 작품들
- **활동방법**

① 노을에 대해 이야기 나눈다.

- 이런 하늘을 본 적이 있니?
- 언제 보았니?
  - 밤에 보았어요.
  - 낮이 지나면 이렇게 돼요.
- 이 사진 속의 하늘은 어떤 색깔을 하고 있니?
  - 빨간색이 아주 많아요.
  - 노란색도 조금 보여요.

〈그림 1〉 저녁노을의 사진

② 고흐에 대한 이야기를 들려준다.

어느 날 저녁, 지평선 끝에 빨간 해님이 하늘을 온통 빨갛게 물들이고 조용히 가라앉으려는 순간이었어요.

"야, 저것 좀 봐! 얼마나 아름다우니?"

풀밭에서 공차기를 하며 놀고 있던 아이들 중 한 남자아이가 소리쳤어요.

"어쩌면 저녁 해가 저렇게 빨갈까?"

아이들은 저마다 한마디씩 말을 했어요.

"정말 아름답구나!"

"정말 빨갛지?"

그러자 아까부터 숨을 죽이고 뚫어지게 저녁 해를 바라보고 있던 한 아이가,

"아니야, 저건 빨강 빛이 아니고 노랑 빛이야."라고 했어요.

"뭐? 노랑 빛깔이라고? 네 눈엔 저게 노랗게 보이니?"

다른 아이들은 놀란 얼굴로 그 아이를 쳐다보면서 물었어요.

"보이는 게 다 뭐냐? 정말 빛깔이 노랑인데……."

"뭐라고? 저건 누가 보든지 빨강 빛깔이야. 그렇지 얘들아?"

"응, 그렇고 말고. 저건 빨강이야."

많은 아이들은 모두 빨강 빛깔이라고 말을 했어요.

이렇게 저녁 해를 노랑 빛깔이라고 우겨대던 그 아이는 꼼짝도 하지 않고 서서 저녁노을을 바라보고 있었어요.

이 어린아이가 바로 훗날 세계적으로 유명한 화가가 된 빈센트 반 고흐랍니다.

반 고흐는 이렇게 친구들과 다른 생각을 하기 시작했고, 자신만의 그림을 그리기 시작했으며, 훌륭한 화가가 되었답니다.

③ 고흐의 작품 '해바라기' 에 대해 이야기 나눈다.

• 해바라기를 본 적이 있니? 어디서 보았니?

－도로에서, 교회에서, 꽃밭에서 보았어요.

－우리 집 마당에도 피었어요.

④ 반 고흐의 명화 중 '해바라기' 에 대해 소개한다.

- 이 그림의 제목은 무엇일까?
- 누가 그린 그림일까?

⑤ 고흐의 '해바라기' 를 감상하며, 표현하는 방법을 찾아본다.

- 이 그림(〈그림 3〉)에서 고흐 선생님은 해바라기를 어떻게 표현하셨니?
  - 예뻐요, 잘 그렸어요.
- 어떤 색깔들이 보이니?
  - 주황색도 있고, 노란색도 있어요.
- 또 어떤 해바라기들을 그리셨니?
  - 시든 것도 있고, 안 시든 것도 있어요.
  - 물을 안 줘서 시들었어요.
- 바탕은 무슨 색이니?
  - 흰색이에요.

〈그림 2〉 고흐의 초상화

〈그림 3〉 해바라기 1

〈그림 4〉 해바라기 2

〈그림 5〉 해바라기 3

• 바탕을 흰색으로 하니까 어떤 느낌이 드니?

–햇빛이 비치는 것 같아요.

• 이 그림(〈그림 4〉)에서는 고흐 선생님이 해바라기를 어떻게 표현하셨니?

–주황색 해바라기가 예쁘게 보여요.

–바탕이 초록색이어서 숲속 같아요.

• 이 그림(〈그림 5〉)은 해바라기를 어떻게 표현하셨니?

–다른 해바라기들과 달라요.

–시든 것 같아요.

–시들어서 떨어진 것도 있어요.

–바탕색이 남색이니까 깜깜한 밤 같아요.

–우주 같아요.

⑥ '해바라기' 작품들의 같은 점과 다른 점들을 찾아본다.

• 이 해바라기 그림들의 같은 점은 무엇이니?

–씨가 있고, 꽃병이 같아요.

–모두 해바라기를 그렸어요.

• 이 해바라기 그림들의 다른 점은 무엇이니?

–색깔이 주황색이고 노란색이에요.

–활짝 핀 것도 있고 시든 것도 있어요.

–아직 피지 않은 꽃도 있어요.

• 고흐 선생님은 왜 해바라기 그림을 모두 다르게 그리셨을까?

–여러 가지로 그리고 싶어서요.

–여러 가지로 그리면 예쁠 것 같아서요.

–해바라기를 아침이랑 낮이랑 밤에 보면 모두 다르게 보이니까요.

⑦ 유아들과 자신만의 해바라기를 그려 본다.

• 만약 지금 너희들이 고흐 선생님이라면 어떤 해바라기를 그릴 수 있을까?

• 색도화지의 배경을 이용하여 해바라기를 표현한다.

사전 · 사후 활동

- 고흐에 대해 알아보기(이야기 나누기)
- 명화 감상하기(조형)
- 명화 보고 뒷이야기 짓기(언어)
- 다양한 미술재료(목탄, 유화, 물감, 4B연필, 크레파스 등) 탐색하기(과학)

활동 작품

유아 1. 배경을 흰색으로 표현한 유아

유아 2. 배경을 노란색으로 표현한 유아

유아 3. 배경을 분홍색으로 표현한 유아

유아 4. 배경을 하늘색으로 표현한 유아

교수·학습자료 도우미

네덜란드의 화가. 인상파와 일본 우키요에의 영향으로 강렬한 색채와 격렬한 필치를 사용하여 자신만의 작품을 확립하였다. 작품에 〈해바라기〉 〈감자 먹는 사람들〉 〈빈센트의 밤〉 〈별이 빛나는 밤〉 〈밤의 카페〉 등이 있다.

05 요리활동의 다문화적 접근

1. 요리활동

요리활동은 유아와 함께 음식의 종류를 알아보고 만들어 보면서, 재료의 변화 과정을 관찰하는 활동이다. 유아는 계획, 실행, 시식까지의 일련의 과정에 직접 참여함으로써 호기심과 흥미가 유발되어 요리에 대한 관심이 높아진다. 뿐만 아니라 요리활동 과정 중 음식의 재료를 직접 자르고, 섞고, 두드리고, 휘저어 보는 등의 활동을 통하여 감각기관을 활발하게 사용할 수 있고, 이러한 활동을 통하여 물리적 지식이 발달한다(교육부, 2000). 이와 같이 요리활동은 유아의 전인적 발달에 도움을 줄 뿐만 아니라 〈표 5-1〉과 같이 교육과정의 여러 영역과 연계하여 운영할 수 있다(Hammond, Leeper, Skipper, & Ralph, 1979).

〈표 5-1〉 요리활동과 관련된 교육과정 영역

영 역	내 용
언 어	• 요리 순서도 보며 토의하기 • 지시를 듣고 이에 따르기 • 새로운 낱말 배우기 • 순서도와 조리법 읽기
사 회	• 가정생활에 관한 것 알기 • 집단의 한 구성원으로 일하기 • 식품이 운반되는 방법 알기 • 분업에 대해 이해하기
과 학	• 식물의 성장하는 과정 알기 • 사물의 형태 변화 방법에 대해 이해하기
수 학	• 합성물 측정하기 • 양에 대해 이해하기 • 수에 대해 이해하기 • 식품을 판매하고 계량하는 방법에 대해 이해하기
건 강	• 식품과 건강과의 관계 이해하기 • 안전한 요리법과 요리도구 사용법 익히기 • 청결한 요리 준비, 바른 습관 형성하기 • 실제 가치 있는 일을 함으로써 자기 이미지 향상하기

2. 요리활동의 다문화적 접근

요리활동은 사람의 가장 기본적인 문화 중 하나인 음식을 통하여 문화에 대한 이해를 넓힐 수 있는 다문화적 접근이 가능한 활동이다. 현대는 일상생활 속에서 우리의 주식인 밥, 김치 등과 함께 스파게티, 피자, 햄버거 등 다양한 외국 음식을 쉽게 접할 수 있다. 이처럼 현대의 음식문화는 다국적이어서 유아는 다른 나라의 음식에 대하여 특별한 거부감을 갖고 있지 않다. 따라서 다문화적 요리활동으로 우리나라와 다른 나라의 음식문화를 교육과정에 통합하여 운영할 수 있다. 이를 통해 기후나 환경에 따른 음식의 종류, 유래, 역사 등의 음식문화에 관심이 높아지고 음식의 재료나 조리법, 식사예절 등에 대한 문화를 이해할 수 있게 된다. 예를 들어, '옥수수 요리' 관련 활동으로 과학영역에서는 옥수수의 특성을 조사하고, 건조된 옥수수 열매는 가을에 교실을 장식하는 데 쓸 수 있다. 또한 옥수숫대를 활용하여 악기 연주 등 창의적인 동작활동을 경험할 수 있다. 점심으로 succotash(서커태쉬-콩요리)라 불리는 옥수수와 리마 콩이 혼합된 음식물을 먹을 수 있고, 조형영역에서는 옥수수껍질로 인형을 만들 수 있다. 그리고 옥수수와 관련된 책과 이야기의 주인공을 가장하는 극놀이를 하거나 요리활동에 쓰일 음식을 구입하기 위해 몇몇 아이들과 시장 견학을 할 수도 있다.

이처럼 요리활동은 각 나라와 지방의 독특한 환경에서 발원된 문화를 이해할 수 있도록 도와주며, 다양하고 특별한 음식들을 체험함으로써 문화적 차이를 즐기는 동시에 가장 일반적인 음식을 먹는 활동을 통하여 보편적인 유대감을 형성하게 될 것이다.

3. 교육환경 구성

교사는 다문화적 요소가 담긴 요리활동을 선정하고 이에 필요한 도구나 식재료 등을 준비하여 교육환경을 구성한다.

1) 요리영역

다양한 음식 사진, 요리사 모자, 우리나라 각 지방의 김치 사진, 세계 요리 축제 사진, 행사 때 먹는 음식 사진 및 요리 순서도 등을 게시한다.

2) 역할놀이영역

(1) 다양한 조리도구와 식사용 도구들을 준비한다.
(2) 일본, 중국, 한국의 식사도구를 제공한다.
(3) 대접, 접시 등의 다양한 식기류를 제공한다.
(4) 다양한 상차림과 극놀이를 위한 여러 가지 야채와 과일 모형들을 제공한다.

3) 식사(간식)영역

다른 지역에서 생산된 식품으로 구성된 식단과 식품을 제공한다.

4. 교수 · 학습 활동의 실제

- 활동 1 우리 집 김치를 소개해요
- 활동 2 빵은 세계 여러 나라에서 먹고 있어요
- 활동 3 식사도구가 달라요
- 활동 4 꽃으로 요리를 만들어요
- 활동 5 미역국에 넣는 재료가 다양해요
- 활동 6 내 이름에서 음식을 찾아요
- 활동 7 뷔페를 차려 볼까요
- 활동 8 주먹밥과 샐러드

활동 1 우리 집 김치를 소개해요

- **생활주제** 봄여름가을겨울
- **지도요소** 문화/다양성
- **선정이유** 김치는 우리의 전통음식이므로 유아들과 함께 우리 집 김치를 중심으로 김치의 종류, 담그는 방법, 재료, 영양 등에 대하여 알아본다.
- **활동목표**
  - 집집마다 김치 담그는 방법이 다름을 안다.
  - 김치의 영양에 대해 관심을 가진다.
- **활동자료** 배추와 절인 배추, 여러 종류의 김치, 김치 재료(배추, 무, 고추, 마늘, 생강, 파, 미나리, 당근 등), 활동지, 쓰기도구, 미술용품
- **환경구성** 김치의 재료와 여러 종류의 김치 사진, 김치 담그는 과정이 담긴 사진
- **관련활동**

김 치

환경 구성
- 김치의 종류
- 김치의 재료
- 김치 담그는 과정
- 지역별 김치
- 김치를 이용한 음식

이야기 나누기
- 우리 집의 김치 담그는 법 소개하기

과학
- 배추/절인 배추 관찰하기
- 여러 종류의 김치 관찰하기
- 김치의 재료 관찰하기
- 김치 맛보기
- '김치'와 '기무치' 관찰하기

수학
- 내가 좋아하는 김치 조사하기
- 우리 집 상차림 조사하기
- 김치를 이용한 음식 조사하기

현장학습
- 김치축제
- 김치공장
- 김치박물관

요리
- 김치 담그기
- 김치를 이용한 음식 만들기
  - 김치 피자, 김치 김밥 등

언어/조형
- 김치 요리책 만들기

자유선택활동

- 내가 좋아하는 김치 조사하여 그래프 그리기(수학)
- 김치 만들기(요리)

① '배추와 절인 배추' 관찰하기

② 김치의 재료 관찰하기

- 배추, 무, 파, 미나리, 당근, 고추, 마늘, 생강 등

③ 김치 관찰하고 맛보기

- 깍두기, 배추김치, 무생채김치, 열무김치 등
- 유아가 집에서 준비해 온 김치와 교사가 준비한 김치들을 한곳에 놓아 두고 유아로 하여금 자유롭게 탐색하고 맛보게 한다.
- 유아들이 가져온 김치의 차이점과 공통점을 벤다이어그램에 표현한다.

활동방법

✣ 사전활동: 내가 좋아하는 김치는?

- 내가 좋아하는 김치를 활동지에 글과 그림으로 표현해 본다.
- 내가 좋아하는 김치의 이름은 무엇이니?
- 색깔은 어떠하니?
- 어떤 재료가 사용되었니?
- 언제 먹어 보았니? 어떤 맛이었니?

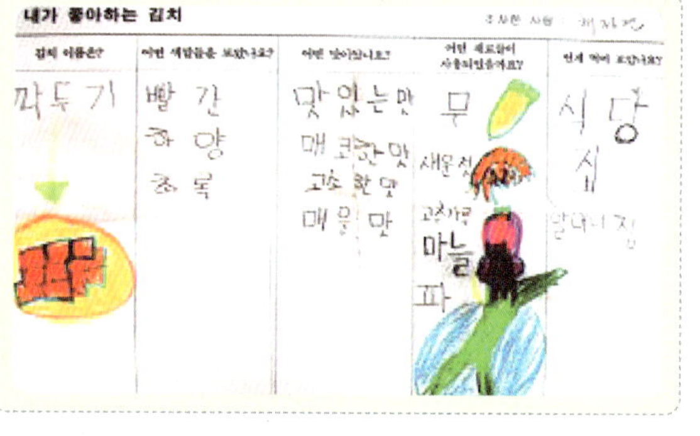

✣ 이야기 나누기: 우리 집 김치를 소개해요.

① 유아는 사전에 엄마와 함께 우리 집의 김치 담그는 방법에 대해 알아온다.

② 유아가 조사해 온 우리 집의 김치 담그는 방법을 소개한다.

- ○○가 소개한 김치의 이름은 무엇이니?
- ○○네 집의 김치 담그는 방법 중 특별한 점은 무엇이니?

③ 유아들이 소개한 여러 가지 김치 담그는 방법의 차이점과 공통점을 구별해 본다.

- ○○와 ○○의 김치(예: 배추김치와 깍두기) 담그는 방법 중 다른 점은 무엇이니?
  - 재료(양념)가 다르다.
  - 설탕이 들어간다.
- ○○와 ○○의 김치(예: 배추김치와 깍두기) 담그는 방법 중 같은 점은 무엇이니?
  - 소금에 절인다.
  - 네모로 썬다.
  - 조미료를 넣지 않는다.
  - 고추가 들어간다.

④ 같은 종류의 김치인데 만드는 방법이 다른 이유는 무엇인지 이야기 나눈다.

⑤ 김치 양념의 재료에 대하여 이야기 나눈다.

⑥ 김치의 재료가 우리에게 주는 영양소에 대하여 이야기 나눈다.

- 고추는 우리 몸에 어떤 영양을 줄까?(비만 방지)
- 멸치나 새우젓이 들어감으로써 우리 몸에 어떤 영양을 줄까?(칼슘)
- 마늘은 우리 몸에 어떤 영양을 줄까?(항암효과)

사전 · 사후활동

✣ 김치와 기무치에 대해 이야기 나누기

- '기무치'에 대해 들어 본 적이 있니?
- '김치'와 '기무치'의 다른 점은 무엇일까?

-김치는 한국의 전통 음식이다.
-김치는 고추, 파, 마늘, 생강, 해물 등의 양념이 들어간다.
-김치의 신맛은 자연적으로 발효되어 만들어진다.
-기무치는 일본에서 우리의 김치를 흉내 내어 만들었다.
-기무치는 겉절이식으로 만들었다.
-기무치는 젓갈에서 만들어지는 신맛을 싫어하여 화학 첨가물로 신맛을 낸다.

❖ 김치 요리책 만들기(언어/조형)
-유아가 만들고 싶은 김치별로 소그룹으로 모여 활동하게 한다.
-소그룹에서 김치의 이름과 방법을 정하고 요리책을 만든다.
-완성된 김치 요리책은 언어영역에 비치해 둔다.

교수·학습자료 도우미

우리나라의 김치

김치는 대표적인 부식으로 동물성과 식물성 식품을 배합한 음식이다. 주로 추운 겨울에 비타민과 무기질 공급원인 채소 발효식품 김치에 대한 관심이 최근 들어 높아지고 있다. 김치는 지역에 따라 다른 재료를 사용하기 때문에 모양과 맛이 다르다. 궁중김치는 석류김치(무에 바둑판 모양으로 칼집을 내어 일일이 소를 채워 숙성시킴), 유자동김치, 통배추김치, 강동젓 김치(곤쟁이젓으로 담금), 송송이(깍두기), 장김치(소금 대신 간장으로) 등이 대표적이다. 사찰김치는 사찰마다 각각 독특한 조리법이 있고 산초를 주원료로 동물성 재료나 오신채(파, 마늘, 달래, 부추, 홍거(무릇)), 인공감미료 등은 사용하지 않는다. 향토음식은 자연과 역사, 사회적 환경에 영향을 받으며 정착된 고유한 토착음식으로 향토김치를 경기도, 충청도, 강원도, 전라도, 경상도, 평안도, 함경도, 황해도, 제주도 등으로 나눈다.

- 경기도: 조기젓과 새우젓을 주로 사용하고, 국물이 자작한 담백한 맛의 김치다. 보쌈김치, 장김치, 강동젓 무김치, 나박김치, 백김치, 오이김치, 수삼나박지, 미삼김치, 호박열무김치, 비늘김치, 용인 외지 순무김치, 채김치, 씀바귀김치, 꿩김치, 동김치 등
- 충청도: 양념은 적게 쓰는 편이고 담백하고 소박한 맛이 특징이다. 특산물인 새우젓을 이용하여 굴깍두기, 호박김치, 늙은호박김치, 섞박지, 시금치김치, 가지김치, 박김치, 돌나물김치 등
- 강원도: 오징어, 명태 등을 많이 사용하고, 식혜가 유명하다. 창난젓 깍두기, 오징어무말랭이김치 등
- 전라도: 간이 세고 매운 맛과 자극적인 맛이 두드러진다. 따뜻한 기후로 고춧가루, 젓갈을 많이 넣어 오래 저장할 수 있도록 한다. 양념을 넉넉

하게 넣고 찹쌀 풀로 농후한 맛을 낸다. 고들빼기김치, 돌갓김치, 배추포기김치, 갓김치, 해남유자동치미 등

- 경상도: 김치에 멸치젓, 갈치젓, 꽁치젓을 사용한다. 깻잎김치, 콩잎김치, 부추김치, 우엉김치, 쪽파김치, 감김치, 마늘줄기김치, 쑥갓김치, 더덕김치 등

- 황해도: 김치는 맵지 않고 시원한 국물맛을 즐겨 동치미를 담글 때 새우젓이나 조기젓 또는 육수를 이용한다. 동치미, 고수김치, 호박김치 등

- 평안도: 싱겁고 맵지 않은 것이 특징으로, 양념과 부재료를 많이 사용하지 않아 담백한 국물맛이 난다. 양지머리를 고아서 기름을 말끔히 걷어 낸 육수를 이용한 동치미, 냉면김장김치, 가지김치 등

- 함경도: 간은 심심한 편이고 겨울 음식이 잘 발달했다. 국물을 넉넉하게 하고 간이 약하며 고춧가루도 아주 조금 사용한다. 가자미 식혜, 콩나물김치, 대구깍두기 등

- 제주도: 간이 비교적 짠 편이다. 전복김치, 동지김치, 해물김치, 나박김치 등

• 출처: 김영옥(2002). 유아를 위한 다문화 교육. 서울: 정민사, p. 134.

• 배추를 소금에 절여 김치를 담그는 이유

인류는 수분이 많은 채소류를 오랫동안 보관하기 위한 방법으로 건조시키거나 산이나 소금에 담가 저장하는 방법을 이용하여 왔다. 그중 우리나라(동양)는 소금을 이용한 식염보존권을, 서양은 산을 이용한 산보존권을 형성하며 각각 발달하였다.

활동 2

빵은 세계 여러 나라에서 먹고 있어요

생활주제 세계 여러 나라

지도요소 문화/다양성

선정이유 빵은 일상생활에서 쉽게 접할 수 있고 유아들이 즐겨 먹는 음식 중 하나다. 그리고 빵은 특정 나라의 음식을 넘어 세계 여러 나라의 문화에 따라 다양한 형태로 만들어져 우리의 입맛을 자극하고 있다. 이에 유아들이 좋아하는 빵을 중심으로 빵에 대한 다양한 정보를 수집하고 빵과 관련된 문화적 다양성을 안다.

활동목표
- 세계 어느 나라에서나 빵을 먹는다는 것을 안다.
- 다양한 빵의 형태와 모양에 대하여 관심을 가진다.
- 빵의 다양한 종류, 모양, 크기, 맛에 대하여 안다.

활동자료 여러 종류의 빵(붕어빵, 중국의 꽃빵, 프랑스의 바게트, 햄버거 등)

활동방법

① 빵을 먹어 본 경험에 대하여 이야기 나눈다.
- 가장 좋아하는 빵을 소개해 보자.
  –크림빵, 피자, 팥빵이요.
- 빵을 먹으면 어떤 생각이 드니?
- 사람들은 왜 빵을 먹을까?
  –배고프니까요, 먹고 싶으니까요.

② 빵의 다양한 모양에 대하여 이야기 나눈다.
- 이 빵의 이름은 무엇이니?
- 이 빵은 어떤 모양이니?
- 이 빵을 먹어 본 적이 있니?
  –중국식당에서 '꽃빵'을 먹어 보았어요.

여러 종류의 빵

–프랑스 사람들은 '바게트'를 길거리에서도 들고 다니면서 즐겨요.

– '식빵' 으로 샌드위치를 만들어 먹었어요.

③ 빵의 제조와 판매에 대하여 이야기 나눈다.

- 이 빵은 어떻게 만들어질까?
- 이 빵은 어디에서 살 수 있니?

④ 추울 때 즐겨 먹는 '호빵' 의 특징에 대하여 이야기 나눈다.

- 이 빵의 이름은 무엇이니?
- 이 빵은 어떤 모양이니?
- 먹어 본 적이 있니?
- 주로 언제 먹었니?

  –추운 겨울에 먹어요.

호빵

⑤ '터키(더운 지방)' 사람들이 즐겨 먹는 '케밥' 의 특징에 대하여 이야기 나눈다.

- 이 빵을 먹어 본 적이 있니?
- 이 빵의 이름은 무엇일까?(케밥)

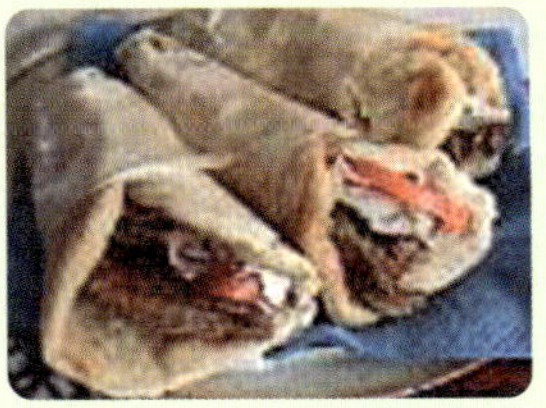

케밥

• 이 빵은 어떤 모양이니?

⑥ '케밥' 의 제조 과정과 특징에 대하여 알아본다.

• 밀이나 쌀로 반죽하여 밀대로 동그랗게(6인치 정도의 크기) 민다.
• 기름을 두르지 않은 프라이팬에서 노릇노릇하게 굽는다.
• 구워진 '또띠아' 여러 장을 공기가 들어가지 않도록 하여 냉동실에 보관한다(마트에서 구입 가능).
• 먹고 싶을 때 꺼내어 취향에 따라 시원하게 야채나 과일, 고기, 생선 등을 넣어 먹는다.
• 케밥은 언제 먹으면 가장 맛이 있을까?
• 케밥은 어떤 지방에 사는 사람들이 즐겨 먹는 빵일까?
  –더운 지방에 살고 있는 사람들이 시원하게 즐겨 먹는 음식이다.

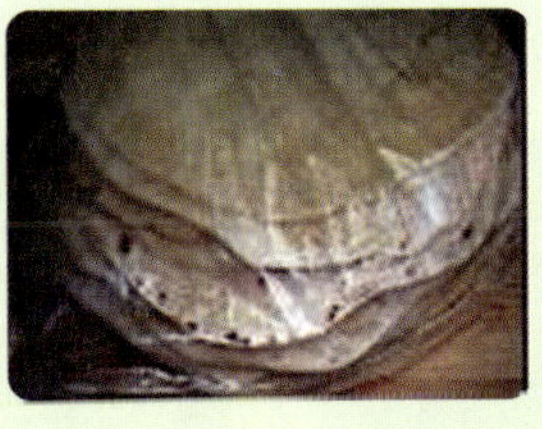

또띠아와 속 재료들

⑦ 유아가 먹고 싶어 하는 빵에 대하여 이야기 나눈다.

• 너희는 어떤 빵을 먹어보고 싶니?

-케밥, 피자빵, 호빵이요.

• 그 빵을 먹고 싶은 이유는 무엇이니?

사전 · 사후활동

• 더운 여름에 시원하게 먹을 수 있는 빵 만들기(요리)

• 제과점이나 빵 공장 방문하기(현장학습)

• 빵에 대한 정보자료 모으기(조사)

• 점토로 여러 가지 빵 만들기(조형)

• 다양한 모양의 빵을 한 개씩 가져와서 친구들과 함께 맛보기(과학)

• 빵 가게 역할놀이 해 보기(역할)

• 빵과 관련된 동화 듣기(언어)

활동장면

시원하게 먹을 수 있는 빵 만들기 과정

멕시코 음식: 토르티야/타코/화이타의 차이

토르티야(tortilla)는 밀전병이고 타코(taco)는 옥수수 전병을 튀긴 것으로 음식점마다 타코 셸(taco shell)이라는 커다란 타코 안에 샐러드를 넣어 먹기도 하고, 타코 안에 오븐 스파게티를 넣어 먹기도 한다. 일반적으로는 닭고기나 쇠고기, 야채 등을 넣어 같이 먹는데, 샐러드 바에서 직접 만들어 먹도록 준비되어 있는 곳도 있다. 그리고 화이타(faghita)는 토르티야에 쇠고기, 야채 등을 넣어 먹는 것인데, 보통 쇠고기, 닭고기, 새우 등은 철판 위에서 익혀 나온다. 이런 멕시코 음식들을 먹을 때는 채 썬 양상추와 함께 사워크림(sour cream: 통감자와도 같이 먹는 시큼한 맛의 크림), 피코데갈로(pico de gallo: 토마토, 양파, 할라피뇽 등을 레몬주스와 소금에 절인 야채), 구아카몰(guacamole: 아보카도로 만든 녹색 크림) 등과 곁들여 먹는다.

화이타

토르티야

활동 3 식사도구가 달라요

- **생활주제** 우리나라/세계 여러 나라/생활 도구/건강과 안전
- **지도요소** 문화/정체성
- **선정이유** 한국 음식에는 국민성이 반영되어 갖가지 재료를 이용하고 다양한 조리법을 써서 만든 후 세밀하게 공을 들여 한 상 가득 차리고, 숟가락과 젓가락을 사용하는 문화다. 또한 우리의 식사는 밥과 반찬을 나누고 그것을 함께 먹지만 서양의 식사는 주식과 부식의 구별이 뚜렷하지 않을 뿐만 아니라 음식에 따라 개인이 사용하는 그릇, 스푼, 포크, 나이프 등이 다르다. 그런데 현대의 음식문화는 한식과 양식의 뚜렷한 구분 없이 유아들의 일상에 스며들어 젓가락 사용을 줄어들게 하고 있다. 이에 이 활동을 통해 우리나라와 서양의 상차림이나 식사예절에 대해 관심을 갖게 하고, 숟가락과 젓가락, 나이프와 포크 등의 도구에 대한 필요성을 알고 사용법을 바르게 익혀 음식문화에 대해 이해하고자 한다.
- **활동목표**
  - 우리나라와 서양의 상차림에 대해 관심을 가진다.
  - 우리나라와 서양 식사의 차이점과 공통점에 대해 안다.
  - 숟가락과 젓가락 그리고 나이프와 포크의 필요성을 알고 올바른 사용법을 안다.
- **활동자료** 한식당과 레스토랑에 대한 사진, 한식과 서양의 상차리기 관련 자료, 식사 도구(숟가락과 젓가락, 나이프와 포크) 등

1) 한식당과 레스토랑 사진

〈그림 1〉 한식당과 레스토랑

2) 한국의 상차리기

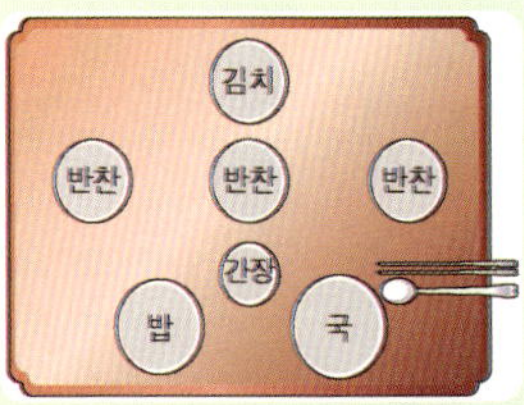

〈그림 2〉 상차리기(3첩)

〈그림 3〉 3첩 반상

〈그림 4〉 5첩 반상

〈그림 5〉 7첩 반상

〈그림 6〉 교자상

3) 서양의 상차리기

〈그림 7〉 서양의 아침식사

〈그림 8〉 서양의 점심식사

〈그림 9〉 서양의 저녁식사

〈그림 10〉 도구사용

4) 한식과 양식 상차리기와 필요한 도구

〈그림 11〉 한국의 상차리기

〈그림 12〉 수저

〈그림 13〉 서양의 상차리기

〈그림 14〉 포크, 나이프, 스푼

〈그림 15〉 후식도구

〈그림 16〉 냅킨

활동방법

① 식당에 가 본 경험에 대해 이야기 나눈다.

• (〈그림 1〉을 보며) 여기는 어디일까, 가 본 적이 있니?

• 식당은 무엇을 하는 곳이니? 무엇을 하러 갔니?

–가족들과 밥 먹으러 갔어요. 생일파티도 해요.

• 식당에서 어떤 요리를 먹어 보았니?

② 한국의 상차림에 대해 이야기 나눈다.

• (〈그림 6〉을 보며) 이것은 무엇이니?

–밥상이요.

• 우리나라의 밥상에는 어떤 음식들이 있니?

–밥, 국, 김치, 반찬이 있어요.

• 밥, 국, 반찬 외에 또 무엇이 있니?

–숟가락과 젓가락이요.

• (〈그림 7, 8, 9〉를 보며) 이 사진 속의 밥상들의 다른 점은 무엇이니?

–반찬들의 수가 달라요. 반찬 수가 점점 많아져요.

• 같은 점은 무엇이니?

–밥, 국, 숟가락과 젓가락이요.

–우리 집에서도 이렇게 먹어요.

③ 서양의 상차림에 대해 이야기 나눈다.

–(〈그림 10〉을 보며) 여기에 어떤 음식들이 있니?

–빵, 계란 프라이, 잼, 주스, 포크와 나이프가 있어요.

–(〈그림 11〉을 보며) 여기에는 어떤 음식들이 있니?

–식빵과 우유, 그리고 귤이 있어요.

• (〈그림 12〉를 보며) 여기에는 어떤 음식들이 있니?

–고기, 샐러드, 수프 그리고 커피가 있어요. 또 후추가 있어요.

• (〈그림 10, 11, 12〉를 보며) 사진 속의 같은 점은 무엇이니?

–서양 사람들의 식사예요.

④ 우리나라와 서양의 상차림을 비교하며 차이점과 공통점에 대해 이야기 나눈다.

• 우리나라와 서양 사람들의 식사에서 다른 점은 무엇이니?

–우리나라는 꼭 밥을 먹는데, 서양 사람들은 밥 대신 빵이나 고기를 먹어요.

–우리나라는 반찬이 많은데, 서양식은 샐러드를 먹어요.

–우리나라는 꼭 김치를 먹어야 해요.

–우리나라는 밥 먹을 때 수저가 필요하고, 서양식은 포크와 나이프가 필요해요.

• 우리나라와 서양 사람들의 식사에서 같은 점은 무엇이니?

–매일 세 번(아침, 낮, 저녁)의 식사를 해요.

–우리는 국이 있는데, 양식에는 스프가 있어요.

–간식을 먹어요.

–도구를 사용해서 식사를 해요.

⑤ 수저와 나이프, 그리고 포크와 나이프의 필요성에 대해 이야기 나눈다.

• 우리나라 사람들이 식사할 때 꼭 필요한 도구는 무엇이니?

–숟가락과 젓가락이요.

• 숟가락과 젓가락이 없을 때 불편한 점은 무엇이니?

–손으로 집어 먹으면 손이 더러워져요.

–아기처럼 포크로 먹어야 해요.

–국물만 마셔야 해요.

• 외국 사람들이 식사할 때 꼭 필요한 도구는 무엇이니?

–포크와 나이프요.

• 나이프와 포크가 없을 때 불편한 점은 무엇이니?

–손으로 먹으면 소스도 묻고 불편해요.

–고기를 잘라서 먹어야 하는 데 먹을 수가 없어요.

–젓가락이나 숟가락으로 먹으면 힘이 들어요.

⑥ 수저와 나이프, 포크의 올바른 사용법을 익힌다.

• 숟가락과 젓가락을 어떻게 잡는 것이 바른 자세일까?

• 포크와 나이프의 올바른 사용법에 대해 아니? 사용해 본 적이 있니?
 -왼손에 포크, 오른손에 나이프를 잡아요.
 -포크로 음식을 누르고 나이프의 끝 부분으로 잘라요.

⑦ 수저와 나이프 그리고 포크를 사용해 본 경험에 대해 이야기 나눈다.
• 숟가락과 젓가락(나이프와 포크)을 사용해 본 느낌이 어떠니?
• 숟가락과 젓가락(나이프와 포크)을 사용하면서 어려웠던 점은 무엇이니?

활동장면

식사도구의 사용모습

사전 · 사후활동

- 다양한 방법으로 냅킨 접어 보기(조형)

- 한식의 3첩 반상을 차린 후 점심식사하기(점심)

- 한식당과 레스토랑 놀이(극놀이)
- 가정과 연계하여 유아의 식사예절을 관찰 · 점검한 후 그래프 그려보기(수학)

식사 예절 관찰 조사표

** 유치원 ______ 반 이름: __________

식사예절항목 / 관찰기준	잘함	보통	노력을 요함
식사 전에 손을 씻는다.			
인사말을 사용한다(음식을 받을 때 고맙습니다, 잘 먹겠습니다, 잘 먹었습니다).			
먹을 수 있을 만큼 덜은 후, 남기지 않고 다 먹는다.			
어른이 수저를 든 후에 먹는다.			
입안에 음식을 가득 넣고 말하지 않는다.			
돌아다니며 먹지 않는다.			
젓가락을 올바르게 사용한다.			
흘리지 않고 먹는다.			
골고루 먹는다(편식하지 않는다).			
음식물을 완전히 삼킨 후 자리에서 일어난다.			
식사 후 주변을 깨끗이 정리한다.			
기타(개별지도가 필요한 부분)			

교수 · 학습자료 도우미

우리나라의 반상기와 '서양의 상차리기' 활동 참고자료

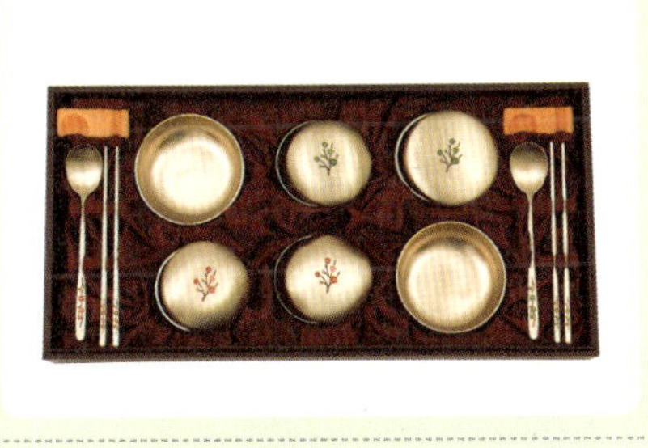

반상기

면상

① 전채용 포크, 나이프	⑥ 디저트 스푼	⑪ 적포도주 잔
② 생선용 포크, 나이프	⑦ 과일용 포크, 나이프	⑫ 샴페인 잔
③ 육류용 포크, 나이프	⑧ 티 스푼	⑬ 기타 주류용 컵
④ 수프용 스푼	⑨ 물컵	
⑤ 버터 나이프	⑩ 백포도주 잔	

꽃으로 요리를 만들어요

활동 4

생활주제 봄여름가을겨울

지도요소 문화/다양성/편견

선정이유 화전놀이(삼월 삼짇날)는 쌀가루를 반죽한 뒤 진달래(봄에는 민들레, 가을에는 국화)로 장식하여 전을 부쳐 먹는 우리의 세시풍습이다. 화전을 만들어 먹는 풍습을 소개하고 꽃을 이용한 여러 모양의 화전을 만들어 우리의 세시풍습을 이해한다.

활동목표
- 화전놀이의 세시풍습에 관심을 가진다.
- 꽃을 이용한 다양한 음식들의 이름과 특징을 안다.

활동자료 진달래 꽃잎, 쑥, 찹쌀 반죽, 여러 모양의 찍기틀, 식용유, 프라이팬, 뒤집개, 참기름, 접시, 그 밖에 식용으로 쓰이는 꽃(장미, 민들레 등)

진달래

국화

장미

민들레

앵초

맨드라미

백련초

비올라

환경구성 화전과 관련된 여러 가지 꽃 요리 사진

여러 모양의 화전과 화채

국화전

제비꽃 화전

꽃 떡

꽃 샐러드

새싹비빔밥

꽃 김밥

활동방법

✣ 사전활동: 식용으로 쓰이는 여러 가지 꽃 관찰하기(과학)

✣ 이야기 나누기: 화전놀이

① 화전놀이(삼월 삼짇날)에 대한 이야기를 들려준다.

- 오늘(어제)은 무슨 날이니?
- (진달래 화전을 보여 주며) 이 음식의 이름은 무엇일까?
- '진달래 화전' 을 먹어 본 적이 있니?
- '진달래 화전' 은 어떻게 만들었을까?

② 꽃이 들어 있는 음식을 먹어 본 경험에 대해 이야기 나눈다.

- 꽃이 들어 있는 음식을 먹어 본 적이 있니?

③ 식용으로 쓰이는 여러 가지 꽃들을 보여 주며 이름과 특징에 대하여 이야기 나눈다.

- 이 꽃의 이름, 색깔, 향기는 어떠니?

• 어떤 계절에 피는 꽃일까?

④ 여러 종류의 화전을 하나씩 보여 주며 이야기 나눈다.

• 이 음식(화전)의 이름은 무엇일까?
• 어떤 꽃이 사용되었을까?(진달래꽃, 장미꽃, 제비꽃, 국화 등)
• '장미 화전' 은 어떤 계절에 만들어 먹을 수 있을까?(여름)
• '국화 화전' 은 어떤 계절에 만들어 먹을 수 있을까?(가을)

⑤ '꽃 떡' 을 보여 주며 이야기 나눈다.

• 이 음식의 이름은 무엇일까?(꽃 떡)
• 어떤 꽃이 사용되었니?
• 어떻게 만들었을까?

⑥ 꽃을 활용한 다양한 종류의 음식을 보여 주고 사용한 꽃에 대해 이야기 나눈다.

• 이 음식의 이름은 무엇이니?
  –장미 쌈밥, 꽃 김밥, 꽃 비빔밥, 꽃 케이크
• 어떤 꽃이 사용되었니?
• 어떤 재료들이 사용되었니?

⑦ 음식에 사용된 여러 가지 꽃에 대해 확인한다.

• 꽃을 이용한 음식 이름을 이야기해 보자.
• 음식 재료로 사용된 꽃에는 어떤 것들이 있는지 이야기해 보자.

사전 · 사후활동

• 꽃을 이용한 화전 만들기(요리)
• 세계 여러 나라의 꽃 요리 알아보기(조사)

교수·학습자료 도우미

화전놀이

화전놀이는 전래 여성놀이의 하나로 화류놀이, 꽃놀이라고도 한다. 여자들이 봄에 산이나 들로 나가 하루를 즐기며 놀던 풍습이다. 본래 한 가문의 남녀가 모여 노는 놀이였으나 가까운 동네의 친한 사람들의 모임으로 변화되면서 여자들의 놀이가 되었다. 추운 겨울이 지나고 따뜻한 봄이 오면 여자들은 음식을 준비하여 밖으로 나가 꽃싸움이나 꽃단치기를 하고, 두견화전을 부쳐 먹었다.

활동 5 미역국에 넣는 재료가 다양해요

생활주제 우리나라

지도요소 문화/다양성

선정이유 우리나라는 생일에 미역국을 먹는 풍습이 있다. 그러나 미역국에 넣는 재료나 끓이는 방법은 지역이나 가정마다 다르다. 이에 유아들이 미역국을 끓이는 다양한 재료와 방법에 친숙해지는 경험을 갖게 한다.

활동목표
- 집집마다 생일을 축하해 주는 방법이 다양함을 안다.
- 미역국에 들어가는 재료들이 지역이나 풍습에 따라 다양함을 안다.

활동자료 건미역, 미역국 요리순서도, 미역국 재료(쇠고기, 닭고기, 조개, 새우, 굴, 홍합, 표고버섯, 참기름, 소금, 마늘 등), 냄비, 가스레인지, 부엌 용품(예: 그릇류, 수저, 프라이팬 등), 음식 모형(예: 케이크, 채소, 과일, 생선 등)

환경구성 생일축하 사진 자료 게시

활동방법

✣ 사전활동: 생일축하놀이(역할)

- 교사는 유아가 역할놀이영역에 준비된 케이크 모형에 관심을 보일 때 개입한다.
  - 오늘 누구 생일인가 봐요. 케이크를 사셨군요. 곰돌이 생일이라구요? 그러니까 오늘은 곰돌이가 태어난 날이군요. 아침에 미역국은 드셨어요? 우리 집에서는 생일 아침에 미역국을 먹어요.
- 교사는 자발적으로 놀이에 참여하여 유아들이 '생일 축하 놀이'를 할 수 있도록 돕는다.
  - (음식을 차리는 것을 돕거나 음식을 먹는 시늉을 하며) 어떻게 곰돌이의 생일

을 축하해 줄 건가요?

• 각자 집에서 생일에 어떻게 지내는지 경험담을 이야기하고 정리한 후 놀이 내용을 제안해 준다.

• 유아가 이야기한 내용대로 '생일 축하 놀이' 를 한다.

① '생일 축하' 노래를 하며 촛불을 끈다.

② 케이크를 나누어 먹는다.

③ 준비한 축하노래를 불러 준다.

④ 몇 명의 유아는 손님으로 초대한다.

• 놀이가 끝나면 놀잇감을 제자리에 정리한다.

✣ 이야기 나누기: 미역국 끓이기

① 미역국을 먹어 본 경험에 대하여 이야기 나눈다.

• 미역국을 먹어 본 적이 있니?

• 미역국은 언제 먹는 음식일까?

–생일, 엄마가 아기를 낳았을 때, 먹고 싶을 때 먹어요.

② 미역국을 끓일 때 미역과 함께 들어갈 수 있는 재료에 대하여 이야기 나눈다.

• 미역국에는 어떤 재료가 들어갈까?

–미역, 고기, 바지락, 새우, 멸치, 물이요.

• '닭고기' 가 들어간 미역국을 보거나 먹어 본 적이 있니?

• '버섯' 이 들어간 미역국을 보거나 먹어 본 적이 있니?

• '돔(생선)' 이 들어간 미역국을 보거나 먹어 본 적이 있니?

③ 지역에 따라 서로 다른 미역국 재료에 대해 이야기 나눈다.

(도시에서 살고 있는 사람들은 마트나 식육점에서 쉽게 구할 수 있는 쇠고기나 닭고기로 미역국을 끓인다.)

• 고기를 넣고 끓인 미역국을 먹어 본 적이 있니?

(바다 가까이에 살고 있는 사람들은 바다에서 쉽게 얻을 수 있는 조개나 돔, 굴,

새우, 홍합 등을 넣어 미역국을 끓이고, 제주도에서는 '돔'이라는 생선을 넣어 미역국을 끓이기도 한다.)

- 어패류가 들어간 미역국을 먹어 본 적이 있니?

(바다 버섯은 원래 산에서 구할 수 있지만 요즘은 많은 종류의 버섯들을 하우스에서 재배하고 있어서 고기가 없을 때는 버섯을 넣어 미역국을 끓인다.)

- 버섯이 들어간 미역국을 먹거나 본 적이 있니?

(참기름만 넣어 끓이기도 한다.)

- 미역국을 끓일 수 있는 다양한 재료로 또 어떤 것들이 있을까?

④ 가장 좋아하는 미역국에 대하여 이야기 나눈다.

- 너희들이 가장 좋아하는 미역국은 무엇이니?
- 어떤 재료가 들어갔을 때 가장 맛이 있었니?

⑤ 먹어 보고 싶은 미역국에 대하여 이야기 나눈다.

- 먹어 보고 싶은 미역국은 무엇이니?
- 만약 너희가 미역국을 끓인다면 어떤 재료를 넣어 끓이고 싶니?

⑥ 우리 반 친구들이 가장 좋아하는 미역국은 무엇이며, 나와 어떻게 다른지 비교하여 본다.

- 너희가 좋아하는 미역국은 어떤 것이니?

−(좋아하는 미역국에 표시한다.)

- 우리 반 친구들이 가장 좋아하는 미역국은 무엇일까?

−고기가 들어간 미역국이요.

⑦ '쇠고기미역국'과 '닭고기미역국'의 다른 점과 같은 점에 대하여 조사해 본다.

⑧ '조개미역국' 과 '새우미역국' 의 다른 점과 같은 점에 대하여 조사해 본다.

⑨ '닭고기미역국' 과 '표고버섯미역국' 의 다른 점과 같은 점에 대하여 조사해 본다.

사전 · 사후활동

- 좋아하는 미역국 끓이기(요리)

활동 6 내 이름에서 음식을 찾아요

- 생활주제 유치원과 친구
- 지도요소 문화/다양성
- 선정이유 유아 자신의 이름에서 음식의 이름을 찾아 연결지어 봄으로써 다양한 음식에 친근감을 가질 수 있고, 자신의 이름에서 독특함을 찾아낼 수 있다.
- 활동목표
  - 음식을 나누고 즐기는 기쁨에 대하여 안다.
  - 자신과 친구들의 이름에서 차이점과 공통점을 찾는다.
  - 이름이 들어간 음식에 관심을 갖는다.
- 활동자료 여러 가지 음식 메뉴판, 활동지, 쓰기도구
- 활동방법

① 포틀럭 파티(Potluck Party)에 대하여 들려준다.

- 내용: 어떤 기념일에 한 친구가 저녁에 포틀럭 파티를 하자는 제안을 했어. 그리고 장소와 초대할 친구들도 정했지. 그런데 이 파티에는 한 가지 중요한 약속이 있었어. 그것은 바로 파티에 참석하는 친구들이 한 가지씩 음식을 준비해 오는 것이었어. 그리고 더 중요한 사실은 음식을 준비해 오되, 자기 이름의 첫 글자로 시작되는 음식을 한 가지씩 준비해 오는 것이었지. 김철수는 김밥을 만들어 오기로 했고, 김순이는 '김' 자의 'ㄱ(기역)' 이 들어간 '고구마' 를 삶아 오기로 했어. 또 '양무안' 은 '양파주스' 를 준비해 오기로 했지. 그럼, 만약 열 명의 친구들이 모두 모인다면 파티에 준비된 음식의 종류는 얼마나 될까? 그래, 맞아. 열 가지 음식이 간단히 차려질 수 있는 거지. 그래서 친구들은 파티에 참석하기 위해 자신의 이름 첫 글자로 시작되는 음식을 가져오거나 재료들을 준비하여 직접 만들기로 했어. 그리고 음식들이 차려지고 파티가 시작되면 서로

서로 준비한 음식들을 나눠 먹으면서 정말 즐거운 시간을 보내겠지! 그런데 파티가 끝나더라도 할 일이 있어. 참석한 친구 모두 자신이 가져온 그릇들을 꼭 챙겨야 하는 거야. 물론 파티의 뒷정리도 도와주어야 하고……. 그래야 다음에 또 멋진 파티를 계획할 수 있겠지?

② 유아들과 방학 파티(기념일 등)를 계획한다.

- 방학하는 날 만약 우리가 파티를 한다면 어떤 것들을 준비해야 할까?
- 파티에 필요한 음식들은 무엇일까?

③ 유아의 이름으로 음식과 관련한 삼행시 짓기를 해 본다.

- 성이나 이름으로 시작된 음식을 찾아보자.
  –김: 김밥, 김치 등, 양: 양장피, 양파주스 등

④ 성이 같은 친구끼리 모이게 하여 중복을 피하거나 음식 선정에 도움을 주도록 한다.

⑤ 모든 유아가 볼 수 있도록 이름 옆에 준비해 올 음식을 적는다.

⑥ 유아와 그 밖에 꼭 필요한 음식은 무엇인지, 파티에 꼭 필요한 것 중 빠진 것은 없는지 확인해 본다.

- 파티와 음식 준비에 대한 사항은 가정으로 안내하여 부모님의 협조를 구한다.

활동장면

유아 활동 결과물

사전 · 사후활동

- 파티 초대장 만들기(조형)
- 파티 계획하고 역할 정하기(역할놀이)
- 파티 장소 꾸미기(협동)

교수 · 학습자료 도우미

포틀럭 파티

포틀럭 파티(Potluck Party)는 미국 특유의 즐거운 파티 중의 하나다. 참석자가 개인 단위일 경우는 각자 한 가지씩, 가족 단위일 경우는 한두 가지 요리를 지참하고 와서 여는 파티로 사람 수가 많으면 많을수록 또 여러 인종이 모일수록 호화롭고 즐거운 파티가 된다. 요리를 지참하는 데는 두 가지 방법이 있는데 하나는 어떤 요리도 상관없으니 가장 자신 있는 것을 지참하는 방법이다. 주요리가 너무 많거나 샐러드류가 부족한 경우가 있을지도 모르지만 참석자로서는 마음 편히 참여할 수 있다. 다른 하나는 주관하는 사람을 정하고 참석자에게 이러이러한 요리를 가져오면 좋겠다고 할당하는 방법이다. 이 경우는 주요리, 샐러드, 디저트, 음료 등이 균형 있게 모이지만 주관하는 사람은 종류 조정에 신경을 써야 한다. 그리고 파티가 끝나면 참석자 전원이 뒷마무리를 하고 자기가 지참한 그릇들을 갖고 돌아간다.

초청한 친구: "포틀럭 파티를 하기로 했는데 올 수 있니?"
초대 받은 친구: "나는 샐러드, 디저트, 음료수를 가지고 갈게."
또는 "무엇을 가지고 갈까?"

활동 7

뷔페를 차려 볼까요

생활주제 건강과 안전

지도요소 문화/다양성

선정이유 뷔페는 여러 가지 음식을 차려 놓고 손수 덜어 먹도록 한 식당으로 각자의 취향에 맞는 음식을 선택할 수 있을 뿐만 아니라 뷔페가 가진 기능을 통하여 다양한 음식에 친근감을 가질 수 있다. 이에 뷔페에서 함께 음식을 나누면서 자신과 친구의 음식 취향에 대해 관심을 갖는다.

활동목표
- 뷔페의 종류와 특징에 대해 안다.
- 다양한 음식이 차려진 뷔페를 경험해 본다.

활동자료 뷔페와 관련된 사진, 각자 준비해 온 음식

활동방법

① 식당에 가 본 경험에 대하여 이야기 나눈다.

- 식당에 가 본 적이 있니?

• 식당에서 무엇을 하였니?

② 뷔페에 가 본 경험이나 알고 있는 것에 대하여 이야기 나눈다.

• (뷔페의 여러 모습에 대한 자료를 제시하며) 이곳에 가 본 적이 있니?

• 여기서 무엇을 하였을까?

–돌잔치, 할아버지 · 할머니 회갑연, 파티 등을 했어요.

• 이 식당의 이름은 무엇일까?

③ 뷔페의 종류에 대하여 이야기 나눈다.

• 뷔페에서 어떤 음식을 먹었니? 어떤 음식이 있었니?

• 뷔페의 종류에는 어떤 것들이 있을까?

–한식, 고기, 채식, 해산물, 중식, 이탈리아식, 일식 뷔페 등이 있어요.

• 뷔페에는 어떤 음식이 준비되어 있을까?

④ 뷔페의 특징에 대하여 이야기 나눈다.

• 일반 식당과 다른 점은 무엇이니?

–많은 음식이 차려져 있어요.

–가격이 똑같아요(음식 값을 한 번만 지불한다).

–○○식당에서는 내가 음식을 주문하면 음식을 갖다 주지만 뷔페는 직접 갖다 먹어요.

–뷔페에서는 음식을 골고루 먹을 수 있어요.

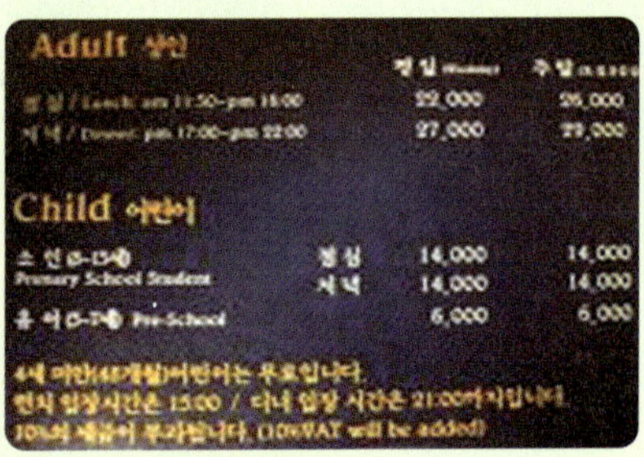

뷔페의 음식 가격표

뷔페에서 음식을 줄 서서 가져가고 있는 모습

• 뷔페의 좋은 점은 무엇일까?

–내가 좋아하는 음식을 골라서 먹을 수 있어요.

⑤ 뷔페의 어원에 대해 들려준다.

뷔페의 어원은 스웨덴의 'Smorgasbord'에서 비롯된 것이다. Smor란 빵과 버터를 의미하고, Gas는 닭, 오리 등 날개 달린 짐승을 이용한 구이를 의미하며, Bord는 널빤지(탁자)를 의미하는 단어다. 8~10세기경 스칸디나비아 반도의 해적단(Viking)들은 며칠씩 배를 타고 나갈 때 커다란 널빤지에 술과 음식을 한꺼번에 올려놓고 식사를 했다고 한다. 뷔페는 이러한 바이킹들의 식사방법에서 유래한 것으로 이 때문에 일본에서는 아직도 뷔페를 바이킹식당이라고 부른다. 일정한 격식을 차리지 않고 간편하게 손님을 접대할 수 있는 것이 뷔페다. 뷔페는 초청하는 사람이나 초청 받은 사람 모두 가벼운 기분으로 식사를 할 수 있으며, 자신이 직접 음식을 덜어다 먹기 때문에 자기가 선호하는 요리 위주로 먹을 수 있다는 특징이 있다. 그리고 뷔페는 형식에 따라 Sitting Buffet(테이블에 앉아서 식사)와 Standing Buffet(선 채로 식사), 칵테일 뷔페(식사보다는 음료와 안주 위주의 간단한 뷔페)로 구분하기도 한다.

⑥ 식당에서 지켜야 할 식사 예절에 대하여 이야기 나눈다.

⑦ 뷔페에서 맛있게 식사하는 방법에 대하여 이야기를 나눈다.

뷔페 식사를 맛있게 하려면……

☞ 찬 요리와 더운 요리를 한꺼번에 접시에 담지 않아요.

☞ 찬 요리를 먼저 먹고 난 후에 더운 요리를 먹어요.

☞ 어떤 요리든지 한꺼번에 많은 양을 담지 말고 조금씩 자주 가져와요.

☞ 샐러드와 더운 육류 요리를 함께 담지 않아요.

☞ 후식류는 식사의 마지막에 담아 와서 먹어요.

⑧ 상차림을 위해 미리 집에서 준비해 온 음식(한 가지씩)을 소개한다.

- 음식 준비에 대한 사항은 가정으로 미리 안내하여 부모님의 협조를 구한다.

⑨ 가져온 음식을 식탁에 차려 놓고, 유아가 손수 접시에 덜어 먹을 수 있도록 한다.

- 뷔페에서의 예절을 알고 차려진 음식들을 골고루 먹어 보게 한다.

⑩ 활동 후, 뷔페를 이용하는 예절을 알고 잘 실천하였는지 평가한다.

- (셀프서비스인 경우) 지정된 곳에 식기를 반납하였는가?
- (접시가 놓인 곳에서 시계방향으로) 코스에 맞춰 먹을 만큼만 조금씩 덜어다 먹고 남기지 않았는가?

사전 · 사후활동

- 뷔페를 위한 음식 준비하기(요리)
- 뷔페놀이(역할)
- 뷔페 꾸미기(쌓기)

교수 · 학습자료 도우미

스모르거스보르드(smorgasbord)

생선과 치즈를 비롯해 뜨겁고 찬요리들이 다양하게 나오는 스웨덴의 뷔페다. 스웨덴의 여러 지방에서는 식사에 손님들을 대규모로 초대하는 것이 관습이었으며, 음식은 사람들 스스로가 먹을 수 있도록 긴 식탁 위에 차렸다. 18세기 명절식사인 반빈스보르드는 전채요리로 시작했으며 아콰비트, 청어요리, 기타 맛있는 음식들이 나왔다. 현대의 스뫼르고스보르드는 기본적인 빵, 버터, 치즈와 소금 · 식초 · 매리네이드에 절인 청어를 내놓는 간단한 전채요리 식사나, 다양한 방법으로 요리한 청어, 파테(고기파이), 냉육, 샐러드를 포함해서 그라블렉스(매리네이드에 절인 연어), 고기완자, '얀손의 유혹'(감자, 양파, 앤초비, 크림의 찜냄비 요리) 같은 스웨덴 고유음식이 뜨겁게 또는 차게 나오는 정성들인 식사다.
출처: 다음 백과사전(http://www.daum.net)

⁛ 식당에서의 예절에 대해 더 알아보아요

1 한식예절

1) 상차림 예절

- 기본 음식인 밥그릇은 먹는 사람의 왼쪽에, 국그릇은 오른쪽에 놓는다.
- 숟가락은 국그릇 오른쪽에 놓으며, 젓가락은 숟가락 오른쪽에 둔다.
- 국물이 있는 음식은 먹는 사람 가까이에 놓고, 국물이 없는 음식은 멀리 둘 수 있다.
- 기본 조미료인 간장, 고추장은 식탁의 중앙이나 먹는 사람 가까이에 놓는다.
- 수육과 젓, 회와 고추장 등과 같이 특정 음식과 관계되는 조미식품은 주 식품과 가깝게 놓는다.
- 식어도 관계가 없는 음식을 먼저 차리고 뜨겁게 먹는 음식은 식사 직전에 차린다.

2) 식사 전 예절

- 식사 시 복장은 단정해야 하며 자세를 바르게 한다.
- 식사 전에는 위생상의 이유뿐만 아니라 올바른 태도를 가지기 위해서 손을 씻는다.
- 물수건을 사용할 경우에는 손만 닦고, 손을 닦은 물수건은 잘 접어서 식탁 옆에 놓아 둔다.
- 웃어른과 함께 식사를 할 때에는 웃어른이 수저를 든 다음에 들고, 식사를 할 때도 보조를 맞춘다.

3) 식사할 때의 예절

- 같은 음식이라도 맛을 알고 정결하게 먹기 위해서는 한꺼번에 여러 가지

음식을 뒤섞어 먹지 않는다.

- 맛있는 음식만을 골라 먹거나, 뒤적거리며 집었다 놓았다 하는 것은 남에게 불쾌감을 줄 수 있으므로 하지 않는다.
- 한꺼번에 많은 음식을 입에 넣어서 음식이 입 밖으로 튀어나오지 않도록 한다.
- 음식을 먹을 때 소리를 내거나 다른 사람에게 입 안이 보이지 않도록 주의한다.
- 수저가 그릇에 부딪치는 소리나 국을 마실 때 후루룩 소리를 내거나 뜨거운 음식을 입으로 불어서 식히지 않는다.
- 음식을 먹을 때는 몸을 단정히 하고 앉아 음식을 입에까지 가져다 먹는다.
- 식사 중 말을 할 때에는 입 안에 있는 음식을 삼키고 수저를 내려놓고 말한다.

4) 식사 후의 예절

- 식사를 다했다고 하더라도 웃어른이 식사 중일 때에는 자리에서 일어나지 않는다.
- 수저를 식탁 위에 내려놓지 말고 국그릇에 걸쳐 놓았다가 웃어른이 식사를 마친 후에 수저를 내려놓는다.
- 식사를 마쳤을 때에는 "잘 먹었습니다." 하고 인사한다.

2 양식예절

양식의 식사예절은 입장에서부터 디저트까지 일정한 수순에 따라 지켜야 한다.

1) 기본적인 테이블 예절

- 입을 음식으로 가져가 먹지 않는다.
- 식사 중에는 머리에 손을 대지 않는다.
- 식탁에서는 다리를 꼬고 앉지 않는다.
- 즐겁게 대화를 하며 먹는다.
- 식탁에서 컵의 물을 쏟거나 나이프, 포크, 숟가락 등을 바닥에 떨어뜨릴 경우 줍지 않고 새것을 요구한다.
- 음식을 자기 식으로 먹지 않고, 음식마다의 방법으로 먹는다.
- 먹는 방법을 모를 경우 웨이터나 아는 사람에게 물어도 실례가 되지 않는다.
- 종업원이 서비스하고 있는 도중에는 대화를 하지 않는다.

2) 입장

- 복장은 남성은 정장, 여성은 원피스나 슈트 등이 적당하며, 색상은 검정색이나 흰색 등 단색이 좋다.
- 식당에 들어가기 전에 준비된 물로 손을 씻고 들어가고, 들어가서 자리를 잡은 후에는 손을 씻지 않는다.
- 들어가기 전에 문 앞에서 좌석 지정제 식당인지를 확인하고, 좌석 지정제 식당인 경우에는 종업원의 안내 없이 빈자리에 마음대로 앉지 않는다.
- 부피가 큰 휴대물은 클로크룸(cloak room)에 맡기고 들어간다.
- 서양인의 사고에서는 여성이 우선하므로, 여성이 먼저 종업원의 안내를 받아 들어가고, 남자는 뒤따라 들어간다.
- 자리에 앉은 후 주변을 두리번거리지 않는다.

- 웨이터는 소리 내서 부르지 않으며, 시선이 마주칠 때까지 기다려서 수신호로 부른다.

3) 메뉴 주문

- 메뉴에 대해서 아는 체하기보다는 모르는 메뉴는 웨이터에게 무엇인지 물어본다.
- 음식을 주문할 때 옆 테이블의 음식과 같은 것을 먹고 싶을 경우, 눈으로 가리키며 묻는 것이 예의이며, 직접 손으로 가리키지 않는다.

4) 나이프, 포크

- 나이프와 포크를 실수로 떨어뜨리면 줍지 않고 웨이터에게 새것을 가져오도록 요청한다.
- 포크는 바깥쪽에 놓여 있는 것부터 사용한다.
- 나이프와 포크를 쥔 채 말하지 않는다.
- 나이프와 포크가 눈앞에서 왔다 갔다 하면 좋지 않다.
- 나이프를 접시 위에 놓을 때는 칼날이 자기를 향하도록 놓고 밖으로 놓이지 않게 한다.
- 포크는 뒤집어 놓지 않는다(이는 식사가 다 끝났음을 의미한다.).
- 나이프와 포크를 사용할 때에는 부딪치는 소리가 나지 않도록 주의한다.
- 나이프로 스테이크를 자를 경우, 밀 때 힘을 주고 당길 때 유연하게 하면 톱질하는 것처럼 보이지 않는다.

사용 전

사용 중

사용 후

- 식사를 다 마치면 포크와 나이프를 나란히 접시 위에 올려 둔다.

5) 냅킨

- 냅킨은 혼자서 먼저 펴지 않으며 반드시 주빈이나 초청자와 맞추어서 편다.
- 식사 중에 냅킨을 테이블에 놓아서는 안 되며, 놓고 싶을 때에는 의자 위에 놓는다.
- 냅킨은 한쪽 귀퉁이를 제한적으로 사용하는 것이 바람직하며 손수건과 같이 전체를 함부로 사용하지 않는다.
- 식사가 끝나면 냅킨을 대충 개서 포크가 놓인 왼쪽 테이블에 놓는다.

6) 수프

- 수프는 소리 내면서 마시지 않는다.
- 뜨거운 수프를 식힐 경우 스푼으로 저어서 식힌다.
- 수프를 흐르지 않게 하기 위해 입을 그릇에 너무 가까이 대지 않는다.
- 수프를 먹을 때 스푼을 빨지 않는다.

활동 8

주먹밥과 샐러드

- **생활주제** 우리나라/세계 여러 나라/생활 도구/건강과 안전
- **지도요소** 문화/정체성
- **선정이유** 독일에서는 4년마다 세계 요리 올림픽을 개최하고 있고, 2008년도에는 우리나라 요리선수들도 참가하여 은메달을 수상하는 등 그 우수성을 인정받고 있다. 이에 요리 올림픽의 이모저모를 살펴봄으로써 유아에게 음식의 맛도 일품이고, 멋도 일품인 요리에 대해 관심을 갖게 하고 이를 활동에 적용해 보고자 한다. 또한 유아들로 하여금 요리사가 되어 요리활동에 참여하게 함으로써 우리나라의 밥을 세계 여러 나라에 알리는 방법에 대해 관심을 갖도록 한다.
- **활동목표**
  - 세계의 요리 올림픽에 대해 관심을 가진다.
  - 음식은 우리에게 영양을 주고 건강하게 해 줌을 안다.
  - 우리의 밥을 세계에 알리는 요리 축제에 즐겁게 참여한다.
- **활동자료** 세계 요리 올림픽, 주먹밥, 다양한 샐러드 사진이나 그림 자료, 요리 축제 참고자료, 주먹밥 재료, 여러 가지 샐러드 재료, 드레싱, 요리도구, 일회용 장갑, 앞치마와 두건

1) 2008년 독일 세계 요리 올림픽 대회 모습

〈그림 1〉 요리 올림픽 개막식 모습

〈그림 2〉 개막식날 행사장 정문의 성화대에 불을 붙이고 있다

〈그림 3〉 대표팀들이 현장에서 요리를 하고 있다.

〈그림 4〉 심사위원들이 접시 하나하나를 자세히 보면서 점수를 주고 있다.

〈그림 5〉 심사위원들의 채점이 완료된 요리를 일반 인들이 보면서 즐기고 있다.

〈그림 6〉 2008년 독일 요리 올림픽에 참가한 우리나라 국가대표팀의 모습.

• 출처: 독일 Erfurt 요리 올림픽. http://www.daum.net

2) 주먹밥과 샐러드 요리 사진

〈그림 7〉 참치 주먹밥

〈그림 8〉 주먹밥 꾸미기

〈그림 9〉 음식을 꾸며요

〈그림 10〉 여러 가지 샐러드

〈그림 11〉 요리 축제의 음식

활동방법

① 사진 자료를 보며 독일에서 열리는 요리 올림픽에 대해 이야기 나눈다.

(〈그림 1〉을 보며) 이 사람들은 누구일까?

–요리사들 같아요.

• 무엇을 하려고 준비하고 있을까?

–요리대회가 있나 봐요.

• 요리 올림픽에 대해 들어 본 적이 있니?

• 세계 요리 올림픽에 어떤 나라들이 참여했을까?

–우리나라도 참가했어요.

(독일에서는 4년마다 세계 요리 올림픽 대회를 개최하고 있다.)

• 요리 올림픽 대회는 어떻게 진행될까?

–각 나라를 대표하는 음식을 만들어 시합을 해요.

• (〈그림 2〉를 보며) 이 사람은 무엇을 하고 있니?

–올림픽을 시작하기 위해 성화대에 불을 붙이고 있어요.

• (〈그림 3〉을 보며) 요리대회에 참가한 선수들이 무엇을 하고 있니?

–요리를 하고 있어요.

• (〈그림 4〉를 보며) 이 사람들은 누구일까, 또 무엇을 하고 있니?

–심사위원들이요.

–요리를 보고, 맛보고 점수를 주고 있어요.

• (〈그림 5〉를 보며) 이 사람들은 누구일까, 또 무엇을 하고 있니?

–요리 올림픽을 구경하러 온 사람들인 것 같아요.

–심사가 끝나서 요리를 구경하고 있어요.

• (〈그림 6〉을 보며) 이 사람들은 누구일까, 무엇을 하고 있니?

–우리나라 선수들이요.

–잘하자고 파이팅을 하고 있어요.

• 우리나라 선수는 이 요리대회에 참가해서 몇 등을 했을까?

-은메달을 받았어요.

② 요리 축제에 사용될 재료들을 소개하며 요리를 계획한다.

• (준비된 재료들을 소개하며) 이 재료들로 어떤 요리를 할 수 있을까?
• 이것은 무엇이니?
  -밥과 참치, 당근, 오이, 완두콩, 참기름이요.
• 또 어떤 재료들이 있니?
  -꽃상추, 양배추, 메추리알, 브로콜리, 토마토, 포도, 파프리카, 치즈, 아몬드, 땅콩, 콘프레이크 등
• 이 재료들을 사용하여 다른 나라 사람들도 먹을 수 있는 요리를 만들어 보자. 어떤 요리를 할 수 있을까?
  -샐러드를 만들어요.
• 우리나라의 밥을 다른 나라 사람들에게 알리는 방법을 생각해 보자. 다른 나라 사람들에게 우리의 밥을 어떻게 알릴 수 있을까?
  -주먹밥을 예쁘게 만들어요.

③ 요리 축제의 평가기준에 대해 이야기 나눈다.

• 우리 반의 요리축제 심사기준은 어떻게 정할까?
  -맛이 있고, 영양가가 있어야 해요.
  -예뻐야 해요. 그래야 사람들이 좋아해요.
  -재료가 골고루 들어가야 해요. 그래야 영양가가 높아요
  -너무 매우면 안 돼요. 그래야 다른 나라 사람들도 먹을 수 있어요.

④ 요리 활동에 필요한 규칙을 정한다.

• 요리 축제를 하려면 어떤 규칙들이 필요할까?
  -손을 깨끗이 씻어요.
  -머리에 두건을 쓰고, 앞치마를 입어요.
  -일회용 장갑을 끼고 요리를 해요.

–남기지 않도록 필요한 재료들만 사용해요.

–접시와 도구들을 안전하게 사용해요.

⑤ 완성된 요리를 접시에 예쁘게 장식하고 정해진 곳에 전시한다.

- 이 요리의 제목은 무엇이니?
- 이 주먹밥과 샐러드의 재료는 무엇이니?

⑥ 전시된 요리를 돌아보며 평가한다.

- 이름이 가장 멋진 요리는 어느 것이니?
- 가장 예쁘게 장식을 한 요리는 어느 것이니?
- 먹어 보고 싶은 요리는 어느 것이니?
- 가장 맛있는 요리는 어느 것이니?
- 영양가가 많다고 생각되는 요리는 어느 것이니? 왜 그렇게 생각했니?

⑦ 밥과 샐러드가 만나서 만들어진 요리에 대한 느낌에 대해 이야기 나눈다.

- 우리의 전통 음식은 무엇이니?

  –밥과 김치요.
- 우리의 전통 음식인 밥과 서양의 샐러드가 요리에서 함께 만난 느낌이 어떠니?
- 밥과 김치를 먹었을 때와 어떻게 다르니?

활동장면

• 영양만점 샐러드 축제에 참가한 유아 작품들

• 아이들이 지은 퓨전요리 이름/주먹밥과 샐러드가 만났어요.

미소짓는 토마토 치즈 파인애플 샐러드

꽃밥 아몬드 완두콩 샐러드

주먹밥과 오색 샐러드

수줍은 양배추 샐러드

여왕님의 33패턴 샐러드

사전 사후활동

- 내가 좋아하는 샐러드 그래프(수학)
- 세계 여러 나라의 전통 음식(이야기 나누기)

교수·학습자료 도우미

주먹밥 만들기

- 재료: 밥, 고기, 당근, 오이, 양념장(간장, 참기름, 깨소금, 소금, 식용유, 설탕, 마늘, 후추, 파)

〈주먹밥 만드는 순서〉

① 고슬고슬한 밥을 준비한다.

② 고기를 다져 양념간장에 재어 둔다.

③ 당근을 잘게 썬다.

④ 오이의 단단한 부분을 잘게 썬다.

⑤ 오이에 소금을 넣어 살짝 볶는다.

⑥ 당근에 소금을 넣어 볶는다.

⑦ 재어 놓은 고기를 물기가 없어질 때까지 볶는다.

⑧ 재료를 한꺼번에 섞어서 주먹밥을 만든다.

샐러드 만들기

샐러드는 채소 · 과일 · 육류 제품을 골고루 섞어 마요네즈나 드레싱으로 간을 맞추어 먹는 서양음식으로 주로 식전에 먹는다. 샐러드라는 말은 라틴이 sal(소금)이 어원인 듯한데, 육류를 많이 먹는 서양 사람들이 생채소에 소금을 뿌려 먹는 습관에서 유래한 것 같고, 기원전 그리스 · 로마시대부터 이미 먹었던 것으로 본다. 본래는 약초에 해당하는 마늘 · 파슬리 · 샐러리 · 물냉이(크레송)와 같은 것을 재료로 하여 소화흡수에 도움을 준 것으로 보인다. 비프 스테이크 · 로스트 비프 등 산성식품인 육류요리에 알칼리성 생채소를 곁들여 먹음으로써 입맛이 개운해서 좋고 영양상 균형이 잡히며 흡수에 효과적이어서, 산성식품에 대한 필수식품으로 널리 애용된다. 그때그때의 재료에 따라 알맞은 소스를 선택하여 사용한다.

만드는 법은 생채소를 비롯해서 재료는 신선한 것을 사용하는 것이 중요하다. 특히 여름철 같은 때는 재료를 충분히 냉각시켜 사용해야 제 맛을 낼 수 있다. 재료를 씻은 후에는 물기를 완전히 빼도록 하고, 소스에 무치는 것은 식탁에 내기 직전에 한다. 향신료나 양념을 효과적으로 사용하고, 토마토 등의 빛깔 있는 재료를 섞어 시각적인 효과를 내어 한층 미각을 돋우도록 한다. 재료는 브로콜리(양배추 종류) · 비트(사탕무 종류) · 셀러리 · 래디시(홍당무 종류) · 아스파라거스(그린 아스파라거스와 화이트 아스파라거스가 있는데, 그린 아스파라거스가 연하고 좋으며, 화이트 아스파라거스는 신선도가 쉽게 떨어진다) · 양배추(튀김이나 소테에 흔히 곁들이며, 보랏빛 양배추는 샐러드에서 악센트 효과가 크다), 그 밖에도 오이 · 양파 · 토마토 · 피망 · 각종 과일을 그때그때 편하게 사용하고, 햄 · 소시지 · 닭고기 · 생선살 · 새우 · 게살 · 조갯살 등도 곁들인다.

다문화 소재 참고 사이트

:: 우리 문화 그림책(한국어린이육영회, 2004).
1권: 맛도 좋다, 그치?　2권: 우리 씨름 한판 할까?　3권: 다 숨었니?
4권: 김치를 한 입에 쏙!　5권: 팽이 팽이 돌아라　6권: 팥죽을 끓여 볼까?

:: 축제
허용선(2003). 환희와 열정의 지구촌 축제기행. 서울: 예담.

:: 신발의 역사
로리 롤러 지음, 임자경 옮김(2002). 신발의 역사. 서울: 이지북.

:: 떡
http://tkmuseum.or.kr

:: 차(茶)
http://cafe.daum.net/chasarang
http://dado.yewonkids.co.kr

:: 전통문양
http://www.koreapattern.com
http://ekee.nafeel.net
http://my.dreamwiz.com/dropy

:: 인형

http://www.ilovedoll.co.kr

:: 세계 여러 나라의 우체통

http://www.postmuseum.go.kr
http://kid.mic.go.kr
http://www.encyber.com
http://www.mjausson.com/collections/collection_postboxes.htm

:: 장신구

http://www.wjmuseum.com
http://juyada.mchol.com

:: 가면

http://my.dreamwiz.com/bkaul/bb.html
http://www.tal.or.kr

:: 산타 할아버지

http://www.santakorea.com
http://www.santaletter.co.kr
http://www.santagreeting.net

:: 들꽃

http://www.flworld.com
http://www.w-flower.net
http://www.wildflower.pe.kr
http://www.uesri.re.kr/wildflower

:: 세계의 10대 교량

http://blog.naver.com/eps651/80022737110

다문화교육 관련 국내 석 · 박사 학위 논문 및 학술지 목록(연도순)

〈학술논문〉

장혜진(2010). 유아를 위한 다문화교육의 새로운 방향성 탐색. 유아교육학논집, 14(2), 101-123.

현정환(2010). 다문화 가정 유아 보육의 지원전략 수립을 위한 기초적 연구. 아동학회지, 31(1), 235-248.

박미자, 정상녀, 서현, 윤경선(2009). 다문화적 접근에 의한 신체표현 활동이 유아의 창의성에 미치는 영향. 유아교육학논집, 13(5), 257-276.

윤경선, 박미자(2009). 다문화 접근과 전통적 접근의 언어활동이 유아의 언어표현능력과 자아존중감에 미치는 효과. 한국영유아보육학, 58, 103-125.

이경하, 임영심(2009). 다문화 가정 이주여성의 이야기 구조 개념과 언어능력의 변화를 위한 반성적 그림책 읽기활동의 효과. 열린유아교육연구, 14(1), 17-32.

이현경, 서현, 김동례(2009). 다문화 가정 유아의 발달에 관한 조사 연구. 미래유아교육학회지, 16(3), 1-24.

정대현, 장지영(2009). 다문화 교육에 대한 유아교사의 신념과 실제. 유아교육학논집, 13(1), 309-328.

이선미, 송지연(2008). 보육교사의 다문화 교육 신념에 관한 연구. 미래유아교육학회지, 15(3), 185-214.

〈학위논문〉

권형례(2010). 다문화가정 유아교육에 대한 실태 분석. 고려대학교 대학원 석사학위논문.

김복순(2010). 다문화 프로젝트 활동이 유아의 다문화 인식 및 태도에 미치는 효과. 성균관대학교 교육대학원 석사학위논문.

성영화(2010). 유아교사의 다문화 신념 측정도구 개발 및 교사 관련 변인 탐색. 성균관대학교 대학원 박사학위논문.

송용숙(2010). 공 · 사립유치원 교사의 다문화 교육의 인식과 실태에 관한 연구. 영남대학교 교육대학원 석사학위논문.

이경아(2010). 다문화 가정 초청활동이 유아의 다문화 이해 및 태도에 미치는 효과. 인천대학교 교육대학원 석사학위논문.

이계녀(2010). 다문화그림책을 활용한 교육활동이 만 3세 유아의 반편견 인식 및 친사회적 행동에 미치는 영향. 경기대학교 교육대학원 석사학위논문.

전윤자(2010). 다문화 교육에 대한 어린이집 교사의 인식과 실태에 관한 연구. 한성대학교 교육대학원 석사학위논문.

황준미(2010). 유아교육기관 원장의 다문화 교육에 관한 인식연구. 건국대학교 대학원 석사학위논문.

황지민(2010). 일반 아동들의 다문화가정 아동에 대한 사회적 거리감에 영향을 미치는 요인. 대구대학교 대학원 석사학위논문.

강민정(2009). 다문화 내용의 그림책을 활용한 철학놀이 프로그램이 유아의 인종 및 다문화에 대한 태도 및 사고에 미치는 효과. 위덕대학교 대학원 석사학위논문.

권수영(2009). 다문화 교육활동이 유아의 조망수용능력에 미치는 영향. 경인교육대학교 교육대학원 석사학위논문.

김현경(2009). 다문화가정 유아의 유아교육기관 적응 관련 변인 분석. 덕성여자대학교 대학원 박사학위논문.

남윤주(2009). 다문화가족과 일반가족 아동의 자아개념과 우울에 관한 비교연구. 전남대학교 대학원 박사학위논문.

송지연(2008). 보육교사의 배경변인에 따른 다문화교육 신념연구: 다문화가정 영유아지도유무를 중심으로. 중앙대학교 대학원 석사학위논문.

유승애(2009). 4, 5, 6세 다문화 가정 유아의 언어발달 실태. 건국대학교 대학원 석사학위논문.

최안복(2009). 통합적 다문화 교육 프로그램이 유아의 인식 및 태도에 미치는 영향. 국민대학교 대학원 박사학위논문.

한정선(2008). 유아교육기관에서의 다문화 가정에 대한 반편견 교육 실태조사. 건국대학교 대학원 석사학위논문.

소성숙(2008). 다문화 미술활동이 유아의 편견과 자아개념, 친사회적 행동에 미치는 영향. 전북대학교 대학원 박사학위 논문.

전덕수(2008). 유아교사의 다문화교육에 관한 인식 및 실제. 연세대학교 교육대학원 석사학위 논문.

최경숙(2008). 다문화 그림이야기책을 활용한 3C 반편견 교육활동이 유아의 편견감소에 미치는 영향. 계명대학교 교육대학원 석사학위 논문.

최윤영(2008). 유아교사 관련 변인에 따른 다문화 교육에 대한 인식. 계명대학교 교육대학원 석사학위 논문.

김영희(2007). 반편견 동화를 통한 동극활동이 유아의 편견감소에 미치는 영향. 부경대학교 교육대학원 석사학위 논문.

김병순(2007). 다문화가정 자녀의 유치원 생활에 관한 문화기술적 연구. 창원대학교 교육대학원 석사학위 논문.

박미경(2007). 교사를 통해 본 다문화 가정 유아의 특성 및 교사의 어려움: 결혼이민자 가정을 중심으로. 이화여자대학교 대학원 석사학위 논문.

박미자(2007). 반편견 그림동화를 통한 토의활동이 일반유아의 장애인식에 미치는 영향. 전남대학교 교육대학원 석사학위 논문.

송선화(2007). 다문화적 접근을 통한 미술활동이 유아의 창의성 및 미술표상능력에 미치는 효과. 광주여자대학교 교육대학원 석사학위 논문.

신현경(2007). 탐구중심 다문화 교육활동이 유아의 인종 편견과 친사회적 행동에 미치는 영향. 중앙대학교 대학원 석사학위 논문.

이형림(2007). 반편견 그림책을 통한 확장활동이 장애유아에 대한 일반유아의 수용 및 태도에 미치는 영향. 전남대학교 교육대학원 석사학위 논문.
정유진(2007). 반편견 그림 동화를 활용한 이야기 나누기 활동이 유아의 성역할 개념에 미치는 영향. 계명대학교 교육대학원 석사학위 논문.
정영숙(2007). 반편견 그림동화를 통한 토의활동이 유아의 친사회적 행동에 미치는 영향. 영남대학교 교육대학원 석사학위 논문.
최은영(2007). 다문화적 접근에 의한 표현활동이 유아의 창의성에 미치는 영향. 전남대학교 교육대학원 석사학위 논문.
박선영(2005). 다문화 교육활동이 유아의 정서지능에 미치는 영향: 문학과 음악의 통합적인 접근을 중심으로. 신라대학교 교육대학원 석사학위 논문.
김세루(2006). 반편견 그림동화를 통한 토의활동이 유아의 반편견적 인식 및 조망수용능력에 미치는 영향. 전남대학교 대학원 석사학위 논문.
정명혜(2006). 반편견 그림동화를 통한 토의활동이 유아의 자아개념과 사회적 유능감에 미치는 영향. 전남대학교 교육대학원 석사학위 논문.
김옥주(2005). 유아교사의 반편견 교육에 대한 태도 연구. 한양대학교 교육대학원 석사학위 논문.
김종숙(2005). 반편견 그림동화 활동과 유아의 성역할 고정관념 및 자아존중감. 충북대학교 교육대학원 석사학위 논문.
조미현(2005). 반편견 교육에 대한 유치원 교사의 인식과 실태 조사. 한국교원대학교 교육대학원 석사학위논문.
조현자(2005). 다문화접근에 특별한 날(SD) 교육프로그램이 유아의 창의성과 자아개념에 미치는 영향. 숭실대학교 교육대학원 석사학위 논문.
홍미이(2005). 동화를 활용한 반편견 교육활동이 유아의 장애에 대한 태도에 미치는 영향. 여수대학교 교육대학원 석사학위논문.
김미정(2004). 다문화적 요리활동이 유아의 그리기 표현능력에 미치는 영향. 전남대학교 대학원 석사학위 논문.
박수영(2004). 반편견 교육활동이 유아의 창의성에 미치는 영향. 경성대학교 교육대학원 석사학위 논문.
박윤숙(2004). 반편견 교육 관련 학위논문 경향 분석 : 1995-2003년. 아주대학교 교육대학원 석사학위 논문.
신수경(2004). 미술과 소그룹 토이를 통한 반편견 교육활동이 유아의 편견감소에 미치는 영향. 전남대학교 석사학위 논문.
윤승옥(2004). 반편견 그림책을 통한 문학적 접근 교육활동이 유아의 편견해소에 미치는 영향. 목포대학교 교육대학원 석사학위 논문.
이미혜(2004). 다문화 교육에 대한 유치원 교사와 아버지의 인식 및 교육 실제 비교. 가톨릭대학교 교육대학원 석사학위 논문.
정순영(2004). 다문화 그림책을 활용한 교육활동이 유아의 가족구조 및 이혼에 대한 태도에 미치는 영향. 성균관대학교 교육대학원 석사학위 논문.
조향순(2004). 반편견 교육에 대한 유아교육기관 교사들의 인식 및 실태에 관한 연구. 전북대학교 교육대학원 석사학위 논문.
김경은(2003). 유아교육기관에서의 반편견 프로그램 효과 분석. 동국대학교 교육대학원 석사학위 논문.
유혜윤(2003). 전통문양을 활용한 다문화 미술활동의 효과. 덕성여자대학교 대학원 석사학위 논문.
이순행(2003). 반편견 교육과 관련된 어머니의 경험 및 인식 조사. 연세대학교 교육대학원 석사학위 논문.
이정숙(2003). 문화적 접근을 통한 반편견 교육활동이 유아의 자아개념에 미치는 영향. 광주대학교 대학원 석사학위 논문.
임명희(2003). 음악감상을 통한 다문화 교육활동이 유아의 정서능력에 미치는 영향. 전남대학교 교육대학원 석사학위 논문.
정은정(2003). 반편견 동화를 통한 토의활동이 유아의 성역할 고정관념에 미치는 영향. 계명대학교 교육대학원 석사학위 논문.
김 경(2002). 유치원 생활주제와 통합된 반편견(anti-bias) 프로그램의 효과. 전남대학교 박사학위 논문.
김인숙(2002). 가족목각인형을 활용한 반편견(anti-bias) 교육활동이 유아의 친사회적 기술에 미치는 효과. 인제대학교 대학원 석사학위 논문.
박지희(2002). 다문화 반영도서를 통한 토의활동이 인종에 대한 유아의 태도에 미치는 영향. 성신여자대학교 대학원 석사학위 논문.
강신옥(2001). 반편견 교육에 대한 유아 교사 지식 및 유아 교육기관에서의 반편견 교육활동 조사. 건국대학교 대학원 석사학위 논문.
김래경(2001). 반편견 교육에 관한 유치원 교사의 인식 및 실태 연구. 전남대학교 대학원 석사학위 논문.
김윤강(2001). 반편견 그림책과 그림자료를 사용한 이야기활동이 유아의 성역할에 미치는 효과. 신라대학교 대학원 석사학위 논문.
박성연(2001). 그림책을 활용한 다문화 교육 프로그램이 유아의 인종 및 타문화에 대한 태도에 미치는 효과. 성균관대학교 대학원 석사학위 논문.
서숙희(2001). 반편견(Anti-bias) 그림동화에 대한 토의 활동이 유아의 장애인식에 미치는 효과. 건국대학교 대학원 석사학위 논문.
이장우(2001). 유아교육기관에서의 반편견 교육 실태와 인식 연구. 숙명여자대학교 교육대학원 석사학위 논문.
정경자(2001). 다문화적 접근에 의한 요리활동이 유아의 조망수용능력에 미치는 영향. 전남대학교 대학원 석사학위 논문.
정은영(2001). 문학적 접근을 통한 반편견 교육활동이 유아의 장애인에 대한 인식과 태도에 미치는 영향. 서울여자대학교 대학원 석사학위 논문.
최경화(2001). 개작된 전래동화를 활용한 반편견 교육활동이 유아의 성역할 고정관념 감소에 미치는 효과. 부산대학교 교육대학원 석사학위 논문.
최형선(2001). 반편견 그림책을 통한 문학적 접근이 유아의 분배정의 추론에 미치는 영향. 한국교원대학교 대학원 석사학위 논문.
황은숙(2001). 한부모가정에 대한 반편견 유아교육프그램의 개발과 실시조화. 숙명여자대학교 대학원 석사학위 논문.
강정희(2000). 반편견 교육활동이 유아의 친사회적 행동에 미치는 영향: 사연있는 인형을 활용한 활동을 중심으로. 성균관대학교 대학원 석사학위 논문.
양정숙(2000). 포스트모더니즘과 다문화 미술교육의 관련성에 관한 연구. 한국교원대학교 대학원 석사학위 논문.
최연자(2000). 사연있는 인형을 활용한 반편견교육 프로그램이 유아의 장애수용태도에 미치는 효과. 성균관대학교 대학원 석사학위 논문.
하숙혀(2000). 다문화 교육에 대한 부모의 인식 및 양육실제 연구조사. 성균관대학교 교육대학원 석사학위 논문.
황은주(2000). 반편견 그림동화를 통한 문학적 접근이 유아의 성역할 고정관념에 미치는 영향. 원광대학교 대학원 석사학위 논문.
강소원(1999). 반편견 사고 게임과 그림 동화 활동이 유아의 성역할 고정관념에 미치는 영향. 한양대학교 교육대학원 석사학위 논문.
김정희(1999). 반편견(Anti-Bias)교육에 대한 유아교사의 인식과 현황 조사. 총신대학교 대학원 석사학위 논문.
손미숙(1999). 반편견(anti-bias) 그림동화가 유아의 장애인 인식과 태도에 미치는 영향. 건국대학교 대학원 석사학위 논문.
양복순(1999). 반편견 교육활동이 유아의 자아개념, 조망수용능력 및 친사회적 행동에 미치는 영향. 명지대학교 대학원 석사학위 논문.
이수미(1999). 미술을 통한 유아의 다문화 교육 프로그램 모형 연구. 덕성여자대학교 대학원 석사학위 논문.
이정희(1999). 반편견 교육활동이 유아의 인종에 대한 고정관념 완화에 미치는 효과. 덕성여자대학교 대학원 석사학위 논문.
엄지숙(1999). 다문화 교육을 위한 유아의 인종인식에 관한 연구. 성신여자대학교 교육대학원 석사학위 논문.
이수미(1999). 미술을 통한 유아의 다문화 교육 프로그램 모형 연구. 덕성여자대학교 대학원 석사학위 논문.
장은하(1999). 다문화 반영도서에 나타난 문학적 · 문화적 특성 분석. 성신여자대학교 교육대학원 석사학위 논문.
채정란(1999). 다문화 교육의 관점에서 본 '우리나라'와 '다른 나라' 생활주제 분석. 한국교원대학교 대학원 석사학위 논문.
정선희(1997). 다문화 교육에 관한 유아교사의 인식과 실태조사. 이화여자대학교 대학원 석사학위 논문.
성구진(1995). 반편견(anti-bias) 그림동화가 유아의 성역할 고정관념에 미치는 영향. 이화여자대학교 대학원 석사학위 논문.

〈학술지〉

박미자, 정상녀, 서현, 윤경선(2009). 다문화적 접근에 의한 신체표현활동이 유아의 창의성에 미치는 영향. 유아교육학 논집, 13(5), 257-276.

강영심, 황순영(2007). 유아기 다문화 교육의 실천으로서 장애유아 통합교육. 미래유아교육학회지, 14(2), 209-230.

김영옥(2007). 다문화 사회의 유아교육과정 방향 탐색. 미래유아교육학회지, 14(3), 45-68.

김희태, 권영덕(2007). 다문화가정 유아의 유아교육기관에의 적응과 변화과정. 미래유아교육학회지, 14(4), 95-117.

이영석(2007). 다문화시대 현장유아교육의 나아갈 길. 미래유아교육학회지, 14(1), 55-75.

한석실(2007). 다문화시대 유아교사교육의 방향 모색. 미래유아교육학회, 14(1), 29-53.

정지현(2006). 유아 다문화교육의 박물관 전시 활용에 대한 질적 연구: 아프리카박물관 전시사례를 중심으로. 유아교육연구, 26(3), 243-270.

정지현(2006). 유아 다문화교육 자원으로서의 박물관 활용에 대한 기초 사례 연구: 아프리카 박물관의 전시사례를 중심으로. 미래유아교육학회지, 13(2), 299-325.

지성애, 정대현, 김경숙, 채영란, 김지예(2006). 유치원과 초등학교의 다문화교육 실태와 교사의 인식 비교. 유아교육학논집, 19(4), 351-369.

윤갑정, 고은경(2006). 다문화적 배경을 가진 유아의 한국 유아교육기관에서의 생활에 대한 질적 연구. 유아교육연구, 26(2), 147-168.

박정옥(2005). 유아의 인종에 대한 선호 경향 분석. 성결교육연구논총, 3(2), 61-73.

민영혜(2004). 빈곤가정에 대한 다문화 교육활동이 유아의 인식변화에 미치는 영향. 경인논총 통권, 11, 111-132.

원계선, 최일선(2004). 그림책을 활용한 반편견 교육활동이 유아의 장애 수용 인식 및 태도에 미치는 영향. 특수교육연구, 11(2), 447-486.

최윤희, 이소현(2004). 장애 유아 통합을 위한 반편견 교육의 동향 및 과제: 최근 10년간 국내 · 외 연구 고찰. 정서 · 행동장애연구, 20(2), 1-26.

최일선(2004). 문학을 통한 다문화교육에 관한 연구. 극동정보대학논문집, 11, 341-354.

김인희(2003). 다문화시대와 아이들. 현대사회문화연구소, 통권 238호, 29-33.

김정원, 류성희(2003). 문학적 접근을 통한 반편견 교육이 유아의 장애, 연령, 외모, 가족구성, 성에 대한 인식에 미치는 영향. 열린유아교육연구, 8(2), 95-112.

정은정(2003). 반편견 동화를 활용한 토의활동이 유아의 성역할 고정관념에 미치는 영향. 아동교육, 12(1), 163-185.

김영옥(2002). 다문화 교육 프로그램 모델 개발 연구. 유아교육학논집, 6(2), 5-38.

이영애, 이현숙(2002). 교육부 「유치원 교육 활동 지도 자료」의 다문화교육내용 분석. 어린이미디어연구, 1, 53-72.

전인옥(2002). 다문화교육적 접근에 의한 유아음악 교사교육 프로그램 개발: 세계 전래동요의 활용. 한국방송통신대학교 논문집, 제 34집, 469-504.

조은진, 정은영(2002). 문학적 접근을 통한 반편견 교육이 유아의 장애인에 대한 인식과 태도에 미치는 영향. 아동학회지, 23(4), 153-169.

황갑신(2002). 유아교육에서의 반편견 교육. 울산광역시 교육과학연구원. 울산교육, 21, 94-96.

안재신(2001). 유아 음악교육의 세계화를 위한 다문화적 접근 프로그램 개발. 음악교육연구, 21(1), 53-74.

유수옥(2001). 반편견 동화에 기초한 문학적 활동이 장애유아에 대한 태도와 사회적 역할 인식에 미치는 효과. 유아교육연구, 21(3), 217-236.

김희태(2001). 유아들의 사회적 상호작용과 다문화의 의미. 영유아보육연구, 7, 1-18.

김민정, 최일선(2000). 신(shoes)주제와 관련된 문학을 통한 다문화교육과정의 접근. 영유아교육연구, 3(1), 83-97.

이기숙, 이경미, 강경아(2001). 요리활동을 통한 다문화교육. 교과교육학연구, 5(2), 21-39.

조용환(2001). 문화와 교육의 갈등-상생 관계. 교육인류학연구, 4(2), 1-39.

조인경(2001). 반편견 교육을 위한 교실 환경 실태 및 교사의 인식. 한국영유아보육학, 25, 259-279.

최연자, 이영석(2001). 사연있는 인형을 활용한 반편견교육 프로그램이 유아의 장애 수용태도에 미치는 효과. 아동학회지, 22(3), 195-209.

김민정, 최일선(2000). '신(Shoes)' 주제와 관련된 문학을 통한 다문화 교육과정의 접근. 영유아교육연구, 3(1), 83-97.

박해미, 정종원(2000). 반편견 교육과정의 적용: 이혼개념을 중심으로. 유아교육연구, 20(4), 127-147.

안재신(2000). 다문화적 접근에 의한 유아음악교육. 숭의논총, 24, 5-32.

윤혜원(2000). 반편견 교육 전략으로서 동화의 활용방안. 한국영유아보육학, 23, 149-169.

이영애, 성원경(2000). 미술감상활동을 통한 다문화 교육 프로그램 개발에 관한 연구. 영유아교육연구, 3(1), 21-37.

이현숙(2000). 유아교육에서의 반편견 교육의 적용. 경복논총, 4, 299-321.

김숙자(1999). 국제화에 따른 사회 문화적 측면에서의 한국 유아교육. 미래유아교육학회지, 6(1), 89-107.

서영숙, 정미리(1999). 독일 '가족교육기관' 의 통시적 분석과 한국가족문화교육 프로그램에의 시사점. 아동학회지, 20(2), 257-268.

유혜령(1999). 소수 민족 유아의 유치원 생활 경험: 현상학적 이해. 교육인류학연구, 2(2), 139-170.

윤여각(1999). 교육인류학에서의 문화 연구. 교육인류학연구, 2(1), 63-89.

이숙재, 장영희, 김혜실, 김정화(1999). 유아의 인종 인식에 대한 연구. 유아교육연구, 19(1), 95-110.

이진화(1999). 유치원 교육과정에서의 다문화/ 반편견 교육내용의 실제. 극동정보대학 논문집, 6, 207-229.

정진, 이춘자(1999). 전통놀이를 이용한 반편견교육과정 개발에 관한 연구-탈을 중심으로-. 영유아교육연구, 2(1), 147-164.

양옥승(1997). 유아교육과정 연구의 재개념화 III: 다문화주의의 적용. 덕성여자대학교 교육연구소. 교육연구, 5, 49−66.

장영희(1997). 유아를 위한 다문화 교육의 개념 및 교수방법에 대한 이론적 고찰. 성신여자대학교 연구논문집, 35(1), 295−314.

양옥승(1997). 유아교육과정 연구의 재개념화 III: 다문화주의의 적용. 덕성여자대학교 연구소. 교육연구, 5, 49−66.

장영희(1997). 유아를 위한 다문화 교육의 개념 및 교수방법에 대한 이론적 고찰. 성신여자대학교 연구논문집, 35, 295−314.

김영옥, 최미숙(1995). 유아기 민주시민 교육의 내용, 방법 및 교사의 인식에 관한 연구−다문화적 관점을 중심으로−. 유아교육연구, 15(1), 39−58.

부록 3

우리나라 전통놀이와 유사한 세계 여러 나라 놀이

딱지치기

우리나라의 딱지치기는 지역에 따라 '표치기', '때기치기', '땅지치기' 등으로 불린다. 일본에도 딱지치기가 있다. '멘코'라고 불리는 일본 딱지치기는 종이, 납, 생철, 나무 등 만드는 재료가 다양하고 모양도 원형과 장방형 두 가지다. 재료의 차이는 있지만 놀이방법은 우리나라의 '딱지치기'와 비슷하다.

투호놀이

중국과 일본에도 투호놀이가 있다. 중국의 투호놀이는 우리나라와 같이 병에 던지기라는 뜻으로 '투호(投壺)'라고 불리고, 일본에서는 '츠보우치(投壺)'라고 한다. 놀이 방법은 꽃병 같은 데다 화살을 꽂는 것으로 우리나라, 중국, 일본이 모두 비슷하다.

긴 줄넘기

중국과 일본에도 긴 줄넘기 놀이가 있다. 중국에서는 '도백색(跳百索)'이라 부르고 대보름을 경축하는 대표적인 놀이이다. 일본에서는 줄 길이에 따라 짧은 줄넘기, 긴 줄넘기라고 부르고 놀이 방법은 우리나라와 비슷하다. 긴 줄넘기는 서양에서 더 발전한 놀이로, 두 개의 줄을 함께 돌리기도 하고 재주를 부리면서 돌리기도 한다. 우리가 잘 아는 '꼬마야 꼬마야'도 서양노래인 'Teddy Bear(곰 인형)'를 우리 식으로 바꾼 것이다.

비석치기 놀이

태국과 독일에도 비석치기 놀이가 있다. 우리나라는 돌을 이용하여 놀이를 하지만 태국의 치앙마이 산족 라후족은 납작한 열매를 이용하여 놀이를 하고, 독일에서는 솔방울, 조개껍질 등을 이용하여 비석치기 놀이를 한다.

제기차기

세계 여러 나라에도 제기차기가 있다. 중국에서는 '축국', 일본에서는 '하네츠키', 미국에서는 '해키색', 영국에서는 '셔틀콕', 동남아시아에서는 '세팍타크로', 인도에서는 '푸나', 뉴질랜드에서는 '볼터칭', 부탄에서는 '중키'라고 불린다. 놀이 방법에 있어서 약간의 차이와 이용 도구의 차이가 있을 뿐 작은 주머니를 몸의 일부를 사용하여 땅에 떨어뜨리지 않는 것은 비슷하다.

사방치기

세계 여러 나라에도 사방치기가 있다. 영국, 미국, 스위스, 프랑스에서는 '홉스코치(hopscotch)'라고 불리고, 독일에서는 '힝크슈필(Hinkspie)'이라고 하며, 필리핀에서는 '피고(piko)'라고 한다. 놀이 방법은 땅에 그은 선을 뛰어넘는 것으로 칸에 숫자를 적고 돌을 던져 주워오는 식으로 모두가 비슷하다.

연날리기

세계 여러 나라에도 연날리기가 있다. 인도네시아, 말레이시아, 인도, 유럽, 아라비아, 나폴리, 뉴질랜드, 파키스탄, 일본, 중국, 그리스, 말레이반도, 파푸아뉴기니 등 세계 각지에서 행해지고 있다. 연을 날리는 의미는 각국마다 다르지만 만드는 방법과 놀이방법은 비슷하다.

칠교놀이

세계 여러 나라에도 칠교놀이가 있다. 중국에서는 우리와 같이 '칠교놀이'로 불리고, 서양에서는 '탱그램(Tangram)'이라고 한다. 칠교놀이는 여러 모양의 그림이 그려진 칠교도를 보고 일곱 가지의 다양한 조각으로 구성해 보는 놀이이다. 동서양을 막론하고 많은 사랑을 받고 있다.

윷놀이

세계 여러 나라에도 윷놀이가 있다. 우리나라의 윷놀이는 세계 모든 놀이의 원형으로 인도에서는 '파치시(pachisi)'와 '차우자(chausar)', 멕시코에서는 '꾸일리치'와 '빠똘리', 중국에서는 '격양'이나 '저포'와 비슷하고, 몽고의 '살한'이라는 놀이와도 비슷하다. 그리고 서양의 체스나 일본의 야사스카리 무사시(八道行成)도 우리나라의 윷놀이에서 발전했다.

씨름

일본에도 씨름이 있다. '스모'라고 불리는 일본 씨름은 시작하기 전에 여러 가지 의식을 하는데 소금을 시합장에 뿌리는 것은 나쁜 화와 악령을 없애기 위함이고, 선수들이 손뼉을 치고 팔을 벌리며 다리를 들어올렸다 내리는 동작은 신에게 감사하는 뜻이다. 그리고 상을 받을 때 중간, 왼쪽, 오른쪽 순서로 손을 긋는 동작은 승리의 3신에게 감사를 하는 의미이다. 경기 중 밖으로 먼저 나가거나 발바닥 외의 신체 부위가 먼저 바닥에 닿으면 지게 된다. 또 허리 높이 보다 더 높게 들리면 패하게 된다.

몽골에도 씨름이 있다. '부흐(Buh)'라고 불리는 몽골 씨름은 축제 때마다 빠지지 않고 행해지는 모든 국민들에게 사랑을 받는 운동 경기이다. 소매가 달린 조끼와 짧은 반바지에 가죽 반장화를 신고 경기를 한다. 서로 떨어져서 양팔을 들고 서 있다가 상대방의 윗옷을 잡고 다리를 걸어 비틀기도 하고 던지기도 하는데 상대를 넘어뜨려서 팔꿈치와 무릎사이의 어떤 부위라도 땅에 닿게 하면 이기게 된다.

러시아에도 씨름이 있다. '삼보(Sambo)'라고 불리는 러시아 씨름은 처음에 자기 방어를 위한 신체 훈련으로 시작되었다. 유도복과 비슷한 옷을 입고 상대방의 등이 완전히 땅바닥에 닿거나 넘어지게 만들면 시합을 멈추고 점수를 매긴 다음 다시 진행된다.

터키에도 씨름이 있다. '카라쿠지크(Kara Kucak)'와 '야울귀레쉬(Yagli Gures)'라고 부르는데 카라쿠지크는 레슬링과 비슷하고 야울귀레쉬는 온몸에 올리브 오일을 발라 서로의 몸을 잡을 수 없도록 하고 경기를 한다. 짧은 가죽 바지를 입고 풀밭에서 경기를 하며 한 선수의 양 어깨가 바닥에 닿으면 승부가 결정된다.

스위스에도 씨름이 있다. '쉬빙겐(Das Schwingen)'이라고 불리는 스위스 씨름은 산에 있던 목동들이 심심할 때 서로의 힘을 겨루기 위해 시작한 것에서 비롯되었다. 긴 바지에 소매가 짧은 윗옷을 입고 운동화를 신으며 서로 잡을 수 있게 짧은 바지를 덧입는다. 상대방의 등이나 목, 양 어깨가 땅바닥에 닿으면 지게 된다.

아이슬란드에도 씨름이 있다. 상대에게 해를 가하기 위한 씨름인 '팽(Fang)'과 재미를 위한 씨름인 '글리마'로 불린다. 아이슬란드는 날씨가 춥기 때문에 몸을 덥게 하기 위해 씨름을 많이 했다. 특별한 경기복장은 없고 가죽 혁대를 만들어 서로 잡고 경기를 했다. 팔꿈치나 무릎 이상이 몸의 일부분과 함께 땅바닥에 닿으면 지게 된다.

스페인에도 씨름이 있다. '루차카나리아(Lucha Canaria)'라고 불리는 스페인 씨름은 스페인령인 카나리아 제도에서 원주민의 전통적인 민속경기가 대중화되어 스포츠로 발전된 것이다. 질기고 튼튼한 셔츠에 짧은 반바지를 입으며 반바지의 끝은 여러 번 말아 올려 잡을 수 있게 만들었다. 경기장 밖으로 밀려 나가면 지게 된다.

남미에도 씨름이 있다. 아마존강 근처에 살고 있는 원시 부족도 씨름을 한다. 이들은 먹이를 얻거나 적으로부터 몸을 보호하기 위해 씨름을 해 왔다. 엎드린 자세로 서로 대치하다가 서로 밀고 당기고 상체 부분이 땅바닥에 먼저 닿거나 우세한 경기를 치르는 사람이 이기게 된다. 씨름은 남자들이 성인으로 인정받아 결혼을 할 수 있게 하는 가장 중요한 행사의 하나였다.

세네갈에도 씨름이 있다. 주로 수확제 때 마을 간 대항 경기로 행해지는 씨름은 대지에 감사하는 마음을 갖고 성스러운 의식을 하면서 시작한다. 특별한 준비 자세가 없고 상대와 거리를 재면서 서로 뛰어 상대방이 쓰러질 때까지 계속 싸운다.

다음의 사이트를 참고해 보세요.

국가문화유산종합정보서비스 http://www.heritage.go.kr/tra/tra_ani_life_exp.jsp
놀이연구회 놂 http://www.nol2i.com
놀이터 http://www.noriteo.lil.to
어린이민속박물관 http://www.kidsnfm.go.kr/folk/play/play14.htm
우리의 놀이문화 원형을 찾아서 http://www.kaoreangame.net
전통문화 민속놀이 http://www.gojb.net/culture/menu8/index.jsp
조선육백년사 http://seoul600.visitseoul.net/seoul-history/sidaesa/txt/5-9-7-2.html
한국민속연보존회 http://www.koreakite.or.kr
한국씨름연구소 http://ynucc.yeungnam.ac.kr/~ssi
한국의 전통놀이 http://www.koreandb.net/KNori/koreandb.net/KNori-yeon.htm

반편견 · 다문화 이해 관련 비디오

다음에 소개하는 별별 이야기, 다섯 개의 시선, 여섯 개의 시선은 반편견 · 다문화에 대한 이해를 도울 뿐만 아니라 차이와 차별에 관한 인식을 확장하고 관용과 열린 마음을 형성하는 데 도움을 줄 수 있다.

[별별이야기]

1. 낮잠 – 유진희 감독

'낮잠' 은 손가락이 없고 다리가 짧은 한 여자아이가 아빠와 함께 낮잠 자는 동안 꾸게 되는 꿈 이야기다. 아빠와 아이의 낮잠 자는 모습은 너무 닮았고 행복해 보인다. 하지만 꿈에서 아이는 외모 때문에 무시당하고 버스나 택시는 휠체어 탄 아이를 지나친다. 유치원에서도 아이를 받아 주지 않는데 그나마 열린 유치원은 계단이 높아 몸이 불편한 아이에게 적절하지 않다. 마지막 장면에서 아이는 한쪽 다리가 없는 강아지를 안으며 "어, 나랑 똑같네." 라고 중얼거린다. 이 이야기는 장애인에 대한 사회의 곱지 않은 시선, 대중교통 또는 학교 시설의 부족함 등이 이들을 더 외롭게 만들고, 특히 사회에 대한 관점이 형성되지 않은 아동들의 경우 자신의 발전 가능성을 알지 못할 뿐더러 현실에서 괴리될 수 있음을 보여 준다. 몸이 조금 다르고 불편할 뿐인데도 장애를 가졌다는 이유만으로 아이의 무한한 가능성마저 우리의 편견과 차별로 인해 싹부터 밟아버리고 있는

게 아닌지 생각해 보게 한다.

2. 동물농장 – 권오성 감독

'동물농장' 은 양들의 목장에서 함께 있지 못하고 울타리 밖에서 혼자 생활하는 염소의 이야기를 다룬 애니메이션이다. 염소는 양과 친해지고 싶어 고군분투하지만 양들과 생김새가 다르다는 이유로 따돌림을 당한다. 염소는 울면서 소중한 뿔도 자르고, 떨어진 양의 털을 모아 몸에 붙이기도 하며 양과 같은 모습으로 자신을 꾸민다. 이마저 들켜 버린 염소는 우두머리 양에 의해 걷어차이고 쫓겨난다. 염소가 목을 메달아 죽으려고 하는 순간, 농장의 모든 양들은 새롭게 농장으로 들어오는 소, 돼지, 오리의 모습에 놀란다. 이후 그들 안에서 자연스럽게 활동하는 염소와 물에 비친 자신의 모습을 보는 우두머리 양의 모습이 나온다. '동물농장' 은 우리 사회에서 조금 다른 모습을 가졌다는 이유로 배척당하는 사람들의 이야기를 동물의 모습으로 비유적으로 드러낸 애니메이션이다. 우리 사회에는 다양한 사람들이 존재하고 있다. 각각 차이를 가졌지만 그로 인한 차별은 차이를 가진 사람을 차별하는 사람의 몫이 크다는 생각을 해 보게 한다.

3. 그 여자네 집 – 김준, 박윤경, 이진석, 장형윤, 정연주 감독

'그 여자네 집' 은 맞벌이를 하면서도 집안일은 전혀 돕지 않는 미운 남편에 대한 이야기다. 여자는 한밤중에 우는 아이를 달래고 밤새 졸다가도 일어나 아침밥을 차리고 남편을 깨우며 우는 아이를 또 달랜다. 남편은 밥을 먹고 아이를 깨워 잠시 놀다가 일하러 가버리면 그만이다. 여자는 난장판이 된 집을 보며 할 말을 잃는다. 일하러 가야 하지만 아이 걱정에 고민하고, 집에 돌아와 끊임없는 집안일에 묻힌다. 그녀는 무기력하게 걸어 다니고, 또다시 집을 엉망으로 만드는 남편의 모습에 숨조차 쉴 수가 없다. 이런 여자의 심정을 대변하는 듯, 화면 끝까지 물이 차올라오고 여자는 결국 숨이 막혀 한숨을 쉰다. 여자는 아이를 안고 청소하다가 결국 온 집안과 남편까지 청소기로 빨아들이고, 아이를 보고 웃으며 하얀 바탕에서 집을 새로 그려나간다. 이 애니메이션은 맞벌이를 하면서 집안일뿐 아니라 아이 양육까지 신경 써야 하는 기혼여성의 모습과 심정을 효과적인 영상과 함께 보여 준다. 사회적으로 여성에 대한 차별이 많이 줄었지만, 가사와 양육에 여자가 더 신경 쓰는 것이 당연하다고 보는 일상적인 차별은 관례처럼 이어져 온다.

4. 육다골대녀 – 이애림 감독

'육다골대녀' 는 외모 콤플렉스를 가진 한 소녀의 이야기다. 고조할아버지, 고조할머니로부터 아버지에 걸쳐 물려받은 철사 같은 곱슬머리, 뚱뚱하고 큰 골격, 큰 머리, 짧은 목, 두꺼운 발목의 아톰다리, 울화통, 못생긴 얼굴은 막내딸에게는 큰 스트레스다. 틈만 나면 지적받는 외모에 찾아간 곳에는 예쁘고 날씬하지만 똑같은 여자들이 레일에서 줄을 지어 나오는데 마치 공장에서 찍어 내는 것 같다. 살면서 무기가 하나쯤은 있어야 한다는 말에 막내딸은 자신에게 필요한 무기가 무엇인지 고민한다. 오랜 고민 끝에 '그냥 생긴 대로 살자.' 고 마음먹자, 그동안의 억압으로부터 해방되면서 그녀의 울화통에서도 불꽃이 터진다. 지금은 조상 대대로, 또 부모님께 물려받은 외모일지라도 흠이라고 생각되면 이상적인 외모를 위해 건강을 해쳐 가면서 다이어트하거나 수술을 받는 방법을 택하고 있다. 이제 어떠한 외모를 가지고 있더라도 나 자신만으로도 존중받을 수 있는 사회를 꿈꿔 본다.

5. 자전거 여행 – 이성강 감독

'자전거 여행' 은 사랑하는 이와의 약속을 지키지 못하고 죽음을 맞이한 자전거 주인인 한 불법체류외국인의 슬픈 여정을 다루고 있다. 비오는 어느 날, 강둑 옆에 놓인 자전거가 본래의 주인이 탄 것처럼 과거를 회상하며 달리기 시작한다. 삭막한 마을을 지나자 일터로 향하는 버스 안의 무표정한 사람들이 보이고, 숲을 지나면서 주인공이 애인과 함께 자전거 타던 때가 떠오른다. 이제 자전거는 숲을 지나 공장으로 간다. 불법체류외국인으로서 공장의 사장에게 부당한 대우를 받으며 일한 기억, 도망간 사장에 대한 외국인 친구들의 이야기, 불법체류자들을 잡기 위해 들이닥친 경찰을 피해 도망가다 차에 치어 죽게 된 일, 마지막으로 네팔의 하늘을 보겠다던 애인과의 약속이 차례로 지나간다. 이 애니메이션은 돈을 벌기 위해 고국을 떠나 우리나라에 왔지만 저임 · 장시간 노동, 임금체불 등 다양한 차별과 학대를 당한 외국인 노동자의 이야기다. 최근 도입된 외국인 근로자 제도와 함께, 이 나라에 정착하여 머물고 있는 외국인들에게 따뜻한 한국을 기대해 본다.

6. 사람이 되어라 – 박재동 감독

'사람이 되어라' 는 학생 개개인의 인격을 존중하지 않고 대학 진학만을 목표로 하는 학교 교육방식에 대한 풍자적인 애니메이션이다. 고릴라 모습을 한 주인공인 원철이는 곤충을 무척 좋아한다. 어느 날 그가 키우는 장수풍뎅이를 따라 들어간 숲에서 원철이는 좋아하는 곤충학습을 스스로 하여 사람이 되어서 학교에 간다. 사람이 된 원철이는 친구들의 환호를 받지만 선생님은 대학에 가서 사람이 되어야 한다며 예전 모습으로 돌아오기를 강요한다. 다시 숲으로 뛰어간 원철이를 찾아 선생님과 함께 온 아버지는 사람 가면을 벗어 고릴라 모습을 보여주며, "좋은 대학에 가야 진짜 사람이 된다. 대학을 나오지 않으면 사람 취급을 못 받는다." 고 하신다. 그 모습을 본 원철이는 눈물을 흘리며 예전으로 되돌아온다. 언제부터인가 인격을 쌓아 사람이 되라는 말은 그 의미가 변질되어 사람을 학벌로 평가하게 하고 있다. 입시 위주의 교육에서 벗어나, 학생의 개성과 흥미, 발전 가능성을 품은 교육은 진정 이 세상을 즐기면서 살 수 있게 할 것이다.

• 출처: 국가인권위원회(2005). 별별이야기. 제작사 (주) 케이디 미디어.

[다섯 개의 시선]

1. 언니가 이해하셔야 돼요 – 박경희 감독

'언니가 이해하셔야 돼요' 는 다운증후군인 한 여학생의 실제 이야기로 장애인을 바라보는 시각을 다루고 있다. 주인공 은혜는 일반학교에 다니지만 다른 아이들에게서 따돌림의 대상이다. 다운증후군의 특성상 말을 더듬거나 몸이 통통하여 뚱보라고 놀림을 받는 것이다. 은혜는 자신이 소외되거나 혼자라고 느낄 때는 상상 속의 친구 지영이와 논다. 이러한 장면은 은혜만의 외로움을 넘어서서 장애인들이 겪는 소외감을 표현하고 있다. 그러한 은혜가 좋아하는 친구가 한 명 있었으니 바로 옆집 아줌마다. 함께 스쿠터를 타며 노래도 부르고 손뼉을 마주치며 놀이할 때 은혜는 세상 부러운 것이 없다. 자신이 장애인이라는 사실을 인식하며 아픔을 느낄 때에는 '언니가 이해하셔야 돼요.' 라며 소심하지만 자신을 당당하게 밝히기도 한다. 이 영화는 장애인에 대한 친구들의 따돌림뿐 아니라, 학교 선생님조차 이들은 다른 아이들과 다르다는 차별의식을 가지고 바라볼 수 있음을 보여 준다. 그리고 장애인의 구별 없이 같은 사회에서 모두가 동화되어 살아가는 날을 그려보게 한다.

2. 남자니까 아시잖아요– 류승완 감독

'남자니까 아시잖아요' 는 술자리에서 만취한 네 명의 남자들 이야기다. 주인공 우식은 화장실에서 나오다가 동남아 외국인과 부딪히자 우리나라 사람들도 어려운데 돈 벌어 갔으면 됐지 술까지 같은 자리에서 먹어야 하냐며 그를 비하한다. 뿐만 아니라 종업원에게까지 함부로 하고 자신의 친구들이 속한 무직자와 고졸자는 가볍게 무시하고 동성애에는 혐오감을 보인다. 남자이고 대졸자이며 이성애자인 우식은 사회에서 가장 주류이지만 영화에서는 가장 꼴통이다. 우식 위에 잘난 사람은 없다. 우식이 남자임을 자부하며 이야기하는 온갖 차별들은 모든 보는 사람의 비위를 건드린다. 친구들은 다 가버리고 혼자 남은 우식은 테이블에 쓰러진 건장한 두 사람이 남사인 줄 알고 술을 따라주며 이야기를 한다. 어떤 일이든 남자니까 참을 수 있고, 남자니까 그러지 않는다며 끝까지 '남자니까 아시잖아요.' 라고 하다가 쓰러진다. 그러나 우식이 상대한 이들은 여자들이었다는 사실이 아이러니하다. 그의 모습은 주위에서 흔히 볼 수 있는 우리의 모습이기에 더욱 씁쓸하게 느껴진다.

3. 베낭을 멘 소년 – 정지우 감독

'베낭을 멘 소년' 은 탈북청소년의 삶을 다룬 이야기다. 19세 진선이는 중국에서 탈출하려다 북한으로 강제 출국되어 어렵게 대한민국에 입국한다. 그녀는 북한 사람임을 나타내고 싶지 않아 사람들과 아예 말을 하지 않는다. 또 다른 탈북청소년인 현이는 남한 아이들보다 유일하게 잘하는 것이 오토바이 타기이기 때문에 오토바이를 타고 빠른 속도를 즐기며 산다. 이들은 노래방에서 임금을 적게 받은 진선을 위해 노래방에서 콜라를 훔친다. 돌아오는 과정에서 택시를 탄 이들은 북한에서 왔다는 현이의 말에 놀란 택시 기사가 경찰서로 차를 몰자 옳지 않은 사람처럼 도망을 친다. 북한에서 온 것이 창피하냐는 현이의 말에 진선이는 고민하다가 노래방 주인이 북한 사람은 모두 도둑이라고 끊임없이 말할 것이 싫으니 콜라를 돌려 주자고 한다. 이후 현이는 오토바이 사고로 열아홉에 사망한다. 이들은 귀순했다는 이유만으로 학교, 사회에서 차별을 받고, 식구 하나 없는 낯선 땅에서 마음 둘 곳 없이 주위의 따가운 눈초리에 시달리다 방황하고 만다.

4. 고마운 사람– 장진 감독

'고마운 사람' 은 민주화 운동을 하다 붙잡힌 대학생과 그를 고문하는 수사관의 이야기로, 비정규직에 대한 블랙코미디다. 고문 수사관 김주중은 며칠 동안 집에 들어가지도 못하고 취조만 해야 하는 비정규직이다. 붙잡힌 대학생은 물과 전기로 고문당하면서 자신을 취조하는 그를 향하여 처음에는 독재 정권의 하수인이라고 소리친다. 하지만 차츰 스무 시간 넘게 일하며 언제 해고될지 모르는 불안감을 가지고 상여금, 승진, 일에 대한 떳떳함도 없는 비정규직의 현실에 동조한다. 상사의 말에 항변하지 못하고 지시에 따를 수밖에 없는 계약직원 주중에게는 쓴웃음만 남는다. 일한 만큼의 임금이나 혜택 없이 건강만 해친 그는 붙잡힌 대학생에게 고문 받는 사람도 힘들지만 하는 사람도 힘들다며 대처법을 알려주고 친근함을 쌓는다. 민주화도 좋지만 자신 같은 사람을 위해 싸워달라는 말에 대학생은 알겠다고 대답을 한다. 학생은 주중의 교대자에게 힘들겠지만 조금만 참으면 좋은 날이 올 거라고 말하지만 그는 씁쓸한 미소만 지을 뿐이다.

5. 종로, 겨울 – 김동원 감독

'종로, 겨울' 은 중국 재외동포인 조선족에 대한 우리 사회의 차별을 다루고 있다. 조선족인 김원섭은 한국의 건설 현장에서 임금을 체불 당하고 계속 미루다 4년이 지나버린다. 대부분의 한국에 온 조선족들이 그런 것처럼 중국에 남은 가족과 빚 때문에 돈을 받아야 하기에 그는 노동부를 찾아가지만 이미 3년이 지나 가능성이 없다는 말을 듣는다. 추운 겨울, 하필 솜옷도 입지 않은 그는 길을 잃고 말투 때문에 거부당할까 봐 길을 묻지도 못하고 헤맨다. 이틀 동안 굶어 힘이 없던 그는 새벽 1시 119, 112에 전화하여 차를 보내달라고 열두 차례에 걸쳐 연락을 하지만 술 취한 사람으로 오해받고 택시를 타라는 말을 들을 뿐이다. 원섭은 새벽 5시 혜화동에서 동사체로 발견되고 그의 수첩에는 '자유 왕래' 라는 말만 남아 있다. 분노한 조선족들은 동포법 개정을 요구하는 시위를 벌이지만 법은 일부만 개정되어 중국, 러시아 동포의 자유 왕래는 아직도 금지되어 있다. 이들에게는 귀향하면 돌아올 수 없고 빚만 늘기에 어떤 이유로라도 한국에 머물러야만 하는 현실에서 분노만 늘 뿐이다.

• 출처: 국가인권위원회(2005). 다섯개의 시선. 제작사 (주) 케이디 미디어.

[여섯 개의 시선]

1. 그녀의 무게 – 임순례 감독

'그녀의 무게' 는 실업고 3학년 여고생들의 이야기다. 학교에서는 몸매를 관리하라고 닥달하거나 시시때때로 몸무게를 재는 등 선생님의 외모 지적이 시작된다. 학생들은 졸업 후 바로 사회생활을 해야 하는 실업계임을 이유로 외모에 의해 가치가 매겨지고, 쌍꺼풀 수술이나 다이어트에 성공해 조금이라도 발전된 외모를 가진 학생은 모두에게 선망의 대상이 된다. 그중 날씬하거나 아주 예쁜 것도 아닌, 그렇다고 가정형편이 좋지도 않은 선경이가 등장하며 외모를 향한 끊임없는 노력을 보여 준다. 선경이도 쌍꺼풀 수술을 하고 싶지만 가정형편상 아무것도 할 수 없다. 외모로 인정받지 못하면 사회 어느 곳에서도 인정받지 못한다는 강박관념은 결국 그녀가 위험한 선택을 하게 만든다. 이 영화는 자본주의 사회에서 외모가 그 무엇에 앞서는 막강한 자본이라는 현실의 한 단면을 보여 주며 외모지상주의를 비판하고 있다. 자신의 꿈과 목표를 향해서 실력을 쌓고 내면을 가꿔야 할 나이에 세상 풍조에 따라 살 수밖에 없는 학생들의 모습에서 현실에 대한 안타까움이 드러난다.

2. 그 남자의 事情 – 정재은 감독

'그 남자의 사정' 은 가까운 미래에 모범적인 아파트에서의 이야기다. 이곳은 가운데 공간이 뚫려 어디서든지 주민들의 행동거지가 보이는 신개념의 공간으로, 최근 가상의 성범죄 사이트 www.sexoffender.net에서 신상이 공개된 남자 A모씨가 살고 있다. 이웃으로부터 심하게 왕따를 당하는 A모씨에게 유일한 관심을 보이는 이는 이웃의 오줌싸개 아이다. 밤마다 이불에 오줌을 싸는 이 아이는 벌거벗은 채 소금을 받아오라는 벌을 받는다. 오줌싸개 꼬마가 소금을 얻으러 각 집을 두드리지만, 남자아이가 오줌 싸는 일은 그 아이의 문제가 아니라 구조적인 문제라거나 전에 아무도 소금을 주지 않았으니 민주주의의 원칙에 위배된다며 결국 소금을 주는 이웃이 없다. 기저귀를 차지 않으면 마실 물을 주지 않는 무서운 엄마, 소금을 얻기 전에는 들어갈 수 없는 집, 이로 인해 아이가 갈 곳은 아동 성범죄자의 집뿐이다. 이웃에 대한 관심과 사랑이 결핍된 사회에서 자신들의 사랑 없음을 탓하기보다 신상을 공개함으로써 한 인간을 소외시키려 하는 인간의 생각이 무섭게 여겨진다.

3. 대륙횡단 – 여균동 감독

'대륙횡단' 은 김문주라는 한 뇌성마비 1급 장애인의 일상적인 사건, 감정, 기록을 열세 편의 짧은 장면으로 다루어 장애인의 삶과 생각들을 보여 준다. 장애인이기에 겪는 안타까운 일상을 쉽게 공감할 수 있는 장면들로 구성하여 우리의 시각을 되돌아 볼 수 있게 한다. 주인공이 취직을 위해 이력서에 넣을 사진을 찍으며 자신의 일그러진 얼굴을 보는 장면(이력서), 사랑하는 여자에게 차마 고백하지 못하는 장면(이 감정을 알아?), 외출하려고 힘겹게 나섰다가 집으로 들어가려는 줄 착각하고 도와주는 선의의 손길(18년만의 외출), 친구와 허심탄회하게 자신들의 처지를 털어놓으며 스스로 무력해진 이유를 더듬는 장면(친구)이 등장한다. 마지막 장면에서 주인공이 장애인 이동 투쟁으로 잡혀 간 친구를 생각하며 홀로 광화문 네 거리를 무단횡단하는 것으로 모든 장면들을 아우르며 다시 한 번 장애인의 조그만 외침을 마주하게 된다. 일반인과 같은 생각을 하고 있지만 장애로 인해 다른 삶을 살 수밖에 없는 그들을 바라보는 우리의 시선에 대해 고찰할 수 있게 한다.

4. 신비한 영어나라 – 박진표 감독

'신비한 영어나라' 는 조기교육 열풍의 심각성을 돌아볼 수 있는 영화다. 1999년 겨울, 서울의 어느 명문 영어유치원에서 열리는 크리스마스 발표회에

주인공 종우가 등장한다. 여섯 살 종우는 부모의 바람에 부응하듯 영어로 발표를 하지만 종우의 엄마는 만족스럽지가 않다. 종우의 영어 발음이 외국아이들에 비해 떨어지게 들리는 것이다. 그로부터 3년 후, 종우는 한 어린이 치과의 수술대 위에 누워 있다. 약간의 아픔이 따르겠지만 L 발음과 R 발음을 향상시키기 위함이다. 아이는 수술대 위에서 울며 발버둥치지만 엄마는 뜻을 굽히지 않고 아이를 위한 길이라며 수술을 감행한다. 이미 치과의사에게는 발음교정을 위한 수술이 익숙하다. 영화에서의 혀 수술 장면에서 입 안 가득 고인 아이의 피는 보는 이의 마음을 졸이게 한다. 아이의 의사와는 상관없이 아이를 위한 것이라며 수술까지 감행한 부모의 마음은 어떤 식으로 만족될 것인지, 또 자신의 인권을 무시당한 채 사회의 흐름이나 유행에 따라야 하는 아이의 상처는 어떻게 치유될 것인지 고민에 빠지게 한다.

5. 얼굴값 – 박광수 감독

'얼굴값' 은 아주 흔히 일어날 수 있으며 그렇기 때문에 '문제' 라고 여겨지지도 않는 하찮은 사건으로 '외모 차별' 에 접근한 영화다. 이야기는 서울의 한 병원에 위치한 장례식장의 주차장에서 시작된다. 주차 매표 요원인 여자와 주차를 하려는 운전자 사이에서 시비가 붙게 된다. 이 여자의 직업이 외모에 어울리지 않는다는 남자의 생각에서 출발한 하찮은 실랑이는 결국 여자에게 '얼굴값 한다.' 는 말로 이어진다. 여자와 남자 사이의 실랑이가 끝날 무렵, 그들 곁으로 영정을 모신 영구행렬이 지나간다. 이를 본 남자는 '죽기엔 아까운 얼굴이야!' 라고 스치듯 내뱉는다. 이 영화에서는 잘생긴 남자와 예쁜 여자가 주고받는 공격적인 대화 속에서 얼굴값 한다는 이유로 모든 것이 정리되고 용서되는 사회문제를 비꼬고 있다. 이야기의 처음부터 끝까지 얼굴값 한다는 말이 귀에 꽂히도록 반복되고 있어 사회 깊숙이 자리 잡은 외모 지상주의를 비판하게 한다.

6. 믿거나 말거나, 찬드라의 경우 – 박찬욱 감독

'믿거나 말거나, 찬드라의 경우' 는 제목에서처럼 믿을 수 없을 만한 사건이 실제로 일어나게 된 실화를 바탕으로 제작된 영화다. 1999년, 서울의 한 섬유공장에서 보조 미싱사로 일하던 네팔 노동자 찬드라는 근처 식당에서 라면을 시켜 먹는다. 뒤늦게 지갑이 없는 사실을 안 찬드라는 계산을 하지 못하고, 식당주인은 그를 경찰에 신고한다. 경찰은 한국어를 더듬는 찬드라를 행려병자로 취급하고 그는 결국 6년 4개월 동안 정신병원에 수감된다. 다행히 네팔인을 만나 정신병자가 아니라는 사실이 밝혀지고 네팔로 돌아가지만 이 황당한 사건들은 생각만 해도 안타깝다. 치매에 걸린 어떤 할머니가 찬드라보고 선미라고 불러서 선미라는 이름을 갖게 된 것도 그러하다. 찬드라의 시점으로 90% 이상 촬영된 이 영화는 정신병원 의사, 간호사, 경찰, 같이 일하던 외국인 노동자 등 실제인물과 실제인물 같은 배우들이 출연한다. 외국인 근로자의 시선에서 진행되는 이 영화는 어이없지만 실화인 이야기를 통해 지금도 어딘가에서 일하고 있을 그들의 모습을 떠올리게 한다.

• 출처: 국가인권위원회(2006). 여섯개의 시선. 제작사 (주) 케이디 미디어.

강무섭, 임연기, 김혜숙, 최돈민, 이명준, 조준래(1995). 교육의 세계화 구상. 기본연구보고서(RR 95-07). 한국교육개발원.

강선보(1992). 마르틴 부버의 만남의 교육. 서울: 양서원.

교육부(1999). 유아를 위한 세계이해 교육활동 지도자료. 교육부.

교육부(2000). 유치원 교육 활동 지도 자료 1(총론편). 교육부.

교육인적자원부(2007). '2007년 다문화가정 자녀 교육지원 계획 발표' 보도자료(2007. 6. 5).

김경철(1999). 기록화를 통한 유아평가 방법. 열린유아교육연구, 4(1), 21-43.

김성화(2008). 다문화가정 지원제도의 문제와 개선방안에 관한 연구. 가야대학교 행정대학원 석사학위논문.

김신일(2003). 새문명시대의 교육 패러다임. 한국유아교육학회 연차학술대회, 한국유아교육학회, 19-27.

김영옥(1998). 반편견 교육을 위한 유아교육과정. 반편견 교육과정을 통한 인간교육. 한국어린이 육영회 유아교육학술대회, 67-95.

김영옥(2001). 유치원 교육과 교사의 수업 전문성. 한국교사교육, 18(1), 15-43. (한국교원교육학회 학술대회. 「교실교육의 개혁과 교사의 수업전문성」 주제발표 논문)

김영옥(2002a). 유아를 위한 다문화교육: 반편견, 세계 이해 교육의 현장 적용. 서울: 정민사.

김영옥(2002b). 유아 다문화교육 프로그램 모델 개발 연구. 유아교육학논집, 6(2), 5-38.

김영옥(2002c). 유아의 사회적 능력 함양을 위한 교사의 역할 및 전략. 유아의 사회적 능력 함양. 한국어린이육영회 유아교육 학술대회, 53-91.

김영옥(2006. 10, 28.). 다문화 시대 현장유아교육과정 운영 및 평가(주제발표 1), 27-57. 미래유아교육학회 추계학술대회. 부산: 동의대학교.

김영옥, 박미자(2006. 10. 21.). 다문화적 접근에 의한 신체표현활동이 유아의 자아존중감 및 공감적

이해능력에 미치는 영향. 한국유아교육학회 춘계학술대회(포스터).

김영옥, 지성애, 홍혜경(2002). 유아교육과정에서의 다문화적 관점의 통합(Integrating multicultural views in early childhood curriculum, ECE in Cultural Contexts, PECERA 3rd Conference & Meeting(제3회 태평양 유아교육학회), 발표(중국 상해).

나 정(2001). 유아교육 정책: 어디로 가야 하는가? 서울: 양서원.

류방란(2006. 7. 3). 한국교원신문, 6면.

박도순(2002). 한국 교육의 현실과 미래 전망: 세계화, 지식 정보화 사회에서 교육의 과제. 교육학연구, 40(6), 1-15.

박미자, 정상녀, 서현, 윤경선(2009). 다문화적 접근에 의한 신체표현 활동이 유아의 창의성에 미치는 영향. 유아교육학논집, 13(5), 257-276.

보건복지가족부(2008). 2009년 다문화가족지원센터사업 안내(2008. 12).

서원석(2003). 공직사회에서의 다면평가. 조직에서의 다면평가 적용을 위한 현실과제. 한국평가학회 2003년 심포지엄.

서현, 이승은(2009). 다문화 관련 유아교사교육 프로그램 개발을 위한 기초연구. 열린유아교육연구, 14(4), 89-116.

설동훈(2009). 다문화 교육의 방향. 교육정책포럼, 196권, 1-7.

안경숙, 김소향(2001). 유아 평가 방법의 새로운 대안 모색. 열린유아교육연구, 6(1), 89-105.

양영자(2008). 한국 다문화교육의 개념 정립과 교육과정 개발 방향 탐색. 이화여자대학교 박사학위 청구논문.

양옥승(1997). 유아교육과정 연구의 재개념화III: 다문화주의의 적용. 덕성여대 교육연구, 5, 49-63.

유혜윤(2003). 전통문화를 활용한 다문화 미술활동의 효과. 덕성여자대학교 대학원 석사학위 논문.

윤경선, 박미자(2009). 다문화적 접근과 전통적 접근의 언어활동이 유아의 언어표현능력과 자아존중감에 미치는 효과. 한국영유아보육학, 58, 103-125.

이 준(2006. 8. 26). 쓰레기 지식 버려야 부를 얻는다. 조선일보Books D1면.

이간용(2003). 사회과 교육의 참평가론. 서울: 한울아카데미.

이경우 · 이은화 편역(1999). 반편견 교육과정: 어린이에게 대응능력을 길러주는 도구. 서울: 창지사.

이규림, 김영옥(2010a). 다문화적 접근에 의한 통합 활동이 유아의 편견감소, 친사회적 행동 및 창의성에 미치는 영향(구두발표, 2010. 5. 14.), 106-128. 한국다문화교육학회 국제학술대회. 서울: 한양대학교.
이규림, 김영옥(2010b). 幼兒教師の多文化的な效能感と教職態度の關係(구두발표, 2010. 5. 22.-23.). 제63회 일본보육학회 자료집, 123. 일본: 에히메현 마츠야마시 마츠야마시노노메여자대학.
이기철 역(1998). 세계화란 무엇인가. 서울: 현대미학사.
이상수(2001). 청소년이 지각한 부모의 의사소통 수준, 반발심 및 문제행동의 관계. 서강대학교 교육대학원 석사학위 청구논문.
이상희(2001). 다면적 평가제도의 효과성에 관한 연구. 이화여자대학교 대학원 석사학위논문.
이영석(2002). 유치원 교육과정 평가방안. 교육과정연구, 20(2), 27-47.
이홍재(1995). 국민생활지표의 구성을 위한 시론: 문화 · 여가부분을 중심으로. 문화정책논총, 7(1), 179-198.
정두용 외 공저(1998). 세계문화읽기. 유네스코한국위원회. 도서출판 심지, 28-29.
정명진(2004. 11. 10). 이젠 문화지능이다. 중앙일보 31면.
조연순(1996). 세계교육(Global Education) 프로그램의 비교분석-미국, 동남아시아, 한국을 중심으로. 교육학연구, 34(3), 359-383.
조용환(2001). 초등학교 문화와 그 연구과제. 초등학교 문화연구, 1(1). 초등학교 문화연구소, 1-15.
지성애, 김영옥, 홍혜경(2007). 도시와 농어촌 간 유아 다문화교육에 대한 교사의 인식과 현황. 교육과학연구, 38(3), 1-27.
차갑부(1997). 열린사회의 평생교육. 서울: 양서원.
채정란(1999). 다문화교육의 관점에서 본 '우리나라'와 '다른 나라' 생활주제 분석. 한국교육대학교 대학원 석사학위논문.
최은영(2007). 다문화적 접근에 의한 표현 활동이 유아의 창의성에 미치는 영향. 전남대학교 대학원 석사학위논문.
최재선(1998). 문화적 관점에서 본 인성교육의 과제. 연세교육연구, 11(1), 83-108.
최정실(1998). 교육내용의 상호주관적 구성. 교육학연구, 36(1), 37-51.
최혜란 역(1998). 세계화. 서울: 도서출판 한울.
한성덕(1998). 삶의 질 지표체계에 관한 연구. 사회과학연구, 4(3). 대구대학교 사회과학연구소, 425-491.

한창만(2006. 9. 8). "아트를 팔아라." 한국일보, A17.

한현우(2006. 8. 14). "무거운 책가방 안녕." 조선일보, 14면 A14.

홍현이(2009). 다문화 그림책을 통한 이야기 나누기 활동이 유아의 친사회적 행동과 편견감소에 미치는 영향. 전남대학교 대학원 석사학위논문.

황규호, 양영자(2008). 한국 다문화 교육 내용선정의 쟁점과 과제. 교육과정연구, 26(2), 57-85.

Banks, J. A. (1994). Transforming the mainstream curriculum. *Educational Leadership, 8*, 4-8.

Banks, J. A. (2002). *An introduction multicultural education* (3rd ed.). Boston: Allyn and Bacon.

Banks, J. A., & Banks, C. A. M. (1993). *Multicultural education: Issues and perspectives.* Boston: Allyn and Bacon.

Bennett, C. I. (2007). *Multicultural education: Theory and practice.* Boston: Allyn and Bacon.

Boutte, G. (1999). *Multicultural education: Raising consciousness.* Belmont, CA: Wadsworth Publishing Company.

Buber, M. (1954). *Ich und Du, Die Schriften Ubr das kialigishe Prinzip.* Verlag Lambert Schneider, Heidelberh. (표재명 역(1996). 나와 너. 서울: 문예출판사)

Cech, M. (1991). *Global child: Multicultural resources for young children.* Canada. Addison-Wesley Pub.

Derman-Sparks, L. (1993). Empowering children to create a culture to world of differences. *Childhood Education, 70*(2), 66-71.

Derman-Sparks, L., & A. B. C. Task Force (1989). Anti-bias curriculum: *Tools for empowering young children.* Washington DC: NAEYC.

Gudykunst, W. B., & Kim, Y. Y. (1984). *Communicating with Strangers: An Approach to Intercultural Communications.* New York: Addision-Wesley.

Halstead, J. M. (2007). In place of a Conclusion: the common school and the melting pot. *Jornal of philosophy of Education, 41*(4), 829-842.

Hammond, S., Leeper, Skipper, D. S., & Ralph, L. (1979). *Good schools for young children.* NY: Macmillan Publishing Co.

Harbermas, J. (2006). *Theories des kommunikativen Handelns: handlungsrat ionalität und gesellschaftliche Rationalisicrung*, Suhrkamp Verlag. (장춘익 역. 의사소통 행위이론 1. 파주: 나남출판)

Klinger, R. (1996). From glockenspiel to Mbira: An ethnography of multicultural practice in music education. *Bulletin of the Council for Research in Music Education, 129.*

Kivisto, P. (2001). Introduction: multicultural societies and globalization. In P. Kivisto (Ed.), *Multiculturalism in a global society* (pp. 1-12). MA: Blackwell publishing.

MacNaughton, G., & Williams, G. (1998). *Techniques for teaching young children.* Australia: Longman Pub.

McCracken, J. B. (1993). *Valuing diversity: The primary years.* Washington DC: NAEYC.

Melendez, W. R., & Beck, V. (2006). *Teaching young children in muticultural classrooms: Issues, concepts, strategies* (2nd ed.). NY: Delmar Pub.

Melendez, W. R., Beck, V., & Fletcher, M. (2000). *Teaching social studies in early education.* NY: Delmar Pub.

Morrison, G. S. (2007). *Early childhood education today* (10th ed.). Upper Saddle River, NJ: Prentice Hall.

Nieto, S. (1992). *Affirming diversity. The sociopolitical context of multicultural education.* NY: Longman.

Posner, G. J., & Rudnitsky, A. N. (1982). *Course Design: A Guide to Curriculum Development for Teacher*, rev. ed. New York: Longman.

Ramsey, P. G. (1987). *Teaching and learning in a diverse world: Multicultural education for young children.* Teachers College Press, NY: Columbia Univ.

Seefeldt, C. (2005). *Social studies for the preschool/primary child* (7th ed.). NJ: Merrill Prentice Hall.

Sparks, L. D., & A. B. C. Force (1992). *Anti-bias curriculum-Tools for empowering young children.* Washington DC: National Association for Education of Young Children.

Swiniarski, L. B. (2003). Global education: Why and when to teach it? In J. P. Isenberg

& M. R. Jalongo (Eds.), *Major trends and issues in early childhood education* (2nd ed., pp. 164–176). NY: Teachers College Press.

Swiniarski, L. B., & Breitborde, M. (2003). *Educating the global village: Including the child in the world.* Upper Saddle River, NJ: Merrill Prentice Hall.

White, C. S., & Coleman, M. (2000). *Early childhood education: Building a philosophy for teaching.* NJ: Prentice-Hall, Inc.

http://www.mofat.go.kr(외교통상부 홈페이지)

http://cafe. daum.net/NewAgePansori

인 명

내 용

저자 소개

김영옥

현 전남대학교 유아교육과 교수

이화여자대학교 교육학과(학사)

이화여자대학교 대학원 유아교육전공(석사)

미국 밴더빌트대학교(Peabody 사범대) 유아교육전공(박사)

서 현

현 조선대학교 교육대학원 유아교육학과 교수

전남대학교 유아교육과(학사)

전남대학교 대학원 유아교육학과(석사)

전남대학교 대학원 유아교육학과(박사)

박형신

현 강릉원주대학교 문화대학 유아교육과 교수

덕성여자대학교 유아교육과(학사)

덕성여자대학교 대학원 유아교육과(석사)

전남대학교 대학원 유아교육학과(박사)

정상녀

현 동강대학교 유아교육과 교수

광주대학교 유아교육과(학사)

전남대학교 교육대학원 유아교육학과(석사)

전남대학교 대학원 유아교육학과(박사)

윤경선

현 전라북도 군산교육지원청 유아교육담당 장학사

전남대학교 유아교육과(학사)

전남대학교 교육대학원 유아교육학과(석사)

전남대학교 대학원 유아교육학과(박사)

박미자

현 동강대학교 유아교육과 교수

광주대학교 유아교육과(학사)

전남대학교 교육대학원 유아교육학과(석사)

전남대학교 대학원 유아교육학과(박사)

이나영

현 서영대학교 유아교육과 교수

광주대학교 유아교육과(학사)

전남대학교 대학원 유아교육학과(석사)

전남대학교 대학원 유아교육학과(박사)

유아 다문화교육의 이론과 실제

2011년 1월 15일 1판 1쇄 발행
2014년 3월 25일 1판 2쇄 발행

지은이 • 김영옥 · 서현 · 박형신 · 정상녀 · 윤경선 · 박미자 · 이나영
펴낸이 • 김진환
펴낸곳 • (주)학지사
121-838 서울특별시 마포구 양화로 15길 20 마인드월드빌딩 5층
대표전화 • 02) 330-5114 팩스 • 02) 324-2345
등록번호 • 제313-2006-000265호

홈페이지 • http://www.hakjisa.co.kr
커뮤니티 • http://cafe.naver.com/hakjisa

ISBN 978-89-6330-558-5 93370

정가 19,000원